어느
외교관의
이야기

盧昌熹
回顧錄

어느 외교관의 이야기

노창희 지음

rBook

나의 부모님

경기중학교 입학

서울대학교 졸업

공군 간부후보생과
그의 애인

첫 해외 근무를 앞둔 나의 가족

우리 약혼식에 참석한 양가 가족

노태우 대통령 내외 분과

청와대를 방문한 교황 요한 바오로 2세

영국 여왕에게 신임장을 제정하고

주유엔 대사 시절

외무부 차관실 식구들

머리말

나는 1960년 봄 22살의 나이에 외무부에 들어가서 38년을 보내고 환갑이 되어 물러 나왔는데, 그동안 외교관 생활은 내 인생의 전부였고 어린 시절 꿈의 결실이기도 했다. 강산이 네 번 변하고 정권이 여덟 번 바뀌는 동안 나는 직업외교관이라는 외길을 한눈팔지 않고 꾸준히 걸어왔다.

외교관이라는 어찌 보면 좀 색다른 길에서 내가 했던 일과 보고 느낀 것들을 기록으로 남기고 싶은 마음에서 이 책을 쓰기 시작했다. 별로 큰 자취를 남기지는 못했고 남에게 내세울 만한 업적은 없지만, 직업외교관으로서 한평생 살아온 이야기들을 담담하게 엮어 보았다.

이 책을 쓰면서 자신의 기억에만 의존하지 않고 가능한 대로 관계 기록을 참고해서 지나간 일들을 정확하고 현장감 있게 서술하려고 노력했다. 그러나 내가 직접 체험했던 일화들을 중심으로 했기 때문에 자연히 단편적인 이야기의 연속이 되었고, 어느 정도 주관적인 견해가 반영될 수밖에 없을 것으로 보인다.

나는 평생 외교관의 길을 걸으면서 나라를 위하는 일에 종사한다는 것을 보람으로 살아왔다. 그러나 공직에서 물러나서 조용히 되돌아보니 그동안 내가 이바지한 것보다는 훨씬 많은 혜택을 나라로부터 받았구나 하는 생각이 들었다. 이 책이 나와 같은 길을 가고자 하는 사람들이나 외교에 관심 있는 분들에게 조그마한 참고라도 될 수 있다면 내가 받은 혜택에 대한 나름의 보답이 될 수도 있지 않을까 하는 생각도 해 보았다.

이 책은 당초 2007년에 처음 출간되었는데, 그 후에 몇 가지 관련 사항을 첨가하고 일부 자구를 수정하여 재발간함을 첨언한다.

이 개정판을 편집, 출간하는데 수고해 주신 엔북 출판사의 윤덕주 대표에게 감사드린다. 그리고 이 책을 빌려 외교관의 길을 함께 걸어온 동료들과 선후배 여러분께 그간의 지도, 협조와 우의에 사의를 표하고자 한다.

2025년 여름
노 창 희

차례

전쟁이 앗아간 인생의
황금 시기 ──────── 17

직장 초년병
물불 안가리고 일했다 ──── 27

평화와 기회의 땅
캐나다에서 ──────── 54

중견 공무원
- 기회와 도전의 시절 ---------------- 69

복지의 나라
스웨덴에서 ---------------- 86

'공무원의 꽃'
중앙청 국장 ---------------- 105

차례

'세계의 수도'
워싱턴에서 ---------- 136

'검은 대륙'
아프리카에서 ---------- 158

**정상외교의
현장에서** ---------- 188

유엔에 태극기를
휘날리고 ---------- 258

북방외교
마무리 단계에서 ---------- 306

대영제국의
후예들과 ---------- 344

외교관 생활
마감 ---------- 390

전쟁이 앗아간 인생의 황금 시기

어린 시절

6.25 동란

경기 중·고등학교

서울대학교 상과대학

고등고시

어린 시절

제2차 세계대전이 일어나기 직전 유럽에서 다시 전운(戰雲)이 감돌기 시작하고 일본이 대륙 침략으로 치닫고 있던 1938년 초, 나는 경남 합천 초계(陜川 草溪)의 한적한 시골 마을에서 아버지 노갑술(盧甲述) 씨와 어머니 이점위(李占謂) 씨의 2남 2녀 중 셋째로 태어났다. 위로는 형과 누나가 있고 여동생도 있었지만 데리고 놀 수 있는 남동생 한 명 없는 것이 흠이었다.

내가 세 살 되던 해에 아버지가 친척이 경영하는 해운 회사에 나가게 되면서 우리는 부산으로 이사했다. 그 다음해에 '태평양전쟁'이 벌어졌는데, 싱가포르를 함락시켰다고 경축 찹쌀떡 받아 먹던 일, 그 후 미군 공습에 대비한다고 소방 훈련, 방공호 대피 훈련을 하던 일들이 기억난다. 그러다가 전쟁 통에 회사가 문을 닫자 아버지는 수산중앙회로 자리를 옮겼고 우리는 전쟁이 끝나기 전해 겨울에 서울로 올라왔다.

서울에서는 총독부 근처 삼청동에서 살았는데, 동네 아이들은 우리가 투박한 경상도 사투리를 쓴다고 우리를 보기만 하면 "시골 떼기, 꼴 떼기…" 하면서 놀려 댔다. 그때만 하더라도 지방 간 이동이 별로 없어서 사투리 쓰는 것이 그렇게 이상하게 들렸던 모양이다.

나는 1945년 3월에 삼청국민학교에 입학했는데 일제 교육 한 학기 만에 8.15 해방을 맞이했다. 독립 광복과 함께 학제가 바뀌어 가을부터 다시 1학년 1학기가 시작되었고 교과서도 새로 만들어져서 우리 학년은 초등학교 1학년부터 '새 나라' 교육을 받은 순수 '한글세대'의 맏이가 되었다.

4년 동안 삼청국민학교를 다닌 후 우리집이 창경원(지금의 창경궁) 너머 명륜동으로 이사 가는 바람에 5학년이 되면서는 혜화국민학교로 옮겼다. 그때 나는 꽤 장난이 심했던 것 같다. 자치기, 딱지치기에 뛰어난 실력을 보였고 병정놀이도 좋아했는데 공부를 열심히 하지 않는다고 주변의 걱정도 듣곤 했다.

"다섯 살 위의 형은 어른같이 의젓하고 공부도 열심히 해서 그 어렵다는 경기중학교도 우수한 성적으로 들어갔는데, 너는 참 걱정스럽다."

6.25 동란

1950년 여름 6.25 동란이 일어나던 일요일 날에도 나는 동무들과 혜화동 뒷산 기슭에서 병정놀이를 하고 있었다. 저녁에 집에 돌아오니까 난리가 났다고 집안이 어수선했다.

그러다가 이틀이 지나자 미아리 쪽에서 피난민들이 몰려오고 대포

소리도 점점 가까이 들려왔다. 불안과 공포 속에서 뜬눈으로 그날 밤을 지새우는데 궂은비까지 내려서 사람들을 더욱 심란하게 만들었다.

일단 전쟁터는 피해야 된다는 생각에서 우리 가족은 아침 해가 뜨기 무섭게 먹을 것과 입을 것을 대충 추려서 이고 지고 정처 없이 피난길에 나섰다. 집에서 멀지 않은 성균관 앞에 다다랐더니 벌써 북한 인민군이 서울에 입성했고 한강 다리가 끊겼다는 것이 아닌가. 아연실색(啞然失色)! 그 길로 우리는 집으로 되돌아오고 말았다.

그때부터 유엔군의 인천 상륙으로 서울이 수복되기까지 3개월간 공산 치하에서 우리 가족도 예외 없이 많은 고통과 시련을 겪었다. 식량난이 심해져서 서울에서 견디기가 어려워지자 나는 할머니와 누이들과 함께 먼 친척이 있는 경기도 '떡수'(德沼)로 내려갔다. 서울에 남은 아버지는 몇 번이나 죽을 고비를 모면했고 나중에는 형과 함께 마루 밑에 구덩이를 파고 숨어 지냈다고 했다.

다행히 큰 피해 없이 전란을 피해 10월에 서울로 돌아와서 학교 다니기 시작한 지 두 달 만에 이번에는 중공군의 대공세로 서울이 다시 위태롭게 되었다. 지난 여름에 하도 혼이 난 뒤라 이번에는 아버지와 형이 12월 초에 먼저 부산으로 내려가서 자리를 잡고, 다른 식구들은 남아 있다가 사태가 급박해지면 마지막 남행열차를 타기로 했다.

12월 말 서울 함락이 경각을 다툰다고 해서 우리는 짐을 추려서 손수레 두 대에 나누어 싣고 하나는 할머니와 내가 끌고 다른 하나는 어머니와 누이들이 밀면서 서울역을 향해 떠났다. 많은 사람들이 우왕좌왕하는 사이에 중도에서 서로 헤어지게 되었는데, 할머니와 함께 서울역에 도착해서 기차에 승차하고 기차가 떠나려는 데도 어머니 일행이 보이지 않았다. 열차 칸을 아래위로 뛰면서 불러보아도 찾지 못하는 사이에 기차는 출발하고 말았다.

　미리 약속한 대로 대구 친척 집에 도착해서 기다렸지만 며칠이 지나도 소식이 없었다. 이러다가 영영 다시 못 만나는 것이 아닌가 걱정하던 와중에 1주일이나 지나서야 어머니와 누이들이 마치 거지 같은 모습으로 나타났다.

　얘기인즉, 그날 혼란 통에 기차를 타지 못해 일단 집으로 돌아갔다고 한다. 이후 이틀 동안 계속 역에 나갔지만 매번 필사적인 피난민 물결에 밀려서 승차에 실패했는데, 사흘째 되는 날 우연히 역에서 미군 통역을 하는 이웃집 청년을 만나서 그의 도움으로 마지막 후퇴하는 군용물자 수송 열차의 지붕 위에 올라탈 수 있었다는 것이다. 난리통에 철도 운행이 마비되다시피 하여 열차가 가다서다를 반복하는 바람에 모녀가 5일 밤낮을 화물차 지붕 위에서 추위와 굶주림을 견디면서 내려왔다는 얘기였다.

　그해 겨울은 왜 그다지도 추웠던지! 죽을 고생들은 했지만, 가족이 모두 무사해서 천만다행이었다.

　1951년 봄이 되면서 전선(戰線)이 어느 정도 수습되었다고 해서 나는 대구의 중앙국민학교 6학년에 편입했다. 전쟁 통에 한 학기를 거른 데다가 석 달 뒤에는 중학교 입학시험이 전국 일제히 치러진다고 해서 어린 마음에도 '큰일 났다' 싶어 모두 잠든 뒤에 석유 등잔불을 켜놓고 밤늦게까지 공부했다. 덕분에 그해 7월에 시행된 국가 고사에서 좋은 성적을 얻었고, 경기중학교에 입학원서를 내었더니 합격통지가 왔다.

경기 중·고등학교

그때 경기중학교는 부산 교외 구덕산(九德山) 기슭에 천막을 치고 임시 피난 학교를 개설하고 있었다. 책상도 걸상도 모두 엉성한 나무 벤치였고 여러 명이 끼어 앉아서 공부했다. 내일을 기약할 수 없는 전쟁의 와중에서도 열심히 가르치고 열심히 배웠다. 나도 공부에 재미를 붙였고 특히 영어, 역사, 지리 과목이 좋았다.

6.25 전쟁 중에 또 학제가 바뀌어 신학년 시작이 9월에서 3월로 환원되었기 때문에 우리는 2년 반 만에 중학교 과정을 마쳤는데, 1953년 봄 중학교 3학년이 되면서는 거의 매일같이 '휴전 반대' 학생 거리 데모에 동원되었다. 그러나 우리들의 '결사 반대'에도 불구하고 그해 여름에 3년 간의 전쟁은 무수한 희생과 파괴만을 남기고 '휴전'이라는 이름으로 허무하게 끝나고 말았다.

1953년 가을, 오랜만에 돌아온 서울은 황량하기 그지없었다. 가는 곳마다 전쟁이 할퀴고 간 자국이 널려 있고, 명륜동 우리집 사랑채는 불에 타 없어졌으며, 집 앞 골목에는 잡초가 무릎까지 자라 있었다. 참혹한 전화(戰禍)를 겪으면서도 다행히 우리 가족은 모두 무사히 살아남았고 전쟁의 폐허 속에서 새로운 삶을 꾸려가게 되었다.

전쟁이 끝난 후에도 경기 중·고등학교는 종로 화동 언덕의 유서 깊은 교사를 미군이 사용하고 있었기 때문에 우리는 임시 교사로 전전해야 했다. 환도 직후에는 정동의 덕수국민학교 운동장에 천막을 쳤다가 반년 만에 쫓겨나서 현재는 세종문화회관이 서 있지만 당시에는 폭격 맞은 빈터였던 세종로 큰길 옆에 또다시 천막을 치고 학교를 열었다. 우리는 2년 동안 그곳에서 공부하다가 1956년 2월에야 본

교사로 들어갈 수 있었는데, 나는 그 다음달에 고등학교 2년을 마치고 월반해서 대학에 진학했기 때문에 중·고등학교를 다닌 4년 반 동안 제대로 된 교사에서 공부한 것은 채 한 달도 되지 않았다. 당시는 교사뿐만 아니라 모든 것이 부족하고 어려워서 인생의 황금 시기라 할 수 있는 학창시절을 즐거운 추억 하나 없이 그냥 흘려보내고 말았다.

고등학교 시절, 나는 특히 영어 공부에 많은 시간을 할애했다. 종로 헌책방들을 뒤져서 미국 중학생용 역사나 지리 참고서들을 구해서 영한사전을 찾아가면서 끝까지 소리 내어 읽었다. 미군 방송(AFKN) 뉴스도 자주 들었고 영문 시사주간지(Time, Newsweek) 강습에도 열심히 다녔다. 한 2년 그렇게 지냈더니 영어에는 어느 정도 자신이 붙었다. 그러는 중에 수학, 화학, 물리 등은 소홀히 하게 되어서 학과 성적은 전과 같지 않았다. 고등학교 2학년이 되면서는 천막 교사도, 화학 공식 외우는 것도 진력이 났다. 3학년이 되면 대학입시 준비에만 매달리게 될 것도 싫었다. 그럴 바에는 차라리 한 해라도 먼저 대학에 진학해야겠다는 생각에, 나는 그 해 여름에 대학입학자격 검정시험을 치르고 다음 해 1956년 봄에 대입고사를 통해 서울대학교 상과대학에 입학했다.

서울대학교 상과대학

대학에 진학하게 된 나는 역사과나 법과를 지망하려 했다. 그러나 평생 사업을 하신 아버지는 '앞으로는 무엇을 하더라도 경제를 알아야 한다'고 하셨고, 서울대 법대를 다니던 형도 '법대보다는 상대가 폭이 넓다'라고 해서 부형의 뜻에 따라 상과대학으로 가게 되었다.

당시 서울대학교 상과대학은 홍릉 근처 종암동 버스 종점 옆에 있었다. 낭만적이고 자유분방하기는 했지만 학구적인 분위기는 부족한 편이었다. 나도 대학 1, 2학년 때에는 친구들과 어울려 술도 마시고 놀러 다니기도 하고 당구도 배워서 열심히 쳤다. 당구는 후에 외무부에 들어가서도 많이 쳤는데 한때는 '수준급'이라는 소리를 듣기도 했다.

상과대학에는 여러 저명한 교수들이 있었다. 상학 개론을 가르치던 권오익(權五翼) 학장은 우리 경상학계의 거목으로 후에 내가 결혼할 때 주례를 서주셨고, 경제 원론을 강의하던 최호진(崔虎鎭), 성창환(成昌煥), 두 외래 교수는 서로 상대방을 비평하면서 자신의 학문적 권위를 뽐냈다. 그때 막 교직에 들어선 변형윤(邊衡尹) 교수는 고지식할 정도로 열심히 계량경제학을 가르치려고 애썼다.

고등고시

나는 대학 3학년이 되면서 외교관이 되기 위한 고등고시 준비를 시작했다.

내가 외교관이 되겠다고 생각한 것은 그보다 훨씬 전이었다. 어린 시절 해방과 전쟁을 겪으면서 외부세계에 대한 눈을 뜨게 되었고, 부산 피난 때 미국공보원이 배포하는 화보 책자에서 로키산맥의 웅장한 모습을 실은 화려한 천연색 사진들을 보고 바깥 세상에 대한 동경이 내 가슴속에 자리잡았던 것 같다.

전쟁이 끝나고 서울 환도한 직후 경찰에 몸담고 있던 고종형이 "너는 인물도 반듯하고 영어도 곧잘 하니 외교관 같은 걸 하면 어울리겠다"라고 한 적이 있는데, 외교관이 무엇인지 잘 몰랐으면서도 어쩐지 그 말이 오래 내 머릿속에 남았다. 그러다가 고등학교 2학년 때 형의 가까운 친구인 최광수(崔侊洙) 선배가 고등고시에 합격해서 외교관이 된다는 말을 들으면서 나도 그렇게 해야겠다는 생각을 굳히게 되었다.

고시 준비를 하면서 처음에는 집과 도서관을 오가면서 공부하다가 4학년이 되면서는 친구 두 사람과 함께 종암동 학교 옆에 방을 빌려 잠깐씩 잠만 자고 하루 세 끼 식사는 학교 식당에서 해결하면서 나머지 시간은 모두 도서관에서 보냈다. 우리말에 '십년 공부…'라는 말도 있지만 나는 중·고등학교와 대학 과정을 거치는 동안 '책벌레'라는 소리를 들으면서 많은 독서를 해왔기에 어느 정도 기초는 있었던 것 같다.

철저한 준비가 주효해서였는지 1959년 7월에 실시된 제11회 고등고시 필기시험에서 좋은 점수를 받았고, 11월에는 간단한 구술시험을 거쳤다. 그리고 12월 12일에 합격자 발표가 있었는데, 나는 행정과 사법 양과 합격자 중 최고 득점자가 되었다. 장원급제(壯元及第)했다고 아버지는 나의 친구들을 요릿집에 모아서 잔치를 베풀어주셨다.

제11회 고등고시 외교 분야(행정과 제3부)에 나와 함께 합격한 사람은 김석규(金奭圭), 서석준(徐錫俊), 이정빈(李廷彬), 세 명이었다. 이정빈은 나와 같은 날 외무부에 들어가서 40년 외교관 생활을 하고 김대중 정부에서 외무부 장관을 지냈다. 남은 두 사람은 대학 재학 중에 군 복무를 마치고 우리보다 조금 늦게 공무원 생활을 시작했는데, 김석규는 러시아와 일본 주재 대사를 끝으로 성공적인 외교관 생활을 마쳤고, 서석준은 그때 막 문을 연 경제기획원에 들어가서 뛰어난 신언서판(身言書判)으로 발 빠른 승진을 거듭해서 일찍이 상공부 장관을 거쳐 경제 부총리 자리에 올랐다가 1983년 미얀마 아웅산 폭탄 테러*로 40대 중반의 젊은 나이에 순직해서 많은 사람의 가슴에 쉽게 가시지 않는 아쉬움을 남겼다.

---

* 1983년 10월 9일 전두환 대통령의 동남아 순방 중 찾은 미얀마의 아웅산 묘소에서 북한 요원들에 의한 폭탄 테러 사건이 일어났다. 당시 전두환 대통령은 간발의 차로 화를 면했으나, 수행했던 서석준 부총리, 이범석 외무부 장관, 김동휘 상공부 장관, 서상철 동력자원부 장관, 함병춘 비서실장 등 국가적 인재 17명이 사망했다.

직장 초년병
물불 안 가리고 일했다

1960년의 외무부

4.19 혁명

5.16 쿠데타

공군사관학교

연애와 결혼

외무부 복귀

첫 해외 출장

제네바 연수

차관 비서관

진필식 차관

외무부 법무관

1960년의
외무부

고시 합격 후 나는 오랜만에 자유 시간을 만끽할 수 있었다. 죽마고우 홍영기(洪榮基) 등 친구들과 어울려 다니며 젊음의 낭만을 한껏 즐겼다.

국무원 사무국에 외무부에서 실무 수습을 하겠다고 신청해 놓고 봄이 되면 대학 졸업과 동시에 당연히 공무원 생활을 시작하리라 생각하고 있었다. 그런데 1960년 3월이 되어 대학 졸업이 다가오는데도 국무원 사무국에서는 '다른 사람들과 함께 수속 중이라서 시일이 걸리니 기다리시오'라는 소리만 되풀이했다. 그 말을 들은 아버지는 다음날 자기 회사의 백(白) 전무가 외무부 장관 서리로 있는 최규하(崔圭夏) 차관의 경기중학 동기동창이니 그분을 따라서 최 차관을 찾아뵙고 인사드리라고 하셨다.

3월 말 어느 오후 늦은 시간에 반도호텔(현재의 롯데호텔 자리) 커

피숍에서 최 차관을 뵈었는데, 반갑게 맞아 주면서 "외무부에 인재가 부족한데 고등고시 합격자라면 당장 쓰겠네"라고 했다. 백 전무가 "이 사람은 아직 나이도 있고 하니 해외 유학으로 공부를 더 한 후에 외무부에 들어가는 것은 어떻겠는가?"라고 물은 데 대해서 최 차관은 "공무원은 '밥그릇 순서'니까 하루라도 일찍 시작하는 것이 유리하지" 하면서 외무부에서 근무하는 중에도 해외에서 공부할 기회가 있을 것이라고 했다.

그러고서 며칠이 지난 1960년 4월 6일, 나는 외무부의 일반사무촉탁으로 발령을 받았다. 소속은 통상국 제2과였다. 바로 그날로 진필식(陳弼植) 국장에게 신고하고 심명원(沈明源) 과장 밑에서 일을 배우기 시작했다.

당시 외무부는 세종로 현 코리아나호텔 건너편에 있는 조그마한 4층 건물을 쓰고 있었는데, 150명 남짓한 사무직원이 정무, 방교, 통상, 의전의 4국 11과로 나뉘어 일했다. 재외공관으로는 미국·영국·프랑스·대만 등 7개 국에 대사관을 두고, 일본·유엔·제네바에 대표부가 있었으며, 뉴욕·홍콩·오사카 등지에 영사관을 설치하여 총 100명 미만의 직원이 해외 근무를 하고 있었다. 외무본부와 재외공관의 예산을 다 합쳐도 정부 전체 예산의 0.4%에 못 미치는 수준이었다.

나는 상과대학을 나왔다고 통상국에 배치되었는데, 통상국은 아시아 지역을 담당하는 제1과와 구미 지역을 담당하는 제2과로 나뉘어 각기 그 지역 국가들과의 경제 관계 업무를 보고 있었다. 당시 우리나라는 주로 미국의 원조에 의존하는 형편으로 대외 경제 관계라는 것이 통상 외에는 별다른 일이 없었다. 그나마 무역총액도 연간 수출 3천만 불에 수입 3억 불 수준이어서 업무는 비교적 단순했다. 별로 바쁜 일이 없어서 유엔 등 해외에서 발간되는 최신 국제경제 관계 자료를 등사 복제하거나 번역, 인쇄하여 그것을 관계기관에 배포해서 참고토록 하는 것이 주요한 업무 중 하나였다.

공무원 보수가 그야말로 '쥐꼬리'만 한 시절이어서 그런 자료를 발간할 때는 직원들이 직접 번역과 타자를 분담해서 처리하고 그 수수료를 타서 생활비에 보태 쓰는 것이 관례처럼 되어 있었다. 그 덕에 나는 반년도 되기 전에 영문 타자 기능이 전문 타자수 수준에 달하는 부수 효과도 얻었다.

4.19 혁명

외무부 근무를 시작한 지 2주일 만에 4.19 혁명이 일어났다.

학생 중심의 시위대가 광화문을 지나 경무대(현 청와대) 쪽으로 향하더니, 얼마 후 요란한 총성이 들리고 군중들이 사방으로 흩어지면서 큰 혼란이 야기되었다. 그때 나는 동료 직원 몇 사람과 함께 외무부 건물 옥상에서 흥분된 마음으로 그 광경을 지켜보고 있었다.

'월반해서 대학에 진학하지 않았더라면 나도 지금 대학 4학년으로 저 데모 군중 속에 끼어 있었을 텐데!'

그러던 중 옆에 있던 통상국 직원 한 사람이 날아온 유탄에 맞고 쓰러졌다. 동료들이 급히 근처 병원으로 옮겼으나 결국 숨을 거두고 말았다.

그로부터 1주일 만에 이승만(李承晩) 대통령이 하야하는 것으로 사태는 수습되었다. 이 박사가 경무대를 떠나 이화장으로 옮기던 날, 나는 돈화문 앞을 지나가다가 몇 시간 전까지만 해도 흥분해서 시위를 하던 학생들이 머리띠를 두르고 거리에 나와 청소를 하면서 시민들에게 질서유지를 호소하는 모습을 보고 머리가 쭈뼛해지는 감동을 느꼈다. 그러던 모습이 얼마 지나지 않아서 지도층의 무능으로 통제 불능의 혼란으로 이어진 것은 참으로 안타까운 일이 아닐 수 없었다.

4.19 후 과도정부 때는 허정(許政) 행정 수반 겸 외무부 장관 밑에서 정력적인 이수영(李壽永) 차관이 짧은 기간이나마 외무부 활성화에 진력했다. 민주당 정부에서는 원만한 정일형(鄭一亨) 의원이 장관이 되고, 젊은 우희창(禹熙昌) 의원을 정무차관으로(얼마 후 金在淳 의원으로 교체), 노련한 외교관인 김용식(金溶植) 대사를 사무차관으로 하는 외교 사령탑이 구성되었다. 과거 이승만 박사의 폐쇄적인 일인외교(一人外交) 방식에서 벗어나서 보다 체계적이고 공개적인 외교로 외무부를 변모시켜 나갔다.

그 사이에 나는 1960년 6월에 국무원 사무국으로부터 수습 행정관으로 발령받았고 다음 해 2월에는 정식 사무관으로 임명되었다. 1961년부터는 통상국에서도 초년병 신세를 면하고 본격적인 업무를 맡기 시작한 것이다.

그때 처음으로 외국(西獨)에서 개발차관을 도입하는 문제가 검토되었다. 당시 주무 부처인 부흥부의 차균희(車均禧) 차관이 관계부처 담당관 회의를 소집한 적이 있었다. 회의에서 여러 말이 오가던 중 외국 차관에 대한 정부보증 문제에 대해 한국은행에서 난색을 표명하자 차관 도입을 꼭 성사시키고 싶었던 차 차관이 "안 할 말로 못 갚게 되면 떼어먹는 거지 별 수 있소!" 하던 장면이 생각난다. 그때 우리 형편이 그만큼 절박했던 것이 사실이다.

5.16 쿠데타

당시 해외여행은 일종의 특권이라고 할 정도로 기회가 드물었는데, 통상2과에서 국제박람회 참가 업무를 담당하면 1년에 한 번 정도는 해외출장이 가능했다. 그 업무를 맡아 일하면서 미국이나 유럽 여행을 꿈꾸고 있었는데, '마른 하늘에 날벼락'으로 5.16 군사 쿠데타가 일어났다.

이름도 성도 못 들어본 군인들이 "백척간두(百尺竿頭)에 선 조국을 구하기 위해서 궐기했다!"라고 하는데, 혼란과 무질서에 식상해 있던 차에 부패 무능한 '정치꾼'들을 몰아 내친 것은 속시원했으나 앞으로 어떻게 될지 모른다는 불안감에 마음이 착잡했다.

군사정부의 외무부 장관에는 강직한 김홍일(金弘一) 장군이 부임했고, 혁명주체세력인 이창희(李昌熙) 대령이 감독관으로 내려왔다. 느슨했던 분위기가 갑자기 바짝 조여졌고, 군사정부는 집권 우선 과제로 공직사회 숙정 작업부터 서둘렀다. 부정부패, 축재, 무능, 축첩(蓄妾)과 병역 미필을 '공직사회 5대 악'으로 삼아서 대대적인 정리가 시작되었다. 외무부에서도 많은 사람이 병역 미필에 걸려서 쫓겨났고 나도 그중 하나가 되어 5월 26일 사표를 제출하고 외무부를 떠났다.

공군사관학교

청운의 꿈을 품고 자신만만하게 시작한 나의 '외교관 생활'이 불과 1년 만에 끝나버린 것이다. 갑자기 당한 일이라 아무 대책이 없었지만 해외유학도 병역 미필이면 안 된다고 하여, 이참에 그동안 미루어오던 군 복무를 마쳐야겠다는 결심을 하게 되었다. 내 말을 들은 아버지는 '좋은 쇠로는 못을 만들지 않고 좋은 인재로는 병졸을 만들지 않는다'라는 고사를 들면서 기왕이면 장교로 복무하라고 하셨다.

그런 생각으로 통상2과에서 같이 근무하면서 나를 아껴주던 이규성(李圭星) 통상국장을 찾아가서 상의했다. 이 국장은 공군 대령 출신으로 공군본부 군수, 경리국장을 지냈는데 4.19 후에 예편하여 외무부에 서기관으로 들어와서 통상2과에서 근무하다가 5.16 후에 바로 국장이 되었다. 이 국장은 "여름에 공군 장교 모집이 있을 예정인데, 거기 합격하면 공군사관학교 교관으로 보임되도록 주선해 보겠네"라고 했고, 공군사관학교에서도 다음 해 봄에 경제학 교관 자리가 비게 되니까 임관과 동시에 교관으로 보임하겠다는 언질이 왔다.

그해 8월에 공군 간부후보생 선발이 있었다. 5.16 후 병역 미필로 직장을 잃은 사람들까지 대거 몰려서 수십 대 일의 치열한 경쟁이었지만 나는 고등고시 합격자라고 필답시험은 면제되고 신체검사만 받고 선발되었다.

1961년 10월 초에 대전에서 유성으로 가는 길목에 있는(지금은 시가지가 되어 흔적도 없지만) 공군기술교육단에 입대해서 4개월 간 기초군사훈련을 받았다.

훈련 시기가 겨울인 데다 공군 비행장은 원래 확 트인 벌판에 있는 법이어서 훈련 중 제일 힘든 것이 추위였다. 규정대로 지급된 복장은 얇은 면내의에 작업복 차림이라 추위를 견디기가 힘들어서 몰래 사제 내의를 껴입었다가 발각되어 혼쭐이 나기도 했다. 하지만 긴장해서 이리저리 부대끼다 보면 그 추운 겨울에 웃통을 벗은 채로 몇 시간씩 연병장에 꿇어앉아 기합을 받아도 아무도 감기 한번 걸리지 않았다.

처음 한 달은 아주 힘들었지만 시간이 지나 어느 정도 적응이 되자 견딜만했고 나름 보람도 느꼈다. 완전무장한 채 구보로 몇 십 리를 뛰다 보면 그 추운 날에도 비지땀이 비 오듯 흐르고 숨은 턱에 차서 바로 쓰러질 것 같다가도 목표 지점에 도달하면 마치 에베레스트라도 정복한 기분이었다.

우리 동기생 98명(입교자 100명 중 2명 탈락)은 고된 훈련을 무사히 마치고 1962년 1월 31일 '자랑스러운 대한민국 공군 소위'로 임관되었다. 그 후 각 부대로 흩어져서 근무하고 4년 후 만기 제대해서 각기 생업을 찾아 헤어졌지만, 우리 공군 각종 장교 16기(후에 공군 간부후보생 47기로 개칭) 동기생들은 '평생 동지'로 우의를 나누고 요즈음도 매월 16일이 되면 함께 모여 식사하면서 옛일을 즐겁게 회상하곤 한다.

공군 간부후보생

장교 임관 후 사관학교 부임 전 2개월 간 공군대학에서 실시하는 학술 교관과정(Academic Instructors Course)을 이수했다. 이 과정은 미국 공군에서 시행하는 것을 그대로 전수받은 코스로서, 교관 요원 몇 사람을 대상으로 인간관계, 의사전달, 학술지도와 강의 준비 등을 시범 실습식으로 집중 교육했다. 나에게는 사관생도를 상대하고 가르치는 데 뿐 아니라 훗날 외교관으로 생활하는 데에도 좋은 지침이 되었다.

나는 1962년 4월 중순에 서울 동작구 대방동에 있던 공군사관학교에 부임해서 1966년 1월 말 만기 제대할 때까지 교수부 사회과학과 소속 학술 교관으로 사관생도들에게 경제학 개론 등을 강의하면서 4년을 보냈다. 처음 4학년 교실에 들어갔을 때는 나와 같은 나이의 생도도 몇 사람 있어서 그들에게 의연하고 자신 있게 보이려고 고심하기도 했다. 4년 동안 가르친 생도들은 후에 우리 공군의 핵심 간부로 성장했고 그중에는 내가 현직 외교관으로 있는 동안에 이미 참모총장에 오른 사람도 있다.

공군사관학교 교관 시절 퇴근 후 동료 교관들과 어울려 이 집 저 집 다니면서 포커 카드 게임도 많이 했다. 공군에서 그렇게 '갈고 닦은' 포커 실력은 그 후 외무부에 복귀해서도 계속 '연마'했다. 그러나 우리의 포커는 그 빈도가 잦은 데 비해서 판의 크기는 보잘것없어서 도박이라기보다는 오락 수준을 넘지 못하는 것이었다.

사관학교 교관으로 별 불편 없이 지내면서도 내 마음은 항상 외무부로 향하고 있었다. 나와 같이 사표 쓰고 나왔던 많은 사람들이 거의 모두 외무부에 복귀해서 제 갈 길을 열심히 걷고 있는데 나만 처져 있다는 생각에 군 복무 4년이 길게만 느껴질 때가 많았다.

그러나 돌이켜 보면 공군에서 나는 비교적 많은 혜택을 받은 셈이었다. 평생 도움이 되는 좋은 교육도 받았고, 생도들을 가르치면서 스스로 많은 공부가 되었다. 학교가 서울에 있었으므로 가족과 함께 생활할 수 있었고, 일주일에 평균 8시간 강의하고 나머지는 비교적 자유로운 시간을 가질 수 있었다. 지나고 보니 그렇게 여유 있고 편하게 군 복무를 하면서도 그 기간을 좀 더 유용하게 보내지 못한 점이 못내 아쉽게 생각된다.

연애와 결혼

다른 한편 공군에 있는 동안 나의 인생에 중대한 변화가 있었다. 1961년 봄에 나는 평생의 반려자가 될 사람을 만난 것이다.

가까운 친구가 자기 누이의 친구라고 소개해 주어서 그해 4월 2일 종로의 백조다방(白鳥茶房)에서 이정자(李貞子)란 나와 동갑내기 아가씨와 데이트를 했는데 처음부터 마음이 끌렸다. 날씬한 체구, 귀염성 있는 용모, 청초 단아한 모습….

뒷날 물은 적이 있다.

"처음 만났을 때 나는 당신의 동그스름한 무릎이 예뻐 보여서 끌렸는데, 당신은 나의 무엇을 보고 그랬소?"

"이야기하면서 안경을 썼다 벗었다 하는 것이 멋있어 보여서…."

그런 것이 천생연분인지! 우리는 이후 계속 교제하다가 1963년 이른 봄에 결혼으로 이어졌다.

박봉으로 생활이 어려웠던 그 시절 젊은 군인들 사이에는 '대한민국 초급 장교로서 결혼을 하는 자는 나폴레옹보다도 더 용감한 사람이다'라는 말이 있을 정도였다. 젊은 나이에 아무 준비 없이 결혼을 했으니, 살림집을 마련하고 매달 모자라는 생활비를 충당하기 위해 부모님께 의지할 수밖에 없었다. 결혼 후 곧 첫딸 재령(在玲)을 얻었고 그 2년 반 뒤에는 아들 재호(在豪)가 태어나서, 스물세 살 총각으로 외무부를 떠났던 나는 5년 후 네 식구의 가장이 되어서 돌아오게 된다.

나의 딸과 아들

외무부
복귀

　내가 군 복무를 하는 동안 박정희(朴正熙) 장군의 제3공화국은 초반의 시행착오와 난조에서 벗어나서 차츰 안정 기조를 확립하고 나라의 기틀을 다져가고 있었다.

　나는 군에서 나오는 대로 외무부에 복귀하려 했지만, 외무부의 사정이 여의치 않아서 3개월이나 기다려야 했다. 공무원법상 공무원직을 떠난 지 3년 이상이 되면 그대로 복직되지 않고 다시 신규 채용 절차를 밟아야 했다. 나는 자격시험인 고등고시 합격자임으로 별도의 시험은 면제되지만, 당시 외무부의 법정정원(T/O)이 꽉 차서 자리가 날 때까지 기다려야 한다는 것이었다.

　당시 외무부는 젊고 패기만만한 이동원(李東元) 장관 밑에서 깐깐하기로 소문난 김영주(金永周) 차관이 빈틈없이 살림을 꾸려가고 있었다. 기다리기가 답답하고 혹시 다른 방도가 없을까 해서 하루는 아침 일찍 중앙청 옆의 차관 댁에 찾아갔더니, 출근하던 김 차관이 차갑게 말했다.

　"기다리면 된다는데 왜 독촉인가! 나 보고 있는 사람 내쫓으라는 말인가!"

　중학교 대선배라고 믿고 찾아갔다가 아무 말 못 하고 물러나오면서 몹시 서운했다. 그러나 복직되고 며칠 후 김 차관이 설렁탕 점심을 사 주면서 근황까지 물어주어서 그 섭섭함도 쉬 사그라졌다.

　1966년 5월 17일, 나는 드디어 근 5년 만에 다시 외무부에 출근하기 시작했다. 당시 외무부는 지금은 헐리고 없는 옛 중앙청(이전 일제 총독부 건물)에 있었다. 나는 통상국 국제경제과에 배치되었는데, 그 과는 세계 경제 문제와 경제 관계 국제기구 관련 업무를 담당하는 곳이었다. 치밀하고 학구적인 함태혁(咸泰爀) 선배를 과장으로 두고 한국 경제 대외 개방의 첫 관문인 GATT(관세무역일반협정, 현 WTO의 전신) 가입 문제로 바쁘게 움직이고 있었다.

나에게는 UNCTAD(유엔 통상개발회의) 관련 업무가 부여되었다. 이 회의는 제3세계의 강력한 요구에 따라 국제무역 여건의 개선을 통해 후진국의 개발을 촉진하는 방안을 모색하기 위해서 유엔이 1964년부터 시작한 사업으로, 1980년대에 들어서 점차 용두사미(龍頭蛇尾)가 되고 말지만 당시에는 국제적으로 큰 각광을 받고 있었다. 나는 근 한 달 이상 관계 서류를 뒤져보고 그것을 정리해서 복잡하고 광범위한 그 기구의 전모를 알기 쉽게 소개한 논설문을 통상국에서 발간하는 〈국제경제〉지 여름호에 특집으로 실었는데 함 과장이 "가 보지도 않은 사람이 갔다 온 사람보다 더 생생하게 기술했다"고 칭찬해 주기도 했다.

가을부터는 UNCTAD 업무를 동료인 이두복(李斗馥) 사무관에게 인계하고 막바지 가입 교섭으로 더욱 바빠진 GATT 관련 업무를 지원하게 되었다. 이두복 씨는 1957년부터 외무부에서 근무했는데 5.16 직후 나와 같이 공군 장교로 갔다가 복직했고 그 후 오랫동안 고락을 같이했다.

나는 GATT 업무를 담당하면서 그에 관한 전문 지식이 부족함을 느끼고 있던 차에 GATT가 매년 제네바에서 시행하는 국제통상 정책에 관한 6개월 교육과정이 다음 해 2월부터 시작된다고 듣고, 함 과장의 권유에 따라 그에 참가키로 했다. 주관 부처인 과학기술처의 승인을 받고 연말에는 주한 유엔개발계획(UNDP)이 시행하는 간단한 시험도 치렀다.

첫 해외 출장

1967년 1월이 되면서 슬슬 제네바로 떠날 준비를 해야겠다고 생각하던 참에 갑자기 남미 쪽으로 먼 출장을 가게 되었다. 우리와는 지구 정반대 편에 있는 우루과이의 푼타 델 에스테(Punta del Este)라는 곳에서 GATT의 중추기관인 무역개발위원회가 개최되는데 그 회의에 옵서버로 참석하게 된 것이다.

GATT 동향 파악과 나의 경험 축적을 위한 출장이었지만 결재 과정에서 깐깐한 김 차관이 "연초부터 무슨 위로 출장이냐!"라면서 안 된다는 것을 함 과장이 어렵게 설득해서 허락을 받을 수 있었다.

그날 나는 이미 시일이 너무 늦어서 출장은 안 되는 것으로 생각하고 출근했다가 결재가 났으니 급히 떠나라는 지시를 받았다. 회의는 다음 월요일 시작인데 참가가 토요일에야 결정된 것이다.

다행히 오전 중에 일본 도쿄로* 가는 항공편이 있어서 아내에게는 짐을 챙겨서 공항으로 나오라 하고 여권과 비행기 표를 급히 마련해 김포공항으로 달려갔다. 공항에 도착하니 이미 승객 탑승이 완료되고 탑승구가 닫혀 있어서 짐을 들고 비상출구로 들어가서야 비행기에 오를 수가 있었다. 한바탕 소란을 피우고 내가 타자마자 비행기는 곧 이륙하기 시작했다. 비행기가 하늘을 향해 솟아오르는 것을 창밖으로 내다보면서 '이것이 외교관으로서 나의 첫 해외 나들이구나' 하고 생각했다. 그리고 스스로 다짐했다.

"자, 한번 해 보자! 힘껏 날아 보자!"

---

* 당시 도쿄는 우리의 해외여행 관문이었다.

주일 대사관에서는 중학교 선배인 신동원(申東元) 서기관이 친절히 맞아서 필요한 조처를 하도록 도와주었다. 워낙 급하게 떠났기 때문에 여비는 도쿄에 도착해서 대사관에서 입체(立替)하고, 미국과 우루과이에 입국하는 비자도 도쿄에서 받아야 했다. 우리 대사관에서 미리 양쪽 대사관에 양해를 구해 놓아서 주말 휴무임에도 비자를 받을 수 있었다.

다음날 도쿄를 떠나 뉴욕에 도착해서 곧바로 비행기를 갈아타고 우루과이의 몬테비데오(Montevideo)로 향했다. 그러나 마침 관제탑의 고장으로 그곳 공항에는 착륙하지 못한다고 해서 아르헨티나의 부에노스아이레스(Buenos Aires)에 내렸다. 그곳에서 우루과이 정부에서 보내준 군용기 편으로 다른 몇 사람의 회의 대표들과 함께 한밤중에 푼타 델 에스테에 도착했다.

우루과이에는 바로 직전 해에 우리나라의 일인공관(一人公館)이 창설되어 고시 선배인 이남기(李楠基) 씨가 대리대사로 부임한 상태였다. 원래는 나와 몬테비데오에서 합류해서 같이 회의에 참석키로 되어 있었지만, 기착지가 어긋나면서 서로 연락이 되지 않았다. 경황 중에 회의 참석 등록을 마친 나는 숙소를 배정받아 새벽녘에야 눈을 좀 붙일 수 있었다.

다음 날 아침, 회의 시작 직전에 이 대리대사로부터 전화가 왔다. 아침 출근해서 본부에서 보낸 전보를 보았다고 하면서 2시간 넘게 자동차를 몰아서 회의장으로 왔다.

회의는 큰 논란이 있는 것도 아니고 우리는 발언권도 없는 옵서버였기에 아무 부담 없이 회의 진행을 지켜보면서 각국 대표들과 인사도 나누고 자료도 챙기면서 4일을 지냈다. 푼타 델 에스테는 남미 동남 해안의 소문난 휴양지로 시설도 좋았고 계절은 화창한 여름인지라 저녁때마다 정원에 풍성한 바비큐 뷔페를 차려놓고 파티가 열렸다. 경쾌한 음악에 맞추어 노래하고 춤추면서 밤늦게까지 즐기는 남미의 낭만을 보면서 부러움을 느꼈다.

'사람 사는 방식도 이렇게 다를 수 있구나!'

회의 참관을 마치고 이 대리대사를 따라 몬테비데오로 가서 오후에는 시내를 관광하고 저녁에는 선술집(whiskeria)에도 들렀다.

이남기 선배의 따뜻한 배려로 첫 해외 출장을 무사히 마치고 바로 귀국길에 올랐다. 뉴욕과 도쿄에서 비행기를 갈아타고 서울까지 쉬지 않고 비행했다.

저녁 늦게 김포공항에 도착해서 택시를 잡아타고 용두동 집으로 가는 도중에 갑자기 코피가 쏟아졌다. 긴 여행을 무리하고 촉박하게 한 탓이었지만 나에게는 오래 기억에 남는 첫 해외 나들이였다.

제네바 연수

남미에서 돌아오자마자 출장복명서를 작성, 제출하고 잔무를 정리한 나는 1주일 만에 제네바로 떠났다.

GATT의 통상정책과정(Commercial Policy Course)은 개발도상국의 통상관계 실무자들을 대상으로 자유무역의 원리와 함께 국제교역에 관한 제반 규정 및 후진국에 적용되는 각종 특례 등을 학자와 전문가를 초빙해서 교육하는 코스로서 GATT 가입을 목전에 둔 우리에게는 매우 유용한 것이었다.

그 과정에는 아시아, 아프리카와 중남미의 9개국에서 온 14명의 정부 관리가 학생으로 참여했는데 인종과 국적이 다 다를 뿐 아니라 중년의 고위 관리로부터 대학을 갓 나온 초임 공무원까지 계층도 다양했다.

우리나라에서는 나와 함께 재무부 관세국의 송장원(宋壯源) 씨가 참여했는데, 우리는 제네바 시내 코르나방(Cornavin) 기차역 건너편의 5층 아파트에 취사 시설이 딸린 단칸방(스튜디오)을 얻어서 함께 자취 생활을 했다.

아침을 차려 먹고 역 앞에서 전차 타고 10분쯤 가서 옛 국제연맹의 본부였다가 유엔의 유럽 지부가 된 만국전당(Palais des Nations) 앞에서 내려서, 그 옆 언덕길을 따라 올라가다가 국제적십자연맹(ICRC) 본부 건너편에 있는 조그마한 3층 건물인 옛 GATT 사무국(Villa le Bocage)으로 갔다. 그곳에서 오전과 오후 강의를 듣고, 점심은 만국전당이나 적십자사 카페테리아에 가서 먹고, 저녁은 아파트에 돌아와서 자취하는 생활을 5개월 간 계속했다.

송 씨는 나보다 연상으로, 말수가 적고 점잖으면서 양보를 잘 하는 성격이어서 함께 지내면서 한번도 불편을 끼치는 일이 없었다. 그는 그 후 오래 세관에서 근무했는데 세월이 한참 지난 후에도 간혹 만나면 '동거생활' 하던 지난날 이야기를 나누곤 했다.

교육과정을 마친 우리 학생 일동은 6월 초에 북유럽 쪽으로 수학여행을 떠났다. 2주일 동안 파리를 거쳐 함부르크, 코펜하겐, 스톡홀름과 헬싱키에 들렀는데, 관광을 주로 하면서 관계기관이나 산업시설도 둘러보았다. 한여름의 북구(北歐)는 청명한 날씨에 일조시간도 길어서 매우 유쾌한 여행이 되었다.

그런데 우리가 여행을 떠나려고 6월 5일 아침에 GATT 사무국에 집합해보니 이스라엘 무역부의 과장으로 있다던 유대인 학생이 보이지 않았다. 그는 조용한 성품의 40대 초반으로 예비역 육군 소령이라고 했는데, 함께 공부하던 젊은 이집트 학생이 도발적인 언사로 이스라엘을 비난해도 못 들은 척하고 지냈다. 조금 있으니까 우리 인솔 책임자가 그 사람이 남겨 놓은 쪽지를 들고 와서 읽어 주었다.

"본국에서 비상 소집이 있어 급히 귀국함. 관계자들과 동료들에게 작별 인사 못해 미안함. 사태가 수습되는 대로 다시 연락하겠음. 즐거운 여행되기 바람."

그제야 우리는 며칠 전부터 부글부글 끓고 있던 중동사태를 상기했다. 사태가 위급해지자 이스라엘은 우리가 여행 떠나던 바로 그 날 이집트를 비롯한 인접 아랍국들에 선제공격을 가했다. 1967년 중동의 소위 '6일 전쟁'이 발발한 것이다. 개전이 되자 진흙같이 단단한 이스라엘의 '다윗'이 사막의 모래 같은 아랍의 '골리앗'을 몰아쳐서 불과 며칠 사이에 이집트와 시리아, 요르단군이 궤멸하고 이스라엘군이 수에즈운하 근처까지 진격했다. 사태가 걷잡을 수 없이 흘러가자 미국과 소련이 개입했고, 이스라엘이 그 압력으로 하는 수 없이 휴전에 응해서 전쟁은 일단 끝이 났다.

"전쟁이 나면 하루 만에 유대인 놈들을 모두 지중해에 처넣어 버릴 것이다"라고 큰소리치던 이집트 젊은이는 2주일 동안 '무사히' 여행을 마쳤는데 묵묵히 그 소리를 듣고만 있던 이스라엘의 중년 신사는 전쟁 발발 직전에 급거 귀국, 참전하는 것을 보고 이스라엘이 어떻게 십여 배나 인구가 많은 주변 아랍 여러 나라를 상대해서 여러 차례 전쟁에서 번번이 이길 수 있었는지를 이해할 수 있었다.

제네바 연수 중 이집트 동료와

　제네바에 있는 동안 나는 영화 구경도 자주 가고, 싸구려 술집에도 드나들었고, 주말에는 산자수명(山紫水明)한 스위스 각지를 여행했다. 요트의 흰 돛이 가득한 레망 호수(Lac Leman), 백설이 덮인 몽블랑(Mont Blanc) 산정, 알프스 산속의 그림 같은 마을들, 헤밍웨이의 〈무기여 잘 있거라〉의 무대가 된 조용한 호반의 도시 몽트뢰(Montreux) 등, 그런 명소를 둘러볼 때마다 혼자서 집 지키면서 아이들과 씨름하고 있을 아내 생각을 많이 했고 '나중에 꼭 이 아름다운 곳에 함께 오리라!' 마음먹기도 했다.

그 후 나는 각종 회의 참석 등으로 여러 번 제네바에 들를 기회가 있었고, 유럽 다른 곳에서 근무할 때 아내와 함께 두어 차례 제네바에 가 보기도 했으니 그때의 소원은 성취한 셈이다.

차관 비서관

6월 말에 귀국한 나는 국제경제과로 돌아왔다. 우리나라는 내가 제네바에서 연수 중인 1967년 4월 오랜 교섭 끝에 GATT에 가입했고 나는 다시 그 업무를 맡았다.

그런데 일을 본격적으로 시작하기도 전에 갑자기 기획관리실로 자리를 옮기게 되었다. 의외의 발령이었고 잘된 인사라고 여겨지지는 않았지만, 통상 이외의 다른 업무도 익힐 수 있고 당시 여러 사람에게서 앞으로 대성할 인물이라고 촉망받던 노신영(盧信永) 실장 아래에서 일 해보는 것도 좋은 기회가 되리라고 고쳐 생각했다.

기획관리실에서는 '행정관리'라는 잡다한 지원업무를 담당했는데, 내가 처음 외무부에 들어왔을 때 통상2과의 수석 사무관으로 나를 친동생같이 친절하게 지도해주던 문희철(文熙哲) 부이사관이 직속 상관이어서 마음 편하게 일할 수 있는 분위기였다.

그런데 기획관리실에서 일을 시작한 지 한 달도 되지 않아 나는 새로 부임한 진필식 차관의 비서관으로 발탁되어서 또다시 자리를 옮기게 되었다. 내가 제네바에서 귀국하기 바로 전에 말레이시아에 있던 최규하 대사가 외무부 장관으로 입각했고, 그에 따라 9월에 차관도 바뀌어서 김영주 차관은 주독일 대사로 나가고 칠레에 있던 진 대사가 차관으로 들어오게 된 것이다.

차관 비서관 발령 또한 의외의 일이었다. 신임 차관 취임식이 있던 날 아침 최광수 동북아 과장이 급히 보자고 하더니, "어제 저녁 진 차관께서 비서관을 추천하라고 해서 자네를 말씀드렸더니 좋다고 했으니 그런 줄 알고 있게" 하는 것이었다.

진 차관이 과장이던 시절, 외무부에 처음 들어온 최 과장이 그 밑에서 일했는데 그때부터 진 차관은 최 과장의 인품과 특출한 재능을 높이 평가해서 가까이하는 관계였기에 비서관 인선도 상의한 모양이었다. 뜻밖의 일이고 비서관 직책이 적성이 아닌 것 같아 주저하는 나에게 최 과장은 설득조로 말했다.

"나도 전에 비서관을 해 보았는데, 열심히 하면 되는 거지 따로 적성이 있는 건 아니야. 그리고 차관 모시고 있으면 여러 가지 일도 배우게 되고 열심히 하면 승진에도 도움이 될 테니 내가 권하는 대로 하게."

생각해보니 옳은 말 같아서 그러겠다고 하고 차관 취임식이 끝나는 대로 이창수(李昌洙) 서기관으로부터 업무를 인수받아서 비서관 근무를 시작했다.

진필식 차관

진 차관은 내가 외무부에 처음 들어왔을 때 직속 국장이었기 때문에 아주 생소하지는 않았다. 1948년 정부 수립과 함께 외무부에 주사(主事)로 들어온 그는 열심히 노력해서 20년 만에 차관직에 올랐다.

그는 초창기 우리 외무행정의 기틀을 세우는데 크게 이바지했는데, 대단히 정력적이고 열성적이지만 간혹 혈기가 지나칠 때가 있어서 외무부에 많은 일화를 남긴 분이다.

진 차관 부임 당시 제일 골치 아픈 외교 문제는 그해 6월에 발생한 소위 '동백림 간첩 사건'(일명 GK 사건)이었다. 서독 등지에 살던 우리 교포와 학생 일부가 북한의 꼬임에 빠져서 동백림(동베를린)을 통해 북한을 비밀리에 왕래하며 북한 당국과 접촉한 사실이 드러나자, 우리나라의 중앙정보부에서 그들을 납치, 내밀하게 본국으로 송환했다. 이에 대해 서독 등의 국가에서 자국의 주권 침해이고 인권유린이라는 비난이 쏟아졌고 외교 문제로 비화되어 한국 외무부는 매우 난처한 처지에 빠져 있었다.

하루는 주한 서독 대사가 진 차관을 찾아와서 서독 정부의 항의 각서를 전달했다. 대사는 각서를 수교하면서 차관에게 그 자리에서 읽어볼 것을 요구했고, 진 차관이 각서는 검토해서 추후 회답할 것이니 따로 할 말이 있으면 하라고 하자 대사가 본국의 지시라면서 우선 각서부터 읽어보라고 반복 강요했다. 이에 진 차관이 격분해서 소리쳤다.

"외교관으로서 있을 수 없는 무례한 행동이다. 이런 행동을 계속하면 Persona non grata 로 퇴거*시키겠다!"

대사가 그 기세에 눌려서 자신의 결례를 인정하고 사과해서 그

---

* Persona non grata(person not welcome)는 접수국에서 불신임하여 본국 소환을 요청받은 외교관을 말하는데, 만약 소환에 불응하면 당해 외교관은 외교사절로 인정하지 않게 된다. 접수국은 하시라도 아무 해명 없이 외교관을 P.N.G.로 선언할 수 있다.

런대로 무마되었지만, 그때 큰소리가 차관실 문밖에까지 흘러나와서 마침 취재 차 모여 있던 출입기자들이 그 소리를 듣고 "진 차관 잘 한다!"라며 손뼉을 친 일이 있다.

1967년 겨울에는 ECAFE(아시아 극동 경제이사회, ESCAP의 전신) 총회가 호주 캔버라(Canberra)에서 개최되어서 수석대표인 진 차관을 수행해서 다녀왔다. 이 여행에는 경제기획원의 서석준 경제조사과장, 재무부 이재국의 홍인기 과장 등 나의 고시 동기들도 동행했다.

캔버라로 가는 길에는 진 차관이 전에 총영사로 근무해서 애착을 두고 있던 홍콩에 들렀는데 번화하고 혼잡한 동서양 합성 도시의 바쁜 모습이 인상적이었고, 귀로에는 시드니(Sydney)에서 서 과장 등과 함께 아름다운 항구 도시의 밤거리를 누비기도 했다.

1968년에 들어와서 1월 21일에는 북한 특수부대 '김신조(金新朝) 일당'의 청와대 기습 사건*이 일어났고, 그 이틀 후에는 미국 해군 첩보선 푸에블로호가 북한에 나포**되는 등, 큰 사건이 연발해서 분위기가 마치 전쟁 일보 전처럼 긴장되었다. 또 그 1주일 후에는 월남에서 월맹의 구정 대공세(Tet Offensive)가 전개되어 국제정세에도 검은 먹구름이 덮쳐왔다.

---

* 1968년 1월 21일 북한 특수부대 무장대원 31명이 '박정희의 목을 따기 위해' 청와대 인근까지 침투했다가 군경에 발각되어 그중 김신조를 제외한 전원이 사살되고 우리 측에서도 20여 명의 군경 희생이 발생하였다. 생포된 김신조는 한국에 귀순해서 후에 기독교 목사로 사목생활을 했다.

** 1968년 1월 23일 미 해군 첩보선 푸에블로(USS. Pueblo)호가 북한의 전신 무선 신호 감청 중 원산 앞바다에서 북한 해군 함정들에 의하여 나포되었다. 북한은 영해 침범이라 하고 미국은 공해상 불법 나포라 주장했는데, 그 선원 83명은 13개월 후에 판문점을 통해서 석방되었으나 선체는 대동강에 전시되었다.

박정희 대통령은 북한의 도발에 대한 미국의 대응이 미온적이라고 불만을 토로하면서 한국 단독으로라도 북한에 대해 보복 조치를 강행하겠다고 위협했고, 미국에서는 급히 밴스(Cyrus R. Vance) 대통령 특사를 파견해서 박 대통령을 무마하고 한미 공조 문제를 협의토록 했다.

한남동 외무부장관 공관에서 개최된 한미 회담은 최 장관의 끈질긴 교섭 강행으로 새벽녘까지 계속되었다. 이 회담을 통해서 우리는 미국으로부터 한국에 대한 방위공약을 재확인 받고 국군 현대화 계획에 대한 미국의 추가 지원 약속도 받아냈다. 그날 진 차관도 회담에 참여했는데 우리 수행원들은 회의실 밖에서 긴장한 상태로 밤을 새웠다.

외무부 법무관

진 차관을 모시고 바쁘게 지내는 중에 1968년 정례 승진 인사가 있었다. 나는 사무관이 된 지는 8년이 지났지만, 그간 5년의 공백이 있어서 외무부 통산 근무 기간이 부족하다는 이유로 승진 대상은 아니었다. 그런데 몇 주일이 지난 어느 날 진 차관이 나를 불러서 "유종하(柳宗夏) 법무관이 동남아과장으로 가게 되었으니 그의 후임으로 발령해 주겠네"라고 했다.

법무관이 되면 서기관으로 자동 승진하는 것이지만 공무원법상 직렬(職列)이 다르므로 전직시험을 치러야 했다. 그래서 6월 중에 일단 법무관 직무대행으로 발령을 받아 일을 하면서 총무처에서 시행하는 시험을 거쳐서 그 다음달에 정식 법무관으로 발령받는 절차를 밟았다. 그렇게 해서 진필식 차관을 모신지 9개월 만에 비서관 자리를 고시 동기인 김석규 서기관에게 인계하고 기획관리실로 되돌아가게 되었다.

기획관리실에는 그동안 노신영 실장이 주로스앤젤레스 총영사로 나가고 그 후임으로 주뉴욕 총영사이던 장재용(張在鏞) 씨가 부임해 있었다. 장 실장은 경기중학 대선배로 후덕하고 무던한 분이었고 나는 그 밑에서 외무부 관계 법령과 규칙의 제정, 시행에 관한 법무관 본연의 업무 외에 행정관리담당관 업무도 겸하게 되었다. 일상 업무량으로 보면 법무관 소관보다는 잡다한 행정관리 업무가 더 많았다.

그해 12월이 되면서는 신년의 대통령 연두순시에 대비한 외무부 업무보고 준비에 매달리게 되었다. 평소에도 사소한 자구 하나도 소홀히 하지 않는 신중한 성격인 최규하 장관은 자신이 직접 절대 권력자인 대통령께 드리는 주요 보고인지라 특히 많은 신경을 썼다. 초안을 몇 번씩이나 고쳐 쓴 뒤에야 문안이 확정되었고 최 장관은 그것을 가지고 반복 연습하는 성실성을 보였다.

보고 내용 중 최 장관이 가장 많이 신경을 쓴 부분은 외무부의 숙원사업인 외무공무원법 제정 문제였다. 외교관의 직무와 신분의 특수성에 비추어 일반 국가공무원법과는 별도의 인사법을 가짐으로써 외교관의 채용, 승진, 전보 등 인사를 보다 합리적이고 능률적으로 운용하고 신분보장과 정년을 분명히 해서 직업외교관제도를 확립하자는 취지였다. 그러나 잘못 받아들이면 가뜩이나 폐쇄적이라는 평을 듣는 외무부가 그 벽을 더 높이 쌓고 대통령의 고위 외교관 임용권을 법률로 제약하려는 것으로 오해될 수도 있었다. 최 장관은 고심 끝에 동 항목은 외무행정 부분의 제일 뒤에 제목만 달아두라고 했다.

다음날 브리핑 차트를 통한 최 장관의 보고는 부드럽고 유창하게 잘 진행되었는데 마지막 항목에 대해서는 언급 없이 보고를 끝마쳤다. 그러자 외무부 장관을 겸직한 적이 있는 정일권(丁一權) 국무총리가 "최 장관, 외무공무원법은 외무부의 숙원사업인데 이 기회에 각하께 보고 드리시지요"라고 도와주는 말을 했고, 배석하고 있던 박준규(朴浚圭) 국회 외무분과위원장도 같은 말로 거들었다. 그에 따라 최 장관은 조심스럽게 외무공무원법 제정의 필요성을 설명했다. 최 장관의 설명이 끝나자 묵묵히 듣고만 있던 박 대통령이 말했다.

"최 장관의 뜻은 이해합니다. 선진 외국의 사례도 잘 알겠고…. 시기가 되면 우리도 그렇게 해야 되겠지요. 계속 면밀히 검토 하시오."

결론은 '시기상조-보류'였다. 그때 우리 실무자들로서는 최 장관이 좀 더 소신 있게 주장을 제기했더라면 박 대통령의 반응도 다르지 않았을까 생각하기도 했다. 하여간 외무공무원법의 제정은 그 후 12년의 세월이 더 지난 뒤에야 성사되었다.

법무관으로 근무하는 동안 위로는 주캐나다 대사관 참사관을 지낸 함영훈(咸永焄) 부실장이 잘 감싸주었고 직원으로는 김흥수(金興洙), 조원일(趙源一) 두 사람이 많이 도와주었다. 김흥수 씨는 사교적이고 대인관계의 폭이 넓은 사람으로 이후에도 가까이 지냈다. 조 사무관은 그때 막 시행된 외무고시에 합격해서 외무부에 갓 들어온 엘리트였는데 그와 그의 동기생들은 외무부가 자리를 잡아가던 시기에 '정규 사관 1기생'으로 들어와서 본격적인 직업외교관 진용의 선두주자들이 되었다.

법무관으로 10개월 간 근무한 뒤 1969년 봄의 정례 인사이동에서 나는 주캐나다 대사관 1등서기관 겸 영사로 발령되었다. 인사가 있기 전에 진 차관은 나에게 캐나다와 말레이시아 중 택일하라고 했는데 이 말을 전해 들은 함 부실장이 캐나다가 생활조건이 매우 좋은 곳이라고 하면서 강하게 권하기도 해서 캐나다로 가게 된 것이다. 나의 후임으로는 주로스앤젤레스 총영사관의 박수길(朴銖吉) 영사가 법무담당관으로 임용되었다.

평화와
기회의 땅
캐나다에서

첫 해외 근무
주캐나다 대사관
캐나다 생활
캐나다의 초기 한인 사회
백선엽 대사
진필식 대사
캐나다 근무 회고

첫 해외 근무

나는 1969년 3월 말에 아내와 함께 두 자녀를 데리고 해외 근무 길에 나섰다. 부모님과 동기들, 가까운 친구들이 김포공항까지 나와서 우리의 출발을 지켜봐 주었다. 아흔이 넘은 할머니도 "이제 보면 너희들을 언제 다시 보겠느냐"면서 공항까지 나오셨다.

우리는 캐나다로 가는 길에 도쿄, 호놀룰루와 뉴욕을 경유했다. 도쿄에서는 전에 통상2과에서 같이 근무한 전영각(田永珏) 영사가 돌봐주어 하루 동안 시내 구경을 했고, 호놀룰루에서는 서울 상대 선배인 박종기(朴鍾沂) 영사가 친절하고 상냥하게 하와이 관광을 시켜주었다.

와이키키 해변에서 어느 미국인 노부부가 벤치에 앉아서 햇볕을 쬐고 있다가 우리 내외가 어린 아들 딸을 앞세우고 지나가는 것을 보고 "참 예쁜 가족이구나!"(What a beautiful family!)라고 했는데, 아내는 그 말을 꽤 오래 기억하고 있었다.

뉴욕에서는 맨해튼의 마천루들을 구경하고 교외 뉴저지 쪽의 친척 집에 가서 하루를 지냈는데, 그곳으로 가는 고속도로변 넓은 공장 지대에 빽빽하게 들어선 높은 굴뚝들이 퍽 인상적이었다.

"저것이 바로 미국의 저력이구나!"

하와이에서

4월 1일, 우리는 드디어 오타와에 도착했다. 오타와의 조그마한 공항에 도착하니까 놀랍게도 백선엽(白善燁) 대사 내외 분을 위시해서 대사관 직원 전원과 몇몇 교민들까지 환영 나와 있었다. 송구스러워 하는 나에게 백 대사는 인자한 웃음을 지으며 "잘 왔소. 마음 편하게 잘 지내도록 하시오" 하면서 우리 가족을 불러 점심을 사 주었다.

오타와는 인구가 20만밖에 안 되는 조용하고 깨끗한 행정도시였다. 4월 초인데도 아직 날씨는 쌀쌀하고 곳곳에 눈도 많이 남아 있었다. 우리는 시내에서 공항으로 가는 길목에 있는 무니스 베이(Mooney's Bay) 근처 스프링필드(Springfield Drive)라는 곳에 새로 개발된 서민용 아파트를 임차해서 들어갔다. 그 동네에는 대사관 직원과 교민 합쳐서 한국인 7~8가구가 가까이 살고 있었다.

그때 나의 월급은 미화 700불 정도였다. 캐나다 수준으로 보면 보잘것없는 봉급이지만 그 당시 같은 급의 국내 공무원 보수와 비교하면 6~7배나 되는 금액이었다. 그 중에서 아파트 임차료와 자동차 할부금 등을 제하고 나면 400불 정도가 남았는데, 그 돈으로 네 식구가 그런대로 생활할 수 있었다.

집을 얻고 가구를 마련하고 처음 외국 살림을 시작하는 데에는 마침 친구 박수빈(朴秀彬) 박사 내외가 바로 옆에 살고 있어서 많은 도움을 받았다. 박 박사는 중학과 대학 동기이며, 나의 결혼식에 사회를 보아주기도 한 가까운 사이였다. 그는 미국에서 공부를 끝내고 바로 직전 해에 칼턴대학(Carlton Univ.)에 경제학 교수로 부임해서 오타와에서 둥지를 틀고 있었다. 한없이 선량하고 자상한 사람으로, 평생 한 대학에서 상아탑을 지켰다.

주캐나다
대사관

　대사관은 시내 한복판 슬레이터가(Slater Street)에 있는 5층 건물의 한 층 모퉁이를 빌려 쓰고 있었다.
　백 대사 밑에 문희철 참사관이 차석으로 정무를, 박연수(朴然秀) 서기관이 경제 업무와 총무를 담당하고, 나는 영사와 통신 업무를 맡았다. 문 참사관과는 우연히도 세 번째 같은 부서에서 근무하게 되었고, 박 서기관은 미국 유학생 출신으로 내가 처음 외무부에 들어갔을 때 바로 그의 옆자리에서 일하기도 했는데 마음씨 좋고 유머 풍부해서 세상에 아무 적이 없는 사람이었다. 우리는 출퇴근도 같이하고 바로 옆방에서 서로 일을 도와주면서 가깝게 지냈다. 그리고 1년 후에 허삼태(許三泰) 외신관이 증원되어 온 후에 우리는 총무와 통신 업무는 면하게 되었다.

캐나다
생활

　캐나다는 참으로 조용하고 평화스러웠다. '이웃집 고양이가 죽으면 동네 사람들이 모여서 장례를 치른다'는 나라였다.
　당시에는 취임한 지 얼마 되지 않은 자유당의 투루도(Pierre Elliott Trudeau) 총각 수상이 옷깃에 붉은 장미를 달고 한껏 멋을 부리면서 좌충우돌 활동하고 있었다. 그는 한때 미국의 인기 가수 바브라 스트라이샌드(Barbra Streisand) 등과 염문을 뿌리더니 1971년 초에는 밴쿠버 지역 명문 출신 20대 초반의 규수를 맞이해서 조촐한 결혼식을 치렀다. 그들은 그해 성탄절 날에 첫 아들을 얻었는데, 영화배우같이 잘생긴 그 아들(Justin Trudeau)도 40여 년 후에 캐나다 수상이 되었다.

　오타와는 겨울에는 무척 춥고 눈도 많이 온다. 전 세계 국가의 수도로서는 몽골의 울란바토르(Ulan Bator) 다음으로 춥다는 도시다.
　1970년 1월 어느 날은 온종일 쉬지 않고 엄청난 함박눈이 쏟아져서 세상이 온통 흰 눈에 묻혀버렸다. 그날 오타와에 온 눈은 연간, 월간 및 하루 강설량 기록을 모두 깨는 기념할 만한 것이라면서 일간지 〈오타와저널〉(The Ottawa Journal)에서는 구독자들에게 '생존 증명서'(Survival Certificate)를 만들어 보내주기도 했다.
　반면에 오타와의 여름은 더할 나위 없이 날씨가 좋았고 가을의 단풍철이 되면 만산홍엽(滿山紅葉)이 절경을 이룬다.
　그런 환경에서 나는 공사 간에 그야말로 마음 편하게 잘 지냈다. 문 참사관을 따라서 골프도 배우고, 친구들과 어울려 낚시도 다니고, 가족과 함께 자주 야외 놀이도 즐겼다. 여름철에 오타와강 건너 퀘벡주 쪽에 있는 가띠노 공원(Gatineau Parc)에 가서 아이들 풀어놓고 숯불 피어 고기 굽고 피크닉 하던 기억, 추운 겨울 총독* 관저 정원에 임시 가설되는 스케이트 링크에 가서 아이들에게 스케이트 가르치던 추억이 아직도 생생하다.
　캐나다에서 아이들도 잘 자라고 잘 적응했다. 어린 나이여서 6개월 정도 지나니 영어도 곧잘 하게 되었다. 딸 재령은 유아원을 거쳐 도착한 다음 해에 동네 초등학교에 들어갔고 아들 재호도 그때쯤 유

---

* 캐나다의 국가원수는 영국 왕이고 총독은 그 대리인임.

아원에 다녔다. 동네 아이들과 어울려 잘 지내고 낯선 학교에도 불평 없이 잘 다니는 것을 보고 대견하고 고맙게 생각했다.

캐나다의 초기 한인 사회

캐나다는 한국에 대해 매우 우호적이었고 양국 간 실질적 교류는 그리 많지 않을 때여서 대사관도 대체로 조용한 편이었다. 캐나다에 대한 우리의 이민이 본격화되기 전이어서 그때까지 그곳에 정착한 우리 교민은 주로 유학생이나 전문직업인들로 그 수도 천 명 미만이었다. 따라서 내가 맡은 영사 교민 업무도 처음에는 별로 바쁘지 않았다. 그러다가 서독에 파견되었던 우리 광부와 간호사들이 계약기간이 끝난 후 새로운 삶의 터전을 찾아서 캐나다로 몰려오기 시작하면서 그들을 상대로 여권 기한 연장 같은 영사 업무가 점차 늘기 시작했다.

교민을 상대하고 영사 사무를 보는 데 있어서 백선엽 대사는 늘 '친절과 편의 제공'을 강조했다. 당시는 정부의 해외여행 규제가 심할 때여서 거의 모든 사항이 본부의 승인 대상이었고 그 승인도 매우 까다로웠다. 정부에서는 외화 사용 억제, 병역기피 방지와 고급 두뇌 유출 차단을 위해서 일단 여행 허가 기간이 지난 사람들에 대해서는 귀국을 강요했고, 반면에 이미 해외에서 살기로 작정한 사람들은 돌아가려 하지 않아서 결과적으로 불법체류자가 되었기에 정부에 대한 불평불만이 쌓이는 경우가 허다했다.

그런 사정을 잘 알고 있는 백 대사는 "내가 책임질 터이니 노 영사가 잘 분간해서 필요하다면 본국에 물을 것 없이 그대로 허가토록 하시오"라고 지시했다.

백 대사는 6.25 동란 전 박 대통령의 직속상관이었고 당시 박정희 소령이 좌익 활동에 연루되어 군법회의에 회부되었을 때 적극적으로 그를 극형으로부터 구해주고 뒤를 돌봐준 인연 등으로 그만한 말은 자신 있게 할 수 있는 입장이었다.

그 덕택에 나는 상당한 재량권을 행사할 수 있었는데, 우리 교민 사이에 캐나다 대사관에서 여권 연장을 수월하게 해준다는 소문이 퍼지자 간혹 뉴욕이나 시카고 등지에서도 여권을 들고 찾아오는 사람까지 있었다.

백선엽 대사

백선엽 대사는 6.25 동란 초반 야전 지휘관으로 낙동강 전선 방어, 평양 탈환 등에 큰 공을 세우고 약관 서른두 살에 한국군의 첫 육군 대장에 오른 인물이다.

육군 참모총장과 합참의장 등을 두루 지내고 1960년 예편한 뒤에는 주중국(대만) 대사, 주프랑스 대사를 거쳐 주캐나다 대사로 부임해서 그때 10년째 해외 생활을 하고 있었다.

천군만마(千軍萬馬)를 호령하던 분이 1개 분대도 안 되는 인원을 데리고 고적하게 지내면서도 말없이 잘 견디고 적은 일이라도 피하지 않고 성실하게 본분을 다했다. 직원이나 교민들에게 늘 집안 어른 같이 인자하고 후덕하게 대하고 정초나 명절에는 떡국을 끓여 함께 나누고 직원 생일을 기억해서 몸소 양주병 들고 찾아오는 따뜻한 면도

백선엽 장군

있었다.

내가 도착한 해에 우리 교민이 집결 거주하기 시작하던 토론토에서 한인회 주최로 8.15 경축 행사가 있었는데, 백 대사는 축사에서 이민 초기의 어려운 한인 사회를 위로하면서 자신의 어릴 때 고생하던 이야기를 했다.

"아버지를 일찍 여읜 우리 가족은 내가 일곱 살 때 평양으로 이사했는데 단칸방에서 끼니를 잇기조차 어려웠습니다. 이사 온 지 1년쯤 되어 생활고가 극심해지자 어머니는 우리 삼남매를 데리고 대동강 다리 위로 가서 '이제 그만 고생들하고 함께 빠져 죽자'라고 할 정도였습니다. 이때 나보다 다섯 살 위인 누나가 '나무도 한번 옮겨 심으면 3년이 되어야 뿌리를 내린다는데 우리도 3년까지 견뎌보고 그래도 안 되면 그때 같이 죽자'라고 해서 눈물을 흘리면서 돌아온 적이 있었습니다. 여러분들도 새로 이민 와서 어렵겠지만 한 3년만 잘 견뎌내면 모두 이곳에 성공적으로 정착할 수 있을 것입니다."

솔직하고 마음속에서 우러나온 그 말을 들은 많은 사람들이 숙연해졌다.

백 대사는 말없는 가운데 대사관 직원들이 편한 마음으로 스스로 알아서 최선을 다하도록 유도했다.

과묵한 편인 그는 "대사님은 호상(虎相)인 데다 말수가 적어서 가깝게 대하기가 어렵다는 사람들이 있습니다"라는 우리의 말에 6.25 당시를 회상하면서 대답했다.

"국가의 존망이 걸린 전쟁이 한창일 때 서른두 살에 참모총장에 임명되었으니, 나이는 어리고 경험은 부족한데 책임은 너무 막중해서 8군 사령관 밴프리트 장군을 찾아가서 군 통솔의 요체를 물었지. 그가 말하기를, '말을 많이 하지 마라. 그 대신 참모와 지휘관들의 말을 경청해라. 그리고 여러 사람 앞에서 화를 내거나 성질을 부리지 마라'라고 해서 그대로 했더니 큰 실수가 없었는데, 그때부터 말수가 줄어든 모양이요."

백 대사는 시간이 나면 며칠씩 손수 자동차를 몰아서 멀리 떨어져 있는 외로운 동포들을 찾아보는 일을 즐겼고 그런 길에 나를 동행시키기도 했다.

한번은 그런 여행을 떠나게 되어 아침 일찍 대사관저에 가서 차고에서 자동차를 꺼내다가 무거운 차고 문틈에 손끝이 끼어 손가락 하나가 뭉개진 적이 있었다. 엉겁결에 피를 닦고 손수건으로 감싸 쥐고 조수석에 앉아서 여행을 계속했는데 점심 때 그것을 발견한 백 대사로부터 감추고 말 안 했다고 야단을 맞은 기억이 있다.

　　백선엽 대사는 1969년 10월 교통부 장관에 임명되어 오랜 해외 생활을 마감하고 귀국했다. 우리는 모두 잘 되었다고 축하하면서도 몹시 서운했다.

진필식 대사

　　백 대사의 후임으로 진필식 대사가 1970년 1월에 부임했다. 10개월 전 내가 캐나다로 떠나던 날 돈암동의 차관 댁으로 출국 인사 갔을 때 "가서 열심히 해 봐"라더니, '자기가 올 줄 알고 나를 미리 선발대로 보내지 않았나?' 하는 생각도 들었다.

　　진 대사는 부임하자 곧 의욕적으로 한국과 캐나다의 관계 증진을 위해 움직였다. 그는 양국관계 강화를 위해서는 영향력 있는 고위급 인사의 상호 교환 방문이 첩경이라고 생각하고 이를 적극 추진했다. 결과적으로 1971년 겨울 이효상(李孝祥) 국회의장이 캐나다를 방문했고 1972년 초에는 캐나다 정부의 실력자인 페팡(J. L. Pepin) 통상장관이 한국을 방문하게 되었다.

　　페팡 장관이 극동 순방을 떠나던 날, 이른 아침 나는 진 대사를 모시고 비행장에 나가 그를 환송했다. 장관은 항공기 출발 30분 전쯤 혼자 택시에서 내려서 여행가방을 들고 나타났다. 내가 가방을 대신 들어주겠다고 해도 사양하고 직접 탑승 절차를 마쳤다. 그때 수행원으로 같이 가는 직원이 나타나서 자기도 절차를 끝내고 장관과 함께 떠났다.

　　그 합리적이고 능률적인 업무수행 태도와 우리 공직사회의 봉건적인 자세가 비교되면서 '우리도 선진국이 되려면 저런 것부터 배워야 되겠구나!' 하는 생각이 들었다.

한국은 1965년 이래 캐나다에 대사관을 설치 운영하고 1969년에는 밴쿠버에 새로 총영사관까지 세웠다. 그러나 캐나다는 그때까지도 주일본 대사가 주한 대사를 겸임해서 도쿄에서 한국 관계 일을 보았다. 진 대사는 캐나다 외무부와 관계 요로에 한국과의 관계 강화를 위해 이른 시일 내에 서울에 상주공관(常駐公館)을 개설해야 한다고 끈질기게 설득해서 자기 재임 중에 캐나다의 주한 대사관이 설치되도록 했다.

언론 홍보 쪽에도 관심을 가지고 한국 소개나 한국 정부의 정책 홍보에 힘썼고, 독재정치, 인권탄압 등 한국에 대한 비판적인 언론 보도가 있으면 직접 항의 서한이나 독자 투고를 통해 반박했다. 그럴 때면 나에게 초안을 만들도록 해서 그것을 끈덕지게 잡고 앉아서 몇 번씩이나 고쳐 쓰게 했다.

진필식 대사는 외교활동에 있어서 대사관저를 통한 사교활동이 중요하다는 인식을 갖고 부임 직후부터 백방으로 적절한 관저 후보 건물을 물색했다. 그 결과 시내 중심부 리도 운하(Rideau Canal)에 접한 고급 주택가의 저택을 하나 찾아서 국유재산으로 사들이고 이를 수리해서 쓸 만한 관저를 마련했다.

신 관저 입주 후에는 평균 매주 1회 정도 캐나다의 정부 요인이나 관계자 등 유력인사를 초청해서 정식 만찬(Black-tie dinner)을 베풀었다. 관저 만찬 행사에는 직원들을 교대로 참석시켜서 파티를 돕고 아울러 외교관으로서의 사교활동 경험을 쌓게 했다.

진 대사 부임 이후 공관 활동이 활성화되면서 느긋했던 공관 분위기에도 긴장감이 감돌기 시작했다. 진 대사는 자신도 열성적으로 움직였고 동시에 부하들에게도 분발을 촉구하고 강훈을 이어갔다. 시간이 지나면서 진 대사의 요구는 점점 드세어지는 데 반해서 직원들의 사정이나 감정에 대해서는 배려가 부족하여 사소한 일에도 크게 역정을 내는 경우가 늘어 갔다. 그럴 때면 인신모욕적인 언사도 삼가지 않았다. 사무실에서 자주 큰소리가 터져 나오자 현지인 비서 중에도 불안하다고 빠져나가는 사람이 생기고 집에 있는 가족들까지 전전긍긍(戰戰兢兢)하는 상황이 되었다.

캐나다에서의 마지막 1년은 무척 긴 세월로 느껴졌다. 빨리 1972년 봄이 되어 3년 만기를 무사히 채우고 귀국하는 날만을 고대하고 있던 중 그해 정초에 진 대사가 나를 불러서 말했다.

"박연수 서기관이 귀국한 지 얼마 되지 않았고 4년 근무한 문희철 참사관도 올해 봄에는 당연히 전출될 텐데, 직원이 한번에 모두 바뀌면 곤란하니 1년만 더 이곳에서 나와 함께 일해보지 않겠나?"

제반 사정으로 보아 그에 응하는 것이 도리였지만 나는 구차한 이유를 들면서 난색을 보였고, 그로써 어느 정도 남아 있던 진 대사의 나에 대한 호의도 소멸되고 말았다.

진 대사는 그 후 2년 정도 캐나다에 더 있다가 1974년 초 김영주 대사와 자리를 맞바꾸어 주독일 대사로 갔는데 그곳에서 인화 관계 등으로 문제가 생겨 본국에 소환되었고 그 직후 외무부를 사퇴하고 캐나다로 이주했다.

진 대사는 초창기 우리 외교가의 대표주자 중 한 분이었는데 성격상 장애로 중도 낙마한 것을 여러 사람이 아쉽게 여겼다.

캐나다 근무 회고

1972년 1월 서울로부터 비보가 날아왔다. 우리 형제를 그렇게도 애지중지(愛之重之)하시던 할머니가 돌아가셨다. 젊은 나이에 혼자되어 90 평생을 자식들 감싸 보호하느라고 혼신의 힘을 쏟았고 갖은 풍파를 그렇게도 굳건히 견디어 내시더니…. 하지만 그때 형편에 조부모 장례에 맞추어 귀국하는 일은 생각도 할 수 없었기에 나는 멀리서 할머니의 명복을 빌 수밖에 없었다.

그 후 2월에 본국 귀환 발령을 받고 3월에 캐나다를 떠났다. 3년간의 첫 해외 근무를 마감하고 캐나다를 떠나면서 나는 큰 아쉬움을 느꼈다.

'이 좋은 환경에서 마지막 한 해를 왜 그렇게 불만족스럽게 지냈을까. 좀 더 참고 자신을 죽이면서 분발 노력했다면 달라지지 않았을까?'

스스로 많은 반성이 되었다. 그러면서 다른 한편 재외공관이라는 좁은 공간에서 인화 관계가 얼마나 중요한지, 그리고 모두가 의욕을 가지고 기쁜 마음으로 업무에 정진할 수 있도록 하는 데 있어서 공관장의 역할이 얼마나 중요한지를 깊이 명심하게 되었다.

중견 공무원
―기회와 도전의 시절

장관 비서관
김용식 장관
필리핀·인도 방문
유럽·미국 방문
조약과장
6.23 외교정책 특별선언
한일 대륙붕 공동 개발
아버지 작고
항공협정
김동조 장관
유엔 해양법회의
부이사관 승진

장관
비서관

1972년 봄 정례 인사이동에서 나는 외교연구원(外交硏究院)의 연구위원으로 발령되었다. 구미국이나 통상국의 과장으로 보임될 것으로 예상했는데 의외의 발령이었다. 연구위원이란 직책은 부이사관급 이상의 중상위직 중에서 마땅한 보직이 없을 경우에 지정되는 한직(閑職)이었기 때문이다.

연구원에서 한 열흘 정도 한가로운 시간을 보내고 있는데 하루는 연하구(延河龜) 원장이 나를 불러서 말했다.

"장관의 특명이니 '재외공관 운영 개선 방안'을 검토해서 1주일 후 장관 주재 국장 회의에 보고하시오."

그에 따라 나름대로 열심히 준비해서 브리핑했으나, 김용식 장관이 몇 가지 질문을 던지고는 싱겁게 끝나버려서 내심 의아하게 생각했다. 그러나 그 의문은 곧 풀렸다. 알고 보니 장관의 신임이 돈독한 박건우(朴健雨) 비서관이 총무과장으로 내정되고 그 후임 비서관으로 내가 추천되어서 일단 연구원에서 대기토록 했던 것인데, 전혀 면식이 없던 장관이 그 보고를 통해 나를 '면접'했다는 것이다. 이를 알고 나는 장관 측근이자 고교 선배인 이수우(李秀佑) 정보문화국장에게 '비서관이 적성도 아니고 장관과는 완전히 생소하니 비서실로 가는 것은 면하게 도와달라'고 부탁했지만 그는 곤란하다고 대답했다.

"장관께서 이미 오래전에 결정한 것이니 아무 말 말고 그대로 따르는 것이 좋겠네."

그렇게 해서 그해 5월부터 다음 해 2월까지 9개월 간 내키지 않는 비서관 일을 하게 되었다. 장관 비서관을 하는 동안 심지 굳고 부지런한 이종무(李鍾武) 사무관이 수행비서관을 하면서 옆에서 많이 도와주었다.

김용식 장관

김용식 장관은 6척 장신의 훤칠한 키에 가늘게 콧수염을 기른 서구형 미남으로 박식하고 말 잘 하고 영어에 통달한 노련하고 출중한 외교관이었다. 정부 수립 이후 홍콩, 호놀룰루 총영사, 주일본, 주제네바 대표, 주영국, 주유엔 대사 등 여러 곳에서 공관장을 지냈고 1963년에 이어 1971년부터 두 번째 외무부 장관으로 재직하고 있었다.

한번은 국회 외무위원회에서 험구가로 소문난 박병배(朴炳培) 의원이 김 장관에게 "옛말에 출장입상(出將入相)이라더니, 당신은 나가면 대사요 들어오면 장관인데 도대체 언제까지 그러고 있을 거요?"라고 한 적도 있다. 실제로 1973년 외무부 장관을 마친 후에는 다시 주미

1972년 인도를 방문한 김용식 외무부 장관

대사를 오래 역임했다.

1972년 여름에는 서울에서 ASPAC(아시아태평양이사회) 외상 회의와 한일 각료회담이 있었는데, 그런 큰 행사를 주도해 나가는 김 장관의 능수능란한 외교 솜씨는 크게 돋보였다. 실로 초창기 우리 외교가에서 가장 특출한 외교관이라 아니할 수 없다.

필리핀·인도 방문

그해 8월에 나는 김용식 장관의 필리핀과 인도 방문에 수행했다. 이 여행에는 지성구(池成九) 아주국장과 최호중(崔浩中) 통상진흥관도 함께 갔다.

 김 장관은 마닐라에서 2차세계대전 당시 맥아더 장군의 막료였고 유엔총회 의장을 역임한 로물로(Carlos P. Romulo) 외상과 회담하고 말라카낭궁으로 마르코스(Ferdinand Marcos) 대통령을 예방해서 그로부터 수교훈장을 받았다.

 그때 마침 필리핀에서는 큰 태풍이 일어서 많은 이재민이 대통령궁 정원에 천막을 치고 임시 수용되어 있었는데, 훈장 수여식 행사장 밖에서 창문으로 들여다보면서 구경들을 했다. 당시만 하더라도 마르코스 대통령은 집권 초반기로 활력 넘치고 자신만만하면서 서민적인 풍모를 보여서 퍽 좋은 인상을 받았지만 이후 장기 집권하면서 그런 면모가 많이 퇴색되었다 한다.

 필리핀은 내가 외교관 생활을 시작한 1960년에만 하더라도 동남아시아 여러 나라 중에서는 제일 앞서 있었다. 1인당 연간 국민소득도 우리가 80불 미만인 데 비해서 200불이나 되었다. 그러던 것이 그로부터 4반세기가 지난 1985년 경에는 우리가 2,000불 정도였고 그들은 800불에 미달했다. 이런 큰 역전 현상이 일어난 데에는 여러 가지 이유가 있었겠지만 1917년생 동갑 나이로 비슷한 시기에 각기 나라를 통치했던 박정희와 마르코스의 성적표 차이이기도 했다.

 인도에서 김 장관은 외모 수려한 싱(Swaran Singh) 외상과 회담하고 간디(Indira Gandhi) 수상을 예방했다. 간디 수상의 깔끔하고 쉽게 범접할 수 없는 고고(孤高)한 자세는 영국 귀족의 기품을 많이 닮은 것이었다. 뉴델리로 가는 길에 봄베이(인도명은 뭄바이)에 기착했을 때 저녁 늦은 시간 연도에 어른거리던 남루한 옷차림의 군상들과 간디 수상의 모습이 교차되면서 묘한 허탈감이 느껴졌다.

인도에서 우리는 노신영 대사의 안내로 세계적 관광명소인 아그라(Agra)의 타지 마할(Taj Mahal) 궁을 가 보았다. 김 장관이 인도를 방문하는 3일 동안 노 대사는 잠시도 그 곁을 떠나지 않고 심지어는 장관 숙소 옆방에서 침식을 하는 등 열과 성을 다하는 것을 보고 그 부지런함과 적극성 그리고 최선을 다하는 자세에 감탄했다.

유럽·미국 방문

1973년 1월에는 다시 김 장관의 서독, 영국과 미국 방문에 수행했다. 이번에는 김동휘(金東輝) 구미국장과 최호중 통상진흥관이 동행했고 지구를 완전히 한 바퀴 도는 여행이었다.

서독에서는 본에서 한독 외상 회담을 하고 서베를린과 함부르크를 방문했는데, 김영주 주독일 대사의 깔끔하고 철저한 업무처리와 흔들림 없는 꼿꼿한 자세가 돋보였다. 서베를린에서는 이경훈(李敬壎) 총영사의 명랑하고 거침없는 언행이 김 장관 일행의 여정에 청량제 역할을 했고 함부르크에서는 이남기 총영사가 또 한번 각별한 친절을 베풀어주었다.

영국에서는 김 장관이 과거 두 차례의 대사 시절에 가까웠던 하우(Geoffrey Howe) 부수상, 흄(Alexander Douglas-Home) 외상 등, 요인들을 만났는데 그들의 유연한 태도와 유창한 언변이 인상적이었다.

최경록(崔慶祿) 대사의 안내로 그때 새로 구입한 교외 윔블던(Wimbledon)의 대사관저를 둘러보고 만찬에도 참석했다. 그 관저는 당시로서는 거금인 미화 백만 불을 주고 구입, 수리한 것인데 20년 후에 내가 주영국 대사가 되어 그 집에서 살게 될지는 당시로서는 알 수 없었다.

귀로에는 워싱턴에 들렀다. 김 장관은 김동조(金東祚) 대사의 안내로 국무성으로 가서 로저스(William P. Rogers) 장관과 존슨(U. Alexis Johnson) 차관 등 요인들을 만나고 미국 내 각 총영사를 소집해서 수출 진흥과 교민 보호를 독려하는 회의를 주재했다.

나는 구미 순방에 따라나서기 전에 김 장관으로부터 여행에서 돌아오는 대로 비서실 근무를 면하게 해주겠다는 내락(內諾)을 받았고, 1973년 2월에 있은 정례 인사이동에서 방교국 조약과장으로 발령되었다. 비서실 잔무를 정리해서 전에 비서실에서 김 장관을 모신 적이 있는 민형기(閔亨基) 서기관에게 인계하고 나는 홀가분한 마음으로 장관실을 떠났다.

조약과장

외무부 조약과는 외국과의 조약과 국제적인 협정의 체결 그리고 국제법의 해석과 적용에 관련된 업무를 담당하는 조직으로 그 업무의 성격상 독자성이 강한 특징이 있다. 나는 비록 법무관의 경력은 있었지만, 법률 전공이 아니었으므로 주저되는 점이 없지 않았으나 전임자인 박수길 과장이 적극 권유했고 경험을 넓힌다는 생각에서 자청해서 그 자리로 갔다.

나의 2년 간 조약과장 시절 직속상관은 계속 한우석(韓宇錫) 방교국장이었다. 그는 유엔에서의 남북 간 외교전이 극히 치열할 때여서 그에 집중하느라고 조약 관련 업무에는 별로 신경 쓸 여유가 없었지만 폭넓고 부드러운 성품으로 잘 감싸주었다. 과에서는 김봉규(金奉奎), 권인혁(權仁赫), 김동호(金東瑚), 박부열(朴富悅), 김영선(金永善) 서기관 등이 잘 도와주었고 변종규(卞鍾圭), 이양(李樑), 이석조(李錫祚), 전용덕(全龍德), 엄근섭(嚴勤燮), 이경우(李慶雨), 이강웅(李江雄) 사무관 등 여러 사람과 함께 일했다.

6.23 외교정책 특별선언

내가 조약과장이던 1973~75년 간은 우리 외교의 하나의 전환기였다. 1970년대에 들어오면서 미국 일변도의 세계 외교 판도가 흔들리기 시작했다. 1971년에는 미국의 오래된 반대에도 불구하고 중화인민공화국(PRC)이 유엔에서 중화민국(대만)을 축출하고 중국 대표권을 쟁취했고, 좌경화된 비동맹운동(Non-aligned Movement)이 국제사회에서 무시할 수 없는 세력으로 대두했다.

북한은 공산권과 비동맹세력을 등에 업고 국제사회에서 우리의 정통성에 정면 도전하기 시작했고, 1973년 5월에는 우리의 극력 저지에도 불구하고 우리가 이미 회원국으로 있는 국제기구(WHO)에 가입했다. 국제정세의 이러한 변화는 우리로 하여금 국제사회에서 북한의 실체를 인정하지 않을 수 없게 만들었다.

그에 따라 정부는 1973년 6월 23일 '평화통일 외교정책 특별선언'(소위 6.23 선언)을 발표해서 '북한이 우리와 함께 유엔 등 국제기구에 가입하는 것을 반대하지 않는다'라고 한발 물러서게 되었다. 이로써 우리는 그때까지 꾸준히 견지해오던 할슈타인 원칙(Hallstein Doctrine)*의 포기를 공식화했다.

돌이켜보면 이미 전해에 7.4 남북공동성명으로 사실상 '두 개의 한국'을 인정한 이상 6.23 선언은 그 당연한 귀결이었고, 국제사회의 현실에 비추어 불가피한 선택이었다. 그러나 정책 전환을 머뭇거리다가 'WHO(세계보건기구) 실패'를 보고 난 후에야 그렇게 결정한 것은 만시지탄(晩時之歎)이 없지 않았다. 하여간 궁색한 논리로 자기 자신을 속박하는 데서 벗어나서 남북 평화공존을 표방하는 적극 외교로 나갈 수 있는 문을 연 것은 다행한 일이었다.

한일 대륙붕 공동 개발

나는 조약과장이 된 직후부터 한일 대륙붕 공동 개발을 위한 협정 교섭에 참여했다. 한국이 설정한 해저 광구가 일본이 주장하는 대륙붕 광구와 겹치게 되어(제주 동남방-규슈 서방) 분쟁이 일어났는데, 1972년 한일 각료회담에서 관할권 문제는 일단 제쳐두고 분쟁의 대상이 되는 중복 구역은 우선 양국이 협력해서 공동 개발하도록 하자는 정치적 타협이 이루어졌다. 그에 따라 구체적인 협력방안에 대한 교섭이 시작되었던 것이다.

대륙붕의 공동 개발은 세계에서 유례가 없는 것이고 복잡한 여러

---

* 서독의 냉전 시 외교정책으로, 1955년 이를 명시한 외무성 사무차관 Walter Hallstein의 이름에서 유래된 명칭이다. '동독을 승인하거나 외교관계를 유지하는 나라는 비우호적인 국가로 간주한다'는 주장이지만, 그 후 서독이 1971년에 동서 화해를 표방한 동방정책(Ostpolitik)으로 전환하면서 폐기되었다.

가지 문제가 게재되었기 때문에 실무교섭이 1년 넘게 계속되어 1974년 3월에 가서야 '한일 대륙붕 공동 개발 협정'이 체결되었다. 향후 50년 간 공동으로 개발하고 생산물은 균등히 나누기로 하는 조건에서 여러 세부 규정을 마련했다.

그러나 애초 기대와는 달리 이후 여러 차례의 시추에도 불구하고 아무런 유징이 발견되지 않아서 결과적으로 헛수고가 된 셈이다.

대륙붕 회담에 김태지(金太智) 아주국 심의관, 박수길 동북아과장 등과 함께 참석했는데, 일본 측은 자료 준비 등 대비는 철저히 하고 왔지만 교섭에서의 적극성이나 융통성은 많이 부족했다.

아버지 작고

대륙붕 교섭 등으로 바쁘게 지내는 중에 나는 청천벽력(靑天霹靂) 같은 소리를 들었다. 몇 달 전부터 간혹 허리가 결린다던 아버지가 정밀 검진 결과 간암으로 중태라는 것이었다.

'그럴 리가 없는데…, 그러면 안 되는데….'

황망해서 허둥대는 와중에 수술 등 치료도 한발 늦어 아버지는 입원 5개월 만에 61세를 일기로 돌아가셨다.

아버지는 경술국치(庚戌國恥) 직후 어려웠던 시기에 산촌향반(山村鄕班)의 막내아들로 태어나 일찍 그 어른을 여의고 홀로 일어서서 평생 수산, 토건 등 여러 가지 사업을 경영했다. 그런 와중에도 항상 책을 가까이했고 말년에는 고서(古書)와 전적(典籍)을 수집하는 것이 취미였다. 가정에서는 엄한 가부장이었고 나에게는 선비정신과 중용(中庸)

을 말하면서 "올바르고 곧게 살되 한쪽으로 치우치지 마라" 하고 이르셨다.

아버지를 근교 장흥의 공원묘지에 묻고 돌아서니 내 삶의 큰 기둥이 무너져 내린 것 같았다.

항공협정

조약과의 주요 소관 사항 중의 하나가 외국과의 항공협정 교섭과 체결이었다. 우리는 국제 항공망 확장을 위해서 교통부와 대한항공(KAL)의 도움을 받아 관련 여러 나라와 항공회담을 개최했다. 교통부의 고충삼(高忠三) 과장은 경기중학 선배였고 대한항공의 송영수(宋榮壽) 상무는 공군 동기생이었는데, 그 두 사람과는 여러 차례 외국과의 항공회담에 함께 참여했다.

1973년 말에는 미국과의 항공회담이 워싱턴에서 열렸다. 이 회담에서 우리는 서울-뉴욕 간 직항 노선 개설을 강력히 요구했지만 미국 측은 아직 그럴만한 여객과 화물이 충분치 않다는 이유로 이를 거부했다. 우리는 한미 우호 관계와 과거 20년 동안 미국 항공사들이 한미 간 항공노선을 독점해서 취득한 이득을 들면서 그에 상응하는 미국 측의 배려를 요청했다. 그들은 국무부와 교통부 등의 민간항공 전문가들을 포진시켜 전문적 논리와 우리가 손에 넣지 못한 각종 자료를 열거하면서 반대에 나서서 우리는 전문성과 준비 부족을 절감할 수밖에 없었다.

하루는 미국 대표가 "당신은 아직 젊으니까 은퇴하기 전까지는 성사될 거요"라고 농을 해서 더욱 나의 화를 돋우었는데, 불과 수년 후에 결국 우리 민항기들이 뉴욕 하늘을 날게 되었다.

다음 해에는 프랑스와 항공협정이 체결되어 우리 국적기가 유럽으로 취항했고 이를 시작으로 우리 민항기들이 전 세계를 누비기 시작했다. 이 과정에서 조중훈(趙重勳) 대한항공 회장은 주한 프랑스 대사 등을 청운동 자택에 초청하여 '칙사 대접'을 하기도 했다.

김동조 장관

1973 연말에 김용식 외무부 장관이 물러나고 김동조(金東祚) 주미대사가 후임 장관으로 입각했다. 김동조 장관은 야심만만하고 박력 있는 행정가로 자유당 시절 외무부 정무국장 및 차관 재직 시절부터 그를 따르는 직원들이 많았다. 그 또한 유능한 몇몇 인재는 가까이하면서 중용했다. 그 때문에 외무부 내에서는 그들이 하나의 세력을 형성했다고 해서 'DJ 사단'(동조의 영어 두문자)이라고 불렀다. 그에 비해서 김용식 장관의 측근 세력은 그리 두드러지지 않았는데 부내의 호사가들은 그들을 'YS 사단'(용식의 영어 두문자)이라고도 했다. 그 후 정계에서 널리 회자되던 YS(김영삼)니 DJ(김대중)니 하는 말과는 우연의 일치인 셈이다.

김동조 장관의 부임 후 인도에 있던 노신영 대사가 차관으로 승진되어 들어왔고 부내 간부 진용도 바뀌었다. 하루는 김 장관이 전 직원이 모인 조회 시간에 간단한 훈시를 끝내면서, "그런데…, 정무차관보가 비었으니 그 자리는 김정태(金正泰) 군이 하고, 경제차관보는 김동휘가, 구미국장은 이상옥(李相玉)이가 해라"라고 거침없이 말해서 그의 호탕한 성품을 여실히 드러낸 적도 있었다.

유엔 해양법회의

조약과장 마지막 1년 동안 나는 주로 '해양법회의'에 매달리게 되었다.

1958년과 1960년에 유엔이 주관한 두 차례의 해양법회의가 있었는데, 그 후 10여 년간의 여건 변화를 감안하고 '인류 공동의 유산'인 심해저자원(深海底資源)의 개발 등 새로운 문제들을 포함해서 '해양의 새로운 질서'를 수립하기 위해서 제3차 유엔 해양법회의(The Third United Nations Conference on the Law of the Sea)를 1974년 6월부터 4개월 간 남미 베네수엘라의 카라카스(Caracas)에서 개최키로 되어 있었다.

우리나라로서는 영해의 획정, 국제해협의 군함 통과, 배타적경제수역과 원양어업, 대륙붕 경계 획정 등 국가안보와 경제 실리에 직접 연관되는 문제가 많고 심해저 자원 개발, 해양 오염과 과학적 조사 등 새로운 문제에도 대비해야 함으로 이 회의에 큰 신경을 쓰지 않을 수 없었다. 그리고 해양법 문제들은 국가적 이해가 걸려 있지만, 그 내용이 극히 전문적이어서 실무진이 책임지고 처리해 나갈 수밖에 없는 특성이 있었다. 학계 전문가들의 자문도 구했지만 별다른 도움이 되지는 않았다.

해양법회의에 대해서는 미국과 소련, 양 초강대국을 비롯한 세계 열강들이 모두 큰 관심을 쏟고 있었다. 그에 대항해서 개발도상국들도 공동전선을 형성할 필요가 있다고 해서 본회의가 시작되기 전에 후진국 77그룹의 사전 준비 회의가 1974년 4월 초 2주일 동안 케냐의 나이로비(Nairobi)에서 개최되었다. 근 백여 개 국가의 대표들이 모인 큰 행사로, 나는 외교연구원장 정일영(鄭一永) 대사를 모시고 그에 참석했다.

이 회의에서 해양에 대한 연안국의 관할권 확대 강화, 심해저 자원의 국제적 관리, 해양환경 보호와 과학적 조사를 위한 선진국 기술 협력의 제공 등 후진국의 공동입장이 재확인되었다. 우리로서는 원양어업과 공해 자유 원칙 면에서 그러한 후진국 일반의 주장과 우리 국익이 합치되지 않는 점이 있었으나 그런 문제에 대해서는 개도국들의 전반적인 동향을 예의 주시하고 있을 수밖에 없었다.

회의가 시작되어 각국 대표들이 기조연설을 하는 과정에서 북한 대표의 도발적 언행으로 물의가 야기되기도 했다. 북한 대표는 회의 주최 측과 아무런 사전 조정도 없이 우리말로 연설을 시작하다가 회의 공용어를 사용하라는 의장의 제지를 받는 등 촌스러운 행동을 하더니 급기야 회의 주제에 대한 언급은 생략한 채 처음부터 우리에 대한 원색적인 비난으로 일관했다.

'남한은 미제(米帝)의 앞잡이로 정통성 없는 정권이므로 회의 참석 자격이 없다', '대륙붕 자원을 일본에 팔아먹었다', '후진국인 약소 연안 국가들의 어족 자원을 해적질한다'는 등, 우리를 모멸(侮蔑)하고 헐뜯는 태도가 지나치자 그에 대해 정일영 대사도 강하게 응수했다.

"근거 없는 욕설로 동족의 명예를 훼손시키는 북한 대표의 발언을 개탄한다. 그 유치한 행실(childish behaviour)에 대하여 대신 사과한다."

당시는 남북 간의 외교적 대치가 첨예화되어 있었기 때문에 곳곳에서 그와 비슷한 사건들이 벌어지고 있었는데, 참으로 민족적 자존을 짓밟는 일이고 국제적인 나라 망신이 아닐 수 없었다.

해양법회의에 대해서 박 대통령은 관계 각 부처를 망라한 강력한 대표단을 파견해서 철저히 대비하라고 지시했다. 그에 따라 주유엔 박동진(朴東鎭) 대사를 수석대표로 하고 현지의 송광정(宋光楨) 대사를 교체 수석으로, 제1차 및 제2차 해양법회의 당시 실무 책임자였던 김영주 대사와 전상진(全祥振) 대사를 대표로, 이용희(李用熙) 서울대 교수를 고문으로, 조광제(趙光濟), 박수길 참사관과 나를 실무 대표로, 해군, 법무부, 상공부와 수산청 담당관과 재미 해양법 학자 박춘호(朴椿浩) 박사를 자문으로 하는 대형 대표단을 구성했다.

회의 벽두 우리 대표단은 너무 '머리가 커서' 불편한 부분이 있었지만 박동진, 김영주, 전상진 대사와 이용희 교수는 회의 초반 2주일 정도만 참석하여 회의 진행 상황을 점검한 뒤 모두 귀임했다. 그들이 떠난 후에는 송광정 대사의 지휘 하에 각 실무자가 업무를 분담해서 회의에 참석했다. 송 대사는 차분하고 조용하면서 관대한 성품이어서 각자 자발적으로 알아서 행동하도록 잘 유도했다.

카라카스 회의는 4개월 동안 전체 회의, 분과 회의, 지역그룹 회의, 실무작업반 회의 등으로 나뉘어 동시다발적으로 개최되었다. 나는 해군과 수산청 담당관의 협조를 받아 영해, 국제해협, 경제수역과 대륙붕 등 핵심 문제를 다루는 제2위원회를 담당했다. 우리 국익이 직접 관련되는 사항들이어서 발언을 할 때는 사전에 작성한 연설문을 몇 번씩 읽고 연습했다. 큰 국제회의에서 수백 명의 대표가 참석한 회의장에서 연설하면서 긴장되기도 했지만 끝낸 뒤에는 뿌듯한 성취감도 느꼈다.

공해(公海) 문제를 논할 때 공해 어업의 자유를 강조하면서, "우리의 원양어업은 과거 수십 년간 수많은 가난한 우리 어민들의 피와 땀으로 이룩된 것입니다"라는 대목에서는 내가 대학에 다니던 1957년 여름 태풍에 선친이 경영하던 회사의 어선들이 하룻밤 사이에 한 척은 서해 먼 바다에서 다른 한 척은 다도해 연안에서 침몰해서 십 수명의 인명이 희생되었던 일을 회상하기도 했다.

4개월 간의 카라카스 해양법회의 참석을 통해서 나는 국제회의에 관해 많은 것을 배우고 회의 참석 경험을 길렀다. 간혹 똑같은 논쟁이 연일 반복되는 지루함도 있었지만, 전체적으로는 좋은 경험이었다.

회의 전 기간을 통해서 나는 박수길 참사관과 회의장(Anauco Conference Center)에 딸린 신축 아파트에서 합숙하면서 업무를 분담해서 회의에 참석하고 회의 토론 내용을 서로 알려주고 준비를 도와주면서 가까이 지냈다. 주말에는 카라카스 컨트리클럽(CCC)에 가서 이른 아침부터 해질 때까지 내기 골프를 하기도 했다. 박 참사관은 나보다 몇 살 위였는데, 1961년에 외무부에 들어오면서 나의 바로 옆자리에서 근무를 시작했고 그 후 법무관과 조약과장 직책을 서로 인수, 인계한 사이였다. 우리는 그 후에도 몇 년 동안 후임 이장춘(李長春) 조약과장과 함께 뉴욕과 제네바에서 번갈아 가며 속개되는 해양법회의에 계속 참석했다. 그렇게 어울려 다니는 우리를 보고 동료들이 '해양법 마피아'라고 불렀다.

부이사관 승진

오랜 회의 참석으로 한여름을 다 보내고 귀국해 보니 본국에서는 그동안 재일교포 문세광(文世光)의 8.15 저격 사건으로 대통령 부인

육영수(陸英修) 여사가 서거하는 등 분위기가 어수선했다.

그리고 외무부에는 또 한 차례 정례 승진 인사철이 돌아왔다. 나는 전년에 상부의 선처만 바라고 있다가 낭패를 본 뒤인지라 이번에는 실기하지 않겠다고 작심했다. 외무부에서는 그 얼마 전부터 부이사관급 이하의 승진은 국장 이상의 간부들이 모여서 투표로 승진 후보자를 가리고 있었기에 우선 김정태 차관보를 찾아가서 도와달라고 말을 꺼냈다가 오히려 곧은 성격의 김 차관보에게서 크게 무안을 당했다.

"나는 정말 실망했네! 다른 사람은 몰라도 당신은 안 그럴 줄 알았는데…. 그렇게 자신이 없어요? 그만한 자존심도 없어요? 그리고 내가 부탁한다고 해주고 그러지 않으면 안 해주는 주관도 없는 사람으로 보여요!"

잘못을 사과하고 멋쩍게 그 방을 나오면서도 그분의 질책을 진정 감사하게 여기면서 오래 가슴에 새겨두었다. 김 차관보 같은 분들이 도와주어서였는지 나는 그 해에는 쉽게 부이사관으로 승진할 수 있었다.

그리고 다음 해 봄 인사 이동에서 나는 주스웨덴 대사관 참사관으로 발령되었다. 본부에서 근무한 3년 동안 장관 비서관으로 경험과 시야를 넓힐 수 있었고 조약과장 직책도 보람 있었다.

복지의 나라
스웨덴에서

주스웨덴 대사관
스웨덴과 월남전
1975년의 국제정세
외교 전선의 동요
스웨덴의 정치 상황
스웨덴의 복지 제도
한국 고아 해외 입양
북한 대사관 밀수 사건
스웨덴 생활
김세원 대사
스웨덴 근무 마감

주스웨덴 대사관

주스웨덴 대사관 근무를 명받은 나는 1975년 3월 말 아내와 함께 초등학교 다니는 딸과 아들을 데리고 서울을 떠났다. 가는 길에 파리에 들러 이틀 동안 여러 명소를 찾아서 관광했는데, 그때 마침 그곳에서 연수 중이던 이경우 사무관이 갓 결혼한 젊고 아리따운 부인과 함께 우리를 반갑게 맞아서 친절하게 안내해 주었다.

주스웨덴 대사관에서는 외무부 차관보를 지낸 장상문(張相文) 대사 밑에 내가 차석 겸 정무 담당이었다. 김승호(金昇浩) 서기관이 경제를, 홍무부(洪武夫) 서기관이 영사와 총무를, 홍충웅(洪忠雄) 외신관이 통신 업무를 담당했다. 장 대사는 부산 재벌인 동국제강(東國製鋼) 창업자의 장남으로 경제적으로 여유가 있었는데, 최규하 장관 시절 한남동 외무장관 공관이 새로 건립되었을 때 외빈 접대용 식당 집기 등이 미처 마련되지 않아 장 국장 댁의 것을 빌려 쓴 적도 있다고 한다.

스웨덴 부임 도중 파리에서

　스웨덴을 위시한 스칸디나비아 4개국(스웨덴, 덴마크, 노르웨이, 핀란드)은 서방국가 중에서는 제일 먼저 1973년에 북한과 수교하고 서로 상주공관을 두고 있었다. 북한은 스웨덴을 서구 진출을 위한 전초기지로 삼아서 우리보다 규모가 큰 대사관을 유지하고 있었고 유학생 명목의 요원들도 10여 명이나 되었다. 그에 대처하기 위해서 우리도 중앙정보부에서 두 명의 파견관이 배치되어 있었고 공보관도 한 명 주재하고 있었다. 1975년 말에는 경제기획원에서 경제협력을 전담하는 주재관도 증파되어 왔다.

스웨덴과 월남전

　스웨덴은 전통적인 중립국이면서도 '적극적 중립주의'를 내세워 무력 침략이나 인권탄압 같은 국제문제에 대해서는 앞장서서 시시비비를 따지는 자세였다. 그래서 서방국가 중에서는 가장 강하게 미국의 월남전 개입을 규탄하고 있었다. 내가 부임한 1975년 4월은 월남전이 막바지 종결 단계에 들어가고 있던 시기여서 스톡홀름 중심부 큰 거리에서는 주말마다 '월맹 지지-미 제국주의 규탄' 데모가 일어나고 있었다. 그럴 때면 북한 대사관 요원들과 몇몇 현지 동조자들이 그 대열 끝에 곁다리로 합류해서 '주한 미군 철수'를 외쳐대곤 했다.
　스톡홀름에 도착한 첫 주말 오후에 나는 파견관 임치수(林致洙) 대령과 박영수(朴永秀) 공보관과 함께 데모대가 집결하는 광장에 가서 그 광경을 먼발치에서 관찰하고 있었다.
　북한 요원들이 인공기를 흔들면서 신이 나서 소리 지르고 있는 것에 기분이 상한 박 공보관이 투박한 경상도 사투리로 "미친 놈들 지랄하고 있네!"라고 했는데 그 말이 떨어지기가 무섭게 어디서 나타났는지 북한 요원 10여 명이 우리를 둘러쌌다.
　"어느 놈이냐!", "죽여라!"
　눈알을 부라리면서 달려들었으나 주변의 스웨덴 구경꾼들이 말려서 우리 일행은 가까스로 행패를 모면할 수 있었다. 자리를 피하는 우리를 향해서 어떤 자가 소리쳤다.

"이 반동 새끼들! 통일되면 가만두지 안캇서!"

1975년의 국제정세

스톡홀름에 도착해서 짐을 풀어놓은 지 2주일 만에 나는 제네바에서 속개되는 해양법회의에 참석하기 위해서 1개월 간 출장을 갔다.

그런데 1975년 4월 말 월남에서는 월맹의 총공세에 밀려서 하루가 다르게 긴박한 상황이 전개되었고, 사이공 정권의 명운은 풍전등화(風前燈火)가 되어 있었다. 회의장에서 우리 바로 옆자리에 앉아 있는 월남 대표단은 전전긍긍(戰戰兢兢) 어찌할 바를 몰랐다. 마지막까지 해군 장교 한 사람과 현지 공관 여직원이 자리를 지켰지만, 그들의 허공을 쳐다보는 초점 없는 눈과 걱정과 불안으로 터진 입술 등은 옆에서 보기조차 딱했다. 그리고 4월 30일 사이공 함락 후에는 그들을 다시 볼 수 없었다. 그 뒤 어찌 되었는지…. 월남 파병까지 하면서 반공 전선을 함께 지켰던 우리로서는 실로 착잡한 심정이 아닐 수 없었다.

월남전이 끝난 후 북한 김일성(金日成) 주석은 북경에 가서 큰소리를 쳤다.

"남반부에서 통일을 위한 움직임이 일어나면 수수방관하지는 않을 것이다!"

미국은 월남전 실패로 권위와 신뢰가 크게 손상되었고, 비동맹

운동은 급진 좌경 세력의 손아귀에서 놀아나고 있었다. 이러한 국제적 분위기의 여파로 1975년 여름 남미 페루의 리마(Lima)에서 개최된 비동맹 외상 회의에서 북한은 월맹과 함께 박수를 받으면서 비동맹의 정식 회원국으로 가입되었고, 그것을 저지하겠다고 현지로 달려갔던 김동조 장관 일행은 '닭 쫓던 개 지붕 쳐다보는' 처지가 되어서 돌아올 수밖에 없었다.

외교 전선의 동요

그해 유엔총회 직전에 대통령 특별보좌관으로 있던 최규하 전 외무부 장관이 대통령 특사 자격으로 스웨덴을 방문했다. 최 특사는 스웨덴 외무부로 가서 유엔총회 한국 문제에 대한 우리 측 주장을 구체적인 사실까지 들면서 소상히 설명했으나, 그 지나치게 실무적인 설명을 듣고 있던 레이프란드(Leif Leifland) 외무차관은 지루하다는 표정을 감추지 않았다. 그 냉랭한 반응을 불쾌하게 여긴 최 특사가 그날 저녁 스웨덴 측이 주최하는 환영 만찬에 "몸이 아파서 못 간다고 해!" 하고 역정을 내는 바람에 수행한 정동열(鄭東烈) 비서관과 정경일(鄭慶逸) 구주과장이 만류하느라고 애를 먹었다. 때마침 장상문 대사는 멕시코로 임지가 바뀌어 떠났고 그 후임인 김세원(金世源) 대사는 부임 전이어서 나는 대리대사로 특사 방문을 주선하면서 바늘방석에 앉은 기분이었다.

그리고 그해 유엔총회 한국 문제 토의에서는 남북대화와 평화공존을 촉구하는 우리 측 결의안(현상 유지)과 주한 미군의 철수를 요구하는 북한 측 결의안(현상 타파)이 그 상반된 주장에도 불구하고 동시에 통과되는 어처구니없는 사태가 일어났다.

비동맹과 유엔에서의 연이은 실책은 우리 외교에 충격을 주었고 연말 김동조 장관의 퇴진으로 이어졌다. 후임 외무부 장관에는 제네바와 유엔에서 오랫동안 국제외교의 현장을 지켜본 박동진 대사가 임명되었다.

국제적인 세력 판도가 흔들리고 북한이 강하게 외교적으로 도전하고 있는 가운데 유신독재에 대한 반감이 국내외로 번져나갔다. 우리의 맹방인 미국에서도 박동선(朴東宣) 사건*에 대한 의회의 조사가 진행되고 통일교도들의 반사회적 일탈에 대한 반감이 야기되는 등 소위 '코리아 게이트'(Korea gate)로 인한 반한 여론이 일어났다.

그런 시국을 반영한 듯 유럽이나 미국 주재 일부 공관에서는 공관원 중에 이탈 움직임이 일어나기도 했다. 스웨덴에서도 본국 귀환 발령을 받고서는 귀국을 거부하고 현지에 잔류하는 사람이 생겼고, 또 한 사람은 사표를 제출하고 뒤늦은 영국 유학을 떠나기도 하였다. 북한과 대치한 외교 전선에서 1975~76년을 전후한 이 시기가 우리에게는 가장 힘든 시간이었다고 회상된다.

---

* 1976년 미국 대선 과정에서 카터 민주당 후보가 주한 미군 철수 공약을 제기하자 한국 정부는 이를 막기 위해서 재미 사업가인 박동선에게 미국 쌀 도입 관련 이권을 위임하고 그 자금으로 미 의회 의원 10여 명에게 불법 정치자금을 제공케 한 사건이다. 의회 조사 과정에서 김형욱 전 중앙정보부장의 노골적인 반박정희 증언 등으로 많은 물의가 야기되기도 했다.

스웨덴의
정치 상황

스웨덴은 19세기 초 잠시 나폴레옹 전쟁에 개입된 이후에는 한 번도 전쟁을 겪지 않은 평화롭고 안정되고 민주적인 왕국이다. 왕실은 매우 개방적으로, 당시의 젊은 국왕 칼 16세(Carl XVI Gustaf)는 특히 서민적이었다. 총각이던 국왕이 1976년 인스브루크(Innsbruck) 동계 올림픽에 구경 갔다가 그곳에서 만나서 한눈에 반한 연상의 독일 여성 실비아(Silvia Sommerlath)를 맞이하여 그해 여름 스톡홀름대성당에서 결혼식을 올렸는데, 금마차를 타고 시내를 일주하는 장면은 마치 신데렐라 동화를 영화로 보는 것 같았다.

스웨덴은 사회 전반에 자유와 평등 기조가 확립되어 권위주의적인 행태는 전혀 눈에 띄지 않았다. 한번은 우리 국회 의원단의 방문이 있었는데, 야당 의원 한 사람이 나에게 물었다.

"스웨덴에서 국회의원은 정부 내에서 어떤 급으로 처우를 받나요?"

당시 유신 체제 하에서 정부 의전상 차관급으로 대우하던 국회의원을 차관보급으로 하향 처우한다는 박 대통령의 방침에 대한 불만의 표출이었다.

"국회의원 중에는 수상이나 각료들도 있고 초선의원도 있어서 일률적으로 정해진 바는 없습니다."

"그래도 사회통념상 '국회의원은 정부 내에서 어느 급이다'라는 기준은 있을 거 아니요?"

"일반적으로 그 보수나 사회적 처우로 보아 평의원은 정부 내 국장과 과장 사이 정도 되는 것 같습니다."

나의 대답에 여야 의원 모두 못마땅한 표정이었다. 문제는 국회의원직을 '권력'으로 보느냐 '봉사'로 보느냐에 달린 것이 아닌가 생각되었다.

스웨덴의 복지 제도

스웨덴은 당시 40년에 걸친 사회민주당의 장기집권이 계속되고 있었고, '국제 사회주의 운동의 대변인'을 자처하는 팔메(Olof Palme)가 수상이었다. 그는 정치적 스승이었던 전임자 에어란더(Tage Erlander. 1946~69, 23년 간 수상 역임)의 위업을 이어받아서 인도주의와 사회정의를 표방한 사회복지제도를 정착시켜 나가고 있었다.

스웨덴 사람들은 성실, 근면하면서 규칙과 질서를 잘 지키는 국민성을 가지고 있었다. 그들 스스로 '우리는 독일 사람들보다 더 독일적이다'라고 했는데, 많은 것을 국가에서 보장해주는 제도가 꽤 오래 전부터 시행되고 있음에도 불구하고 그에 의존하기보다는 스스로 열심히 일하면서 누가 강요하지 않더라도 정해진 규정에 충실히 따르고 있었다.

스웨덴에서는 광범한 사회복지 체제하에서 노사 간의 산업평화도 순조롭게 이루어지고 있었다. '기업은 복지사회 건설에 협력하고 노조는 산업평화를 존중한다'는 1938년 살쵸바덴 협약(Saltsjobaden Agreement)의 정신에 따라 노사분규의 평화적 해결을 위한 제도적 절차가 잘 지켜졌다. 3년 반 동안 스웨덴에서 근무하면서 한번도 노조의 격렬한 시위나 파업을 본 적이 없었다.

　스웨덴에서는 꾸준히 사회개혁이 추진되고 있었다. 새로운 제도를 도입할 때에는 오랜 기간 각계 의견을 듣고 충분한 국민적 논의를 거친 후 사전 실험을 통해서 확인하는 관행이 확립되어 있었다. 그래서 스웨덴을 '실험실 사회'(laboratory society)라고도 불렀는데, 예컨대 행형(行刑) 제도에도 특이한 실험이 진행되었다. 경범이나 소년범을 수용하는 '개방 교도소'(open prison)라는 곳에서는 교도소의 담장과 눈에 띄는 감시를 없애고 자유롭게 행동하도록 하면서 주말에는 외박도 허용하고 있어서 우리 법무 당국자들도 와서 보고 가기도 했다.

　스웨덴에서는 꽤 오래전부터 성 해방(free sex) 운동도 진행되고 있었다. 성에 대한 부자연스럽고 인위적인 제약들을 없애서 보다 자유롭게 살자는 운동이었는데 남녀관계나 사회생활에 광범한 영향을 미치고 있었다. 나와 비슷한 나이의 현지 언론인이 대화 중에 내가 '사생아'(illegitimate children) 운운하자 처음 듣는 용어라면서 그 뜻을 되물을 정도였다. 이미 그 사람 연령층에서는 미혼모나 혼외 자녀가 흔해서 따로 '사생아'라는 개념이 그 머리에는 없었던 것이다. 이러한 성 해방 운동이 상업적으로 이용되어 각종 춘화, 성인 영화, 라이브 쇼 등이 범람해서 관광거리가 되기도 했다. 우리나라 방문객들도 그 방면에 관심이 많아서 관련 관광 안내도 종종 했다.

한국 고아 해외 입양

　스웨덴을 비롯한 북구 각국에는 우리 고아들이 많이 입양되고 있었다. 당시 스웨덴에는 이미 2,000명 정도의 입양아가 있었고 이후 그 숫자는 계속 늘었다. 유난히 인구가 적은 백인 사회에서 그들의 존재는 쉽게 눈에 띄었다.

한국 유아를 입양한 현지 양부모들은 모두 성심으로 아이들을 돌보았다. 그들은 입양 자녀가 다 성장하기 전에 미리부터 자연스럽게 그 뿌리를 알게 해서 성장기에 있을 수도 있는 정신적 충격을 줄여 주려고 노력했다. 대사관에서도 기회 닿는 대로 한국 소개 책자나 홍보 자료 등을 보내주었으며, 간혹 지방을 순회하면서 입양아와 그 부모들을 모아 불고기 파티를 베풀고 한국 영화를 상영해주기도 했다.

고아 입양 문제로 한때 외교적 물의가 야기되는 일도 있었다. 북한은 기회 있을 때마다 우리의 고아 해외 입양을 외화 획득을 위해서 아이들까지 팔아먹는 '유아 수출'이라고 비방했다. 그런 비방이 원인이 되어 1975년 말에 우리 보건사회부에서 '고아 해외 입양을 억제하겠다'는 방침을 발표했다. 한국 고아를 입양하기 위해서 몇 년씩 고대하고 있던 많은 북구 사람들이 이에 대해서 강하게 불만을 토로하자 북구 4개국 대사들이 함께 몰려와서 우리 정부에 대해 '인도적 문제에 정치적 고려를 게재시켰다 … 그 방침을 철회하지 않으면 유엔에서 한국 입장 지지를 재검토하겠다'라고까지 항의해서 결국 보건사회부에서 그 결정을 없었던 것으로 돌리는 일도 있었다.

그 후 우리 형편이 차츰 나아짐에 따라 고아나 기아(棄兒)의 숫자도 줄었고 국내 수용시설도 늘어나서 고아 해외 입양은 전보다 많이 감소하였다. 하여간 어린애들을 우리 손으로 돌보지 못하고 해외에 내보낸다는 것은 부끄러운 일이 아닐 수 없다.

북한 대사관
밀수 사건

1970년대에 들어오면서 스웨덴에서도 근 반세기에 걸친 좌파 정권의 장기집권으로 인해 경제 등 사회 각 부문에서 국가적 활력이 떨어지는 모습이 서서히 번져갔다. 경제 성장은 둔화되고 실업은 늘어나고 고급인력과 자산의 해외 유출이 증가했다. 급진 개혁을 주장하던 학생운동이 보수우익 내지 중도 정당을 지지하는 방향으로 선회하는 현상도 나타났다.

급기야 1976년 총선거에서는 사민당과 공산당의 연립이 과반수 의석 점유에 실패하고 실로 오래간만에 중도우파의 연립정부가 들어서게 되었다. 신정부는 과거 사민당 정부에서 정착된 '생산은 자본주의 방식으로! 분배는 사회주의 방식으로!'라는 사회의 기본틀은 유지하되 그 부작용을 제거하기 위한 부분적 개혁에 들어갔다.

이러한 정치 상황에서 1976년 10월 '북구에서의 북한 대사관 밀수 사건'이 터졌다. 하루 저녁 늦게 김세원 대사가 나를 불러서 말했다.

"방금 외무부 의전장의 전화를 받았는데 '북한 대사관의 밀수 행위가 적발되어서 북한 대사에게 48시간 이내에 출국토록 조치하였다'라고 하니 본부에 지급 보고하시오."

의전실에 의하면 스칸디나비아 4국에 주재하는 북한 대사관들이 외교특권으로 면세 구입한 다량의 술과 담배를 불법으로 현지인들에게 매각해 왔는데, 4국의 정보기관이 공조해서 이를 내밀리에 추적 감시하던 중 10월 24일 저녁 덴마크에서 북한 외교관이 현지인에게 면세 물품을 인계하는 현장이 일반 경찰에 포착되는 통에 이를 계기로 북구 4국이 동시에 북한 대사 강제퇴거 조치를 단행하게 되었다는 것이다.

북한은 북구에서뿐 아니라 다른 곳에서도 그와 비슷한 수치스러운 행동으로 물의를 일으킨 경우가 종종 있었는데, 공관 경비 충당이나 본국 상납 등을 위한 행위로 본국에서도 어느 정도 눈감아주고 있었던 것이 분명했다. 특히 스칸디나비아에서는 주류와 담배의 외교관 면세가격과 일반 시장가격의 차이가 커서(약 3~4배) 북한 대사관들이 상당히 오랜 기간 밀매행위를 했던 모양이다.

북한과의 외교적 대치가 가장 중요한 과제였던 우리로서는 큰 사건이었기에 본부에 즉각 상세한 내용을 보고하고 사태추이를 주시했다. 북한은 스웨덴 정부의 발표와 요구를 비우호적 조치라고 비난하고 그에 항의하는 뜻에서 자진해서 대사관을 폐쇄하고 철수했다. 밀수 사건으로 북한의 현지 외교는 기세가 꺾이고 이후 계속 내리막길을 걷게 되었다.

북한 밀수 사건은 현지 언론에 연일 크게 보도되었으며 민족적 차원에서 우리로서도 대단히 창피한 일이 아닐 수 없었다. 일본 대사관의 참사관은 "외교관 차를 타고 다니기가 부끄럽습니다. 같은 동양인인 나를 혹시 북한 사람인 줄 알까봐 기분 나쁩니다"라고 했는데 나는 그에 대해서 무어라고 할 말이 없었다.

나는 이 사건의 추이를 보면서 냉엄한 국가 간의 관계를 다시 한 번 확인하게 되었다.

'북한이 무모하게 불법행위를 자행해서 화를 자초한 것은 사실이지만 북한이 앞으로 경제적인 활용 가치가 있고 국제적인 동조 세력이 있었더라도 스웨덴과 다른 북구 나라들이 이런 식으로 조처했을까?'

스웨덴은 3년 전 북한과 수교한 이후 평양에 대사관을 두고 상당한 액수의 차관을 제공하는 등 서방국가 중에서는 제일 적극적으로 북한과의 관계 강화에 노력했다. 그런데 당초 예상과는 달리 북한과의 경제교류에서 별로 얻을 바가 없는 데다가 북한은 차관의 원리금 상환을 유예하고 그 해결에 성의를 보이지 않았다. 뿐만 아니라 스웨덴 내에서는 극좌 공산 조직과 내밀리에 연계해서 정부의 신경을 건드리는 등 여러 가지로 환영받지 못하는 존재가 되어 있었던 것이다.

스웨덴 생활

스웨덴은 북위 55도의 북쪽에 위치해서 여름에는 일조 시간도 길고 화창해서 지내기가 좋지만, 겨울은 길고 춥고 어두워서 대낮에도 자동차 전조등을 켜고 운전하고 다녀야 했다. 국민성도 명쾌하기보다는 둔중한 편이어서 잘못하면 우울증에 빠지기 쉬운 환경이었다. 스웨덴에서 어둡고 긴 겨울을 세 번 지내고 보니까 옛날에 바이킹족들이 왜 그렇게 죽기 살기로 밝고 따뜻한 남쪽 나라로 몰려갔는지를 이해할만 했다.

그러나 스웨덴의 여름은 참으로 좋은 계절이었다. 특히 하지 철이 되면 하루 일조 시간이 20시간이 넘고 밝고 맑은 날씨에 기온은 과히 높지 않아서 사람들이 야외로 쏟아져 나와 동네마다 잔치가 벌어졌다. 우리도 여름에는 스웨덴 친구의 호숫가 작은 별장(stuga)을 빌려서 아이들과 물놀이를 즐기기도 하고 경치 좋은 스웨덴의 각지를 여행했다. 남쪽 스코네(Skone) 평원지대, 호수 많은 중부의 달라나

(Darlana), 발트해의 고틀란드(Gotland)와 욀란드(Oeland)도 가 보았고, 어떤 여름에는 친구들과 가족 동반해서 유람선(Vikinglinje)을 타고 핀란드의 헬싱키를 다녀오기도 했다.

어느 여름 주말의 일이다. 대사관 직원과 교민 몇 가족이 한적한 바닷가로 야유회를 가서 물가 모래밭에 아이들 풀어놓고 숯불에 고기를 구워 점심을 먹고 있는데, 어디서 왔는지 열 살쯤 되어 보이는 소년이 동생인 듯한 어린아이를 데리고 조그마한 고무보트를 저어서 우리 쪽으로 다가왔다. 햇볕에 붉게 그을은 피부에 건강미가 넘치는 소년이 씩씩하게 말했다.

"냄새가 좋아서 왔는데 당신들 음식하고 우리 어머니가 만들어 준 샌드위치를 바꾸어 먹지 않겠습니까?"

하도 기특해서 불고기를 많이 주었더니 맛있게 먹고서는 고맙다는 인사를 남기고 보트를 저어서 다시 바다 쪽으로 나아갔다. 아이들의 보트가 점점 멀어져 가는 것을 바라보고 나는 '과연 바이킹의 후예로구나' 생각하면서 적잖은 충격을 받았다. 우리는 그보다 큰 아이들에게도 위험하다고 물가에 가지 못하도록 신경을 쓰고 야단을 치고 있었는데! '우리도 진취적이고 활달한 국민성을 북돋으려면 어릴 때부터 저런 모험적이고 도전적인 기상을 길러 주어야 되겠구나' 하는 생각이 머릿속에 맴돌았다.

김세원 대사

대사관에서 제일 부지런한 사람은 김세원 대사였다. 김 대사는 열심히 관저 파티를 통해서 많은 사람을 사귀고 각종 스포츠도 열심히 했다. 우리 내외는 김 대사를 따라서 테니스도 하고 노르딕 스키(cross-country ski)도 배웠다. 김 대사 부부는 여름철 주말에는 근처의 호수에 나가서 배를 띄우고 낚시하는데 재미를 붙여서 물고기를 많이 낚아 왔다. 그럴 때면 대사관 직원들뿐 아니라 외무부 차관이나 의전장 등 가까운 관계관들의 집에도 보내주곤 했다.

김세원 대사는 평안도 출신으로 해방 후 월남해서 해군에서 정보 장교로 근무한 바 있다. 5.16 후 해군 준장으로 예편한 뒤에는 근 10년 간 주호놀룰루 총영사를 지내고 월남 대사관 공사를 거쳐서 캄보디아 주재 대사로 있다가 1975년 봄 인도차이나 반도의 적화로 철수했고 그 후 스웨덴에 부임했다.

신임장을 제정하기 위하여 왕궁 접견실로 향하는 김세원 대사와

김 대사는 1978년 봄 파리에서 개최된 구주지역 공관장 회의에 참석했다가 박동진 외무부 장관이 "오랫동안 공관장을 지낸 분들은 후진에게 길을 열어주는 것이 좋겠습니다"라는 말을 듣고 그 자리에서 사의를 표명하고 돌아왔다. 그는 그해 5월에 16년 간의 해외 생활을 마감하고 연고자도 별로 없는 고국으로 귀환하여 대한체육회 부회장으로 1986년 아시안게임과 1988년 서울올림픽의 성공을 위해 진력했고 그 후 자녀들이 사는 미국으로 건너가서 은퇴 생활을 했다.

2년 반 동안 김 대사와 그 부인으로부터 많은 것을 배우고 가까운 사이가 되었는데, 주어진 여건을 최대한으로 활용해서 열심히 노력하고 곧으면서도 뻣뻣하지 않은 그 자세가 오래 기억에 남는다.

스웨덴 근무 마감

1978년에 들어오면서 해외 근무가 3년이 된 나는 늦기 전에 본부에 들어가 국장 등 필요한 경력을 쌓아야 할 뿐 아니라 아이들도 곧 고등학교와 중학교에 들어갈 시기가 되었기에 귀국하기를 원했다. 그러나 김세원 대사가 예상 밖으로 일찍 자리를 뜨는 바람에 나는 그대로 눌러있게 되었다. 그러다가 여름에 가서야 본부귀환 발령을 받았다.

김 대사의 후임으로 발령된 윤하정(尹河珽) 외무부 차관은 3년 전 사이공 함락 때 끝까지 자리를 지키다가 월맹에 의해서 억류되어 있던 이대용(李大鎔) 공사 등 우리 외교관 3명의 구출을 위해서 인도의 뉴델리에서 월맹, 북한과 3자 비밀협상을 하고 있었기 때문에 부임이

지연되었다.* 협상이 성과 없이 끝나자 윤하정 대사는 1978년 9월에 부임했고, 나는 윤 대사가 스웨덴 국왕에게 신임장을 제정하고 업무를 개시하는 것을 본 뒤에 10월에 서울로 돌아왔다.

주미 대사관에서 근무하던 김석규 참사관이 주스웨덴 공사로 발령받아서 다시 한번 나와 임무를 교대했다.

---

* 이 문제는 그로부터 2년이 지난 후 월맹과 가까운 스웨덴의 중개로 해결되었다. 스웨덴의 레이프란드 외무차관은 우리 측 요청을 받아들여 하노이를 설득해서 우리 외교관들을 석방시키고 그들을 인수하여 서울까지 인도해주었다.

'공무원의 꽃' 중앙청 국장

미주국 심의관

카리브 출장

남북 당국자 회담

카터 미국 대통령 방한

박 대통령 시해 사건

12. 12 쿠데타

이한빈 부총리 방미

조약국장

외무행정 쇄신 작업

제네바·런던 출장

외무공무원법 제정

군 출신 대사 임용

말레이시아 항공회담

외무부 직제 개편

노태우 특사

유럽 순방

아프리카 순방

특사 순방 성과

미주국 심의관

박동진 외무부 장관은 1978년 여름에 유종하 미주국 심의관을 국장으로 승진시키면서 나를 그 후임으로 발령했다. 당시 미주국은 몇 년 전부터 한미 관계에 먹구름으로 남아 있던 박동선 사건의 마무리를 위해서 바쁘게 움직이고 있었다. 박 장관이 '불편한 관계'라고 표현했던 한미 관계의 악화를 초래한 이 사건은 미국 측의 끈질긴 요구에 따라 당사자인 박동선이 미국 의회에 출두해서 증언하고 김동조 전 주미 대사도 서면으로 증언하는 것으로 일단 종결 단계에 들어가고 있었다.

그때 심의관으로는 나 외에도 장명관(張明貫), 박종기, 김재성(金在晟) 등이 있었는데, 심의관은 직제상 권한과 책임이 분명치 않고 그 기능도 정립되어 있지 않아서 비교적 한가한 시간이 많았다. 심의관의 처우도 정해진 바가 없어서 국장급인데도 그때 국장들에게 나오던 관용차도 배정되지 않았다. 우리 심의관들은 총무처와 기획원 예산실을 드나들면서 열심히 설득해서 관용차를 한 대씩 인가받았는데, 예산이 부족하다고 우리에게 배정된 차량은 그때 막 시판되기 시작한 현대의 소형차 포니였다. 그래서 우리는 운전기사가 모는 소형차의 좁은 뒷좌석에 앉아 출퇴근하는 우스운 모습을 연출하기도 했다.

카리브 출장

1978년 말에는 카리브해의 작은 섬나라 바베이도스(Barbados)의 수도(Bridgetown)에서 개최된 미주국가기구(Organization of American States) 연차총회에 옵서버로 참석했다. 이 기구는 미국이 중남미 여러 나라와의 결속을 강화하기 위해 구성한 것으로 워싱턴에 본부를 두고 있었다. 캐나다와 쿠바를 제외한 모든 미주 국가들이 가입되어 있었고 우리는 일본 등과 함께 역외 옵서버 국이었다.

나는 자메이카의 킹스턴(Kingston)에 잠시 들려서 그곳 대사관의 박관운(朴官雲) 서기관을 대동하고 바베이도스로 가서 4일 간 회의 진행을 지켜보았다. 회의에서는 1992년에 있을 콜럼버스의 미 대륙 발견 500주년 기념행사 등이 논의되었는데, 우리나라와 직접 관련되는 문제는 별로 없었다.

회의가 뜸할 때는 카리브의 비췻빛 바다와 흰 백사장의 아름다운 정취를 한껏 즐겼다.

회의를 마치고 귀국하는 길에 하루 동안 파나마를 경유했다. 미국이 관리하는 파나마 운하를 구경하고 파나마 시내를 둘러보았는데 완전히 미국의 영향권 하에 있던 파나마에는 미국 달러가 그대로 법정통화로 유통되고 있었다. 시내 한복판에는 미국의 남부사령부(U. S. Southern Command)가 보였다. 주변은 철조망으로 경계를 쳤고 사령부 건물이 있는 언덕 위에는 미국 성조기가 펄럭이고 있었다. 그 모습을 보면서 서울 한복판 용산의 미군 사령부가 연상되었다. 주권 국가의 수도 한복판에 외국군 기지가 버티고 있는 것은 어느 모로나 보기 좋은 것은 아니었다.

남북 당국자 회담

1979년 봄에 나는 갑자기 남북대화에 차출되었다.

1972년 6.23 공동선언 이후 간헐적으로 이어지던 남북대화는 서로 상대방의 약점을 건드리는 선전전에 치우쳐서 아무런 실질적 진전이 없었다. 박정희 대통령은 1979년 연두 기자회견에서 그간의 변칙적인 접촉을 지양하고 정상적인 남북대화를 진행하기 위해 '책임 있는 남북 당국자 간의 무조건 회담'을 촉구했다. 그에 따라 3월 중순 남북조절위원회 접촉에서 우리 측은 당국자 회담 준비를 위해서 '상호 신뢰할 수 있는 당국의 실무 대표 접촉'을 3월 28일 오전 10시 판문점 중립국감독위원회 회의실에서 가질 것을 제의했다. 그 이틀 전에는 동훈(董勳) 통일원 차관을 수석대표로 하고 노창희(필자) 외무부 공사와 이경식(李庚植) 문공부 부대변인을 대표로 한 우리의 실무 대표단 명단을 발표했다.

나는 남북대화와는 업무상 직접적 관련이 없었기에 사전 준비도 전혀 없었는데 그 발표가 있던 날 이른 아침에 박동진 장관이 나의 집으로 전화를 했다.

"당신이 남북대화 대표로 지명되었고 오전 중에 발표가 있을 테니 그리 알고 있게."

남북 당국자 회담에 대비하기 위해서 삼청동의 남북조절위 회의실에서 두 차례 대책 회의가 열렸다. 최규하 총리가 주재하고 외무, 문공, 통일원 장관과 중앙정보부의 김재규(金載圭) 부장과 그 간부들과 함께 참석했는데, 회의는 저녁식사 후에 시작해서 밤늦은 시간까지 계속되었다. 최 총리는 정보부에서 작성한 회의 자료를 중심으로 토의를 꼼꼼하게 실무적으로 진행했고 김재규 부장은 회의의 간사 격으로 최 총리를 깍듯이 모시고 회의 진행을 성실하게 보좌하는 것을 보고 좋은 인상을 받았다.

한번은 박 장관이 "김 부장이 '노 국장이 참한데 중정에서 쓰겠으니 빌려 달라'고 하기에 내가 '외무부에도 사람이 모자라서 안 된다'라고 했지. 당신 성격을 알아서 내가 거절했는데 그런 데는 가는 게 아니야!"라고 한 적도 있다. 그러던 김 부장이 불과 반년 뒤에 대통령을 시해하는 엄청난 일을 저지르리라고는 아무도 상상하지 못했다.

3월 28일 오전에 우리 실무 대표단은 중정(中情) 요원들의 안내를 받아 판문점 회의실에 도착했다. 그러나 북한 측에서는 아무도 나와 있지 않았다. 그들은 계속 정당, 사회단체와 당국 모두가 참여하는 '통일전선식 대화'를 고집했고 우리가 제의한 '정부 당국 간 대화'는 거부하는 입장이었다. 그러므로 그들이 실무 준비 회의에 응해 오리라고는 처음부터 크게 기대하지는 않았다. 우리는 10분 정도 회의장에 무료하게 앉아 있다가 일어서서 나올 수밖에 없었다. 예정했던

판문점 중립국 감독위 회의실에서
사진 왼쪽부터 필자, 동훈 수석대표, 이경식 대표

대로 나는 모여든 내외신 기자들에게 북한의 불참에 유감을 표하면서 '대화의 문호는 계속 열려 있다'라는 논평을 했다.

빈손으로 서울로 되돌아온 우리 대표단은 오찬을 하는 중에 동 차관이 "오늘이 33년 전 내가 38선을 넘어온 바로 그 날인데…"라면서 서글픈 심정을 토로했다. 그렇게 나의 남북대화와의 인연은 간단히 끝나버렸다. 아무 성과도 없었지만, 개인적으로는 특이한 경험이었고 난생처음으로 언론에 내 얼굴이 비치기도 했다.

카터 미국 대통령 방한

그해 봄부터 미주국은 6월 말로 예정된 카터(Jimmy Carter) 미국 대통령의 방한 준비로 분주했다. 카터 대통령은 1976년 미국 대선 과정에서 주한 미군의 철수를 공약으로 내세웠고 집권 후에는 '인권 외교'로 계속 우리 정부에 압력을 가해서 한미 관계가 많이 긴장된 상태였다. 따라서 카터의 방한을 통해서 주한 미군 추가 철수 계획의 포기를 확인하고 한미 관계를 복원시키는 것이 큰 과제였다.

박 대통령과 카터는 성격상으로도 천양지차(天壤之差)가 있고 상호 간 존경의 대상이 되지 못해서 정상회담 과정에서 한두 차례 어려운 고비가 있었지만 측근 참모들의 무마 노력으로 다행히 큰 사단 없이 끝났다. 그 결과로 미국의 한국에 대한 방위공약의 재확인, 주한 미군의 추가 철수 중지, 한국의 '경제발전에 상응하는 정치 발전과 인권 존중'을 촉구하는 공동성명도 발표되었다.

준비 과정에서 여러 가지 면에서 많은 걱정을 했지만 결과는 예상했던 것보다 좋았고 박 대통령도 만족했다. 박 장관이 대통령의 하사금을 받아와서 행사에 수고한 직원들을 모아 크게 파티를 열어주었다.

박 대통령 시해 사건

1979년이 저물어 가면서 유신 말기의 국내 정국은 파국을 향해 달려가고 있었다. 10월 초에는 김영삼 야당 총재가 국회에서 제명처분 되었고 그에 항의하여 제출된 야당 의원들의 집단 사퇴서를 선별 수리한다는 보도가 이어지자 부산과 마산에서 반정부 데모가 격렬하게 벌어져 부마지역(釜馬地域)에 비상계엄이 선포되기에 이르렀다. 그러한 상황에서 10월 26일 저녁 김재규의 박 대통령 시해 사건이 일어났다.

그날 외무부에서는 정부 방침에 따라 '체육의 날'이라고 휴무하고 옛 서울고등학교 운동장에 모여서 축구 시합 등을 하고 헤어졌는데, 다음날 이른 새벽 전화 소리에 잠을 깨었더니 스웨덴에서 같이 근무한 경제기획원의 최수병(崔洙秉) 국장이 다급한 목소리로 "미국의 친지로부터 '박 대통령이 유고라는 보도가 있다'라는 전화를 받았는데 혹시 그에 대해 아는 바 없어요?" 하고 물었다. 바로 미군 방송을 틀어보아도 아무 뉴스가 없더니 아침 7시가 되니 박 대통령이 서거했다는 보도가 나오기 시작했다.

박 대통령의 갑작스러운 서거 사태를 당해서 많은 사람이 애통해 하면서도 마음 한편에는 '일인 장기집권에 염증을 느끼고 숨 막히는 정국 상황에 실망하고 있던 차에 우리 정치 발전에 하나의 전기가 마련되겠구나!' 하는 기대와 함께 앞으로 권력 공백이 어떻게 메워질 것인지에 대한 불안이 교차했다.

며칠 후 중앙청 국장급 이상은 모두 청와대 영안실에 가서 조의를 표하라고 해서 줄을 서서 고인에게 마지막 인사를 드렸다. 일생의 영욕을 뒤로하고 병풍 뒤에 조용히 누워 있을 그의 모습을 상상하면서 실로 만감이 교차하는 심정이었다.

'강철 같은 의지와 청렴한 통치로 민족중흥과 조국 근대화의 기초를 다진 불후의 업적을 이룩했지만, 군사 쿠데타로 민주 질서를 파괴하고 유신독재로 쉽게 지워지지 않을 오점을 남기더니 이제 모든 것을 역사의 심판에 맡기고 저렇게 눈을 감고 있구나!'

청와대 문을 나설 때, 5년 전 자기를 대신해서 먼저 간 사랑하는 아내의 유해를 그 문 앞에서 떠나보내면서 쓸쓸히 관을 쓰다듬고 오열하던 생전의 그의 모습이 떠올랐다.

12.12 쿠데타

박 대통령이 비명에 가고 두 달도 되지 않아서 12.12 사태로 소위 '신군부'가 등장했다.

그날 저녁 나는 중남미 지역의 대사 부부들을 초청해서 조선호텔에서 연말 파티를 열었다. 놀기 좋아하는 사람들이라 시간이 제법 지나서야 끝나서 한강 건너 반포에 있는 나의 아파트에 왔을 때는 저녁 10시가 넘었다. 집에 돌아온 지 얼마 되지 않아 나의 운전기사로부터 전화가 왔다.

"난리가 난 것 같습니다! 시내로 들어가는 다리가 다 막혔고 완전무장한 군인들이 지키고 있습니다. 저녁에 외무부 운전기사들의 회식 모임이 있었거든요. 그런데 7시쯤 장관 공관에서 장관 운전기사한테 연락이 오기를 '한남동 공관 근처에서 총소리가 나고 있으니 급히 들어오라'고 해서 불려갔는데, 이제 보니 그때부터 무슨 일이 있었던 모양입니다."

그 얘기를 듣고 '혹시 정국이 불안한 틈을 타서 북한군 특수부대가 후방에 침투해서 비상사태가 야기된 것이나 아닌가?' 하는 걱정에서 라디오의 다이얼을 이리저리 돌려 보았지만 별다른 소식은 없었다. 밤새 이런저런 생각으로 잠을 설쳤다.

그러다가 아침 뉴스에 "대통령 시해 사건 조사를 위해서 정승화(鄭昇和) 육군 참모총장을 연행하는 과정에서…"라는 말이 흘러나왔다. 그 소리를 듣는 순간 한편 안심이 되면서도 다른 한편으로는 심한 반감이 치솟았다.

'어려운 시기를 맞아서 모두들 자제하면서 살얼음판을 걸어가고 있는 마당에 군인들이 난동을 부리다니!'

다음날 출근했다가 중앙청이 폐쇄되어서 쫓겨나오는데 주변은 이미 전투 병력이 착검 집총으로 공포 분위기를 조성하고 있었다.
'이게 도대체 무슨 짓들인가!'
두려움보다 분노가 앞섰다.

이한빈 부총리 방미

1980년대의 첫해를 맞이했지만 최규하 정부의 우유부단, 3김(金泳三, 金大中, 金鍾泌)의 권력 암투와 야심만만한 '신군부'의 득세로 한 치 앞이 안 보이는 '안개 정국'이 전개되고 있었다.

그 와중에 나는 그해 4월 이한빈(李漢彬) 부총리를 수행해서 1주일 간 미국을 방문했다. 이 부총리의 방미 목적은 '한국 정세가 안정되어 가고 있다'라는 것을 미국 조야에 알리는 동시에 시급한 쌀 도입에 대한 미국의 협조를 얻는 것 등이었다. 기획원의 차화준(車和俊) 차관보와 김재익(金在益) 기획국장*, 재무부와 상공부의 관계 국장들도 수행하는 강팀이었지만 그야말로 그 임무는 불가능한 것(<Mission Impossible>, 당시 인기 TV드라마)이었다.

이 부총리는 샌프란시스코, 로스앤젤레스를 거쳐 워싱턴에 가서 한국 정세는 안심해도 된다고 연설하고 다녔으나 미국 사람들이 그 말을 어느 정도 신뢰하는지는 우리 모두 자신이 없었다.

---

* 나와는 삼청국민학교와 경기 중·고등학교 동기로 오랜 친구였는데, 전두환 정부의 경제수석비서관으로 활약하다가 1983년 아웅산 폭탄 테러로 순직했다.

조약국장

정국이 소용돌이치고 있는 와중에도 외무부에서는 4월 말에 일부 간부에 대한 인사이동이 있었다. 박수길 국장이 유엔대표부 공사로 나가고 나는 그 후임으로 조약국장에 보임되었다.

공무원 생활을 시작한 지 20년 만에 '공무원의 꽃'이라는 중앙청 국장이 된 것이다.

외무행정 쇄신 작업

그러는 사이에도 정국은 안정되기는커녕 더욱 악화일로로 가고 있었다. 결국 비극적인 5.17 '광주 사태'가 발발하고 전국 계엄 선포로 이어졌다. 5월 말에는 국보위(國家保衛非常對策委員會)가 설치되어 신군부가 행정부를 접수했다. 8월 중순에는 최규하 대통령이 자리에서 물러나고 9월 1일 전두환(全斗煥) 장군이 대통령권한대행에 올랐다.

국보위가 설치되면서 그 외무분과 위원장에 자동적으로 외무부의 노재원(盧載源) 기획관리실장이 임명되었으나 실권자는 그 밑에서 간사를 맡은 정만길(丁萬吉) 대령이었다. 전차부대 대대장을 지내고 외무부 '감독관'으로 내려온 정 대령은 외무부 직원들을 마치 '점령군이 식민지 관리 다루듯' 하면서 거칠게 행동했다.

나는 김동휘 차관의 지휘 하에 '외무행정쇄신 특별작업반'을 맡아서 정 대령을 통해서 전달되는 각종 개혁 요구에 따른 실천 방안을 마련하는 작업을 하게 되었다.

신군부의 요구는 인사, 조직, 운영, 예산 등 외무행정 여러 분야에 걸쳤지만, 핵심은 인사 숙정과 인사제도 개혁에 있었다. 김 차관과 나는 인사 전반에 대한 본격적인 개혁을 위해서는 외무공무원법이 필요하다고 강조하고 오랜 현안이던 동 법 제정을 위한 실무적 준비를 시작했다. 이 일에는 황소같이 뚝심 좋은 함명철(咸明澈) 법무담당관이 부지런하고 적극적으로 도와주었다.

제네바 · 런던 출장

한참 '외무행정쇄신' 작업에 시달리다가 8월 초에는 어렵사리 시간을 내어 유럽에 출장을 갔다. 제네바에서 개최되는 핵확산금지조약(NPT) 평가 회의에 참석하고 이어 런던으로 가서 한·영 항공회담을 하게 된 것이다.

핵무기의 범세계적인 확산 방지 상황을 5년 주기로 점검하는 평가 회의에는 노신영 주제네바 대사가 우리 수석대표였다. 핵무기 비확산에 대한 정부의 견해를 밝히는 기조연설을 끝낸 후 노 대사는 나를 조용히 불러서 최근 국내정세에 대한 소견을 물었다. 노 대사는 그때 4년째 제네바에서 근무하고 있었기에 여러 가지로 국내 사정 돌아가는 바가 궁금할 터였다. 나는 신군부 득세와 어지러운 정국에 대한 비판적인 의견을 솔직하게 이야기했다.

외무부 장관 교체가 예상되고 그가 유력한 후보자로 거론되고 있다는 얘기에 이르자, 노 대사는 "아직 선배들도 많이 현직에 남아 있어서 서열상 순서도 아니고 외교관으로서의 경력도 더 쌓아야 하는데…"라고 말했다.

하지만 유럽 출장을 마치고 9월 초 대전에 가서 공무원 보수교육을 받는 중에 그가 외무부 장관에 임명되었다는 뉴스가 나왔다. 그 발표를 듣는 순간 '어느 때나 한번은 장관이 될 분이지만 하필이면 이 혼란스러운 시기에 입각했으니 혹시 시국이 잘못되는 경우에는 무척 애석한 일이 되겠구나!' 하는 느낌이 들었다. 그러나 그는 역시 어느 여건에서나 능력을 십분 발휘할 수 있는 인물이었고, 그 후에도 일취월장해서 몇 년 후에는 국무총리에까지 올랐다.

런던의 항공회담에서 우리는 서울-런던 간 항로의 증편을 주장한 데 반해서 영국은 그에 소극적이어서 타협은 되지 않고 시간만 끌었다. 당초 2~3일 예정이던 일정이 5일까지 연장되었으나 결국 아무 결론 없이 끝났다.

항공회담은 양국 항공사 간 상업적 이해타산이 맞아야 성공할 수 있는 것인데 대한항공(KAL)과 영국항공(BA) 간에 상반된 입장이 타협되지 못한 상태에서 회담을 시작한 것이 실책이었다.

외무공무원법 제정

노신영 장관은 취임 직후 근 70명에 이르는 외무부 숙정 대상자 명단을 청와대로부터 건네받고 후배 직업외교관들을 구제하려고 백방으로 노력했다. 노 장관의 6개월에 걸친 끈질긴 설득 끝에 결국 몇 명을 제외하고 대부분이 구제되었고, 이후 그들은 아무 제약 없이 본부 간부나 재외공관장 등으로 활동할 수 있었다.

노 장관은 취임 몇 주 뒤인 9월 말에 김 차관과 나를 불러서 인사 숙정을 하더라도 자의적인 것이 아닌 제도적인 기준 아래에서 행해져야 한다고 강조하면서 지시했다.

"전 대통령의 원칙적인 승낙이 있었으니 이 기회에 숙원 사업인 외무공무원법 제정을 급선무로 서두르시오."

그에 따라 나는 조직, 관리 등 다른 행정쇄신 문제는 접어두고, 주야로 외무공무원법 입안 작업에 매달리게 되었다. 5월부터 손보기 시작한 법안 초안을 서둘러 완성해서 10월 중에 장관 임석 하에 부내 공청회를 수차 개최했다. 법안의 취지와 내용을 설명하고 여러 사람의 의견을 들었는데, 내부 논의인지라 주로 외무부와 직업외교관의 권익 옹호 주장이 주류를 이루었고 개중에는 외무부 밖에서는 수용될 리 없는 의견도 있었다. 그런 공개적인 토론을 통해서 의견일치를 보기는 불가능했지만, 어느 정도 부내 이견이 걸러지기는 했다.

확정된 초안을 가지고 총무처와 법제처의 담당관들과 협의를 시작했다. 그 과정에서 관계부처의 완강한 반대로 외무공무원을 검찰, 경찰이나 교육공무원같이 법적으로 완전히 독자적인 인사조직으로 하는 일은 불가능하다는 것이 분명해졌다. 따라서 외무공무원의 계급 구분이나 신규 채용, 타 직종과의 교류 등 일부 규정도 일반 공무원법(國家公務員法)에 준하도록 바꿀 수밖에 없었다.

법안 내용 중 가장 큰 관심을 끈 것은 외교관의 신진대사를 위한 정년 문제였다. 당초 초안에는 직급별 연령정년(사무관 50세부터 특1급 65세까지)과 공관장 근속정년(12년)이 규정되어 있었는데 청와대와의 협의 과정에서 군에서 시행하는 직급별 근속정년(특1 및 특2급 각 8년, 1급 이하 각 10년)도 포함되었다. 이러한 복합적인 정년제가 시행될 경우 예상되는 인사 운영 실태에 대해서 국방부 인사 담당 전문가의 조언을 받아 가상 모델도 시험해 보았다.

여러 차례의 세부 수정을 거쳐서 11월 초에는 법안이 확정되었다. 당시 모든 법령은 국무회의 상정 전에 청와대 비서실의 사전승인을 득해야 했기 때문에 법안 완성 이전 단계에서부터 청와대의 관계 비서관들과 사전협의를 했다. 허문도(許文道) 정무 담당과 박철언(朴哲彦) 법제 담당 비서관은 한두 가지 의견을 제시한 후 별다른 이의 제기가 없었지만 이장춘 외무담당 비서관은 정면으로 반대했다.

이 비서관은 주제네바 대표부 참사관으로 있다가 신정부 수립 후 청와대에 파견근무 중이었는데 '외무부의 인사제도, 기구와 조직, 예산과 운영, 정부 각 기관과의 관계 등 외교 전반에 대한 포괄적이고 근본적인 혁신이 필요하다'라고 주장하면서 인사제도만 우선 처리하는 데 원론적으로 반대했다. 법안 내용에 대해서도 계급 구분을 없애야 한다는 등 여러 부분에서 다른 의견을 가지고 있었다.

나는 '그러한 전반적이고 혁명적인 개혁은 정부 내 다른 부처와 충돌을 일으킬 뿐 아니라 현 단계에서 실현 가능성이 희박하다'라고 지적하면서 숙원사업인 인사법부터 해결하자고 여러 가지로 설득했다. 오랜 우정에 빗댄 나의 호소에도 불구하고 이 비서관은 자기 주장을 바꾸려 하지 않았다.

조속한 법 제정을 바라고 이를 독려하던 노 장관은 11월 말이 되어도 청와대의 승인을 받아오지 못하자 불같은 성격이 드디어 폭발했다. 나를 불러 세우고 크게 질책한 후 신동원, 박쌍용(朴雙龍) 두 차관보를 번갈아 이 비서관에게 보내 설득토록 했다. 그러나 성의를 다한 그들의 노력도 이 비서관의 고집을 꺾을 수 없었다.

　나는 고심 끝에 김동휘 차관과 상의해서 장관이 직접 대통령의 원칙적 승낙을 받은 사안인 만큼 청와대 비서실의 사전승인은 생략키로 하고 법제처와 총무처를 설득해서 12월 초 차관회의에 외무공무원법안을 상정해서 심의 통과시키고 다음 날 국무회의에 상정키로 하였다.

　이를 알게 된 이 비서관은 총무처와 법제처에 대해서 청와대의 사전승인이 없는 법안이 상정된 것을 힐난하고 국무회의 상정을 보류토록 요구했다. 이에 격노한 노 장관은 김경원(金瓊元) 비서실장에게 강력하게 항의했다.

　"대통령 각하의 뜻을 받들어 장관이 자기 소관 업무를 처리하는데 일개 비서관이 중간에서 그것을 방해하는 것은 도저히 용납할 수 없습니다!"

　김 실장은 이 비서관에게 물의를 일으킨 것을 힐책(詰責)하고 수습을 지시했다.

　"법안에 문제가 있다면 구체적으로 지적해서 외무부로 하여금 수정토록 하되 법안 자체를 왈가왈부하지 마시오!"

　이 비서관은 며칠 후 상부 결재를 받아서 법안의 일부 내용을 수정하자고 연락해 왔다. 수정 요구 사항 중 연령과 계급 정년을 일부 바꾼 것 등은 못마땅하기는 했어도 큰 문제는 아니었다. 그러나 정치적으로 임명되는 대사 즉 '특임대사'(特任大使)를 '특임공관장'(特任公館長)이라고 바꾸고 그들에 대해서도 직업외교관 출신 공관장들과 동일한 법적 대우를 하도록 한 부분은 문제가 안 될 수 없었다. 다른 점은 차치하더라도 대통령이 정치적 필요에 따라서 임명한 공관장이 신분보장을 받는다면 후임 대통령도 그를 해임할 수 없다는 말이 되고, 또한 그렇게 임명된 공관장에게 정년을 적용한다면 아무리 유능하고 정치적으로 꼭 필요한 경우에도 65세가 넘으면 임명도 못 하고 임명된 사람은 자동 퇴직해야 하는 모순이 발생하는 것이다.* 김 차관도 이 문제만은 그대로 수용할 수 없다는 생각이어서 차관과 함께 장관에게 문제를 제기했다. 노 장관은 한참 생각하더니 단안을 내렸다.

"한술에 배부를 수는 없고 또다시 청와대와 논쟁을 하는 것은 바람직하지 않으니 그대로 받아주되 법 제정 후 이른 시일 내에 개정토록 합시다."

그에 따라 일부 수정된 법안이 그해 마지막 국무회의에서 심의 통과되고 다음 해 2월에 입법회의에서 의결되어 1981년 3월 14일 자로 공포, 시행되었다. 당시 입법회의는 국회가 해산되었기 때문에 그 입법권을 대행하도록 임명된 한시기구였고 오래전에 외무부 차관을 지낸 이원경 씨가 외무 분과위원장이어서 아무 문제 없이 통과되었다.

외무공무원법의 입안과 입법 과정에서 함명철 국제법규과장, 최승호(崔勝浩) 법무담당관 등 여러 사람이 불철주야 열심히 일했고 김동휘 차관**이 시종여일 자상하게 뒤를 돌보아 주었다. 노신영 장관은 강력한 의지와 분명한 지침으로 이끌어 주었고 때로는 심한 추궁도 했지만 소신껏 일하도록 격려도 잊지 않았다.

외무공무원법은 그 후 몇 차례 개정되어 내용이 많이 바뀌었지만, 외교관 인사제도를 정착시키는 골간을 이루었고 그 입법 과정에 참여한 보람도 컸다. 그러나 처음부터 현실적인 제약으로 인해서 외

---

* 이 문제는 그 후에 박동진(朴東鎮), 이원경(李源京) 대사들의 경우에 실제로 야기되었다.
** 김 차관은 다음 해인 1982년 상공부 장관으로 입각했다가 1983년 미얀마 아웅산 폭탄 테러 사건으로 순직했다.

무부 자체로서도 완전히 만족스럽지 못한 초안이었고, 협의 과정에서 관계부처와 청와대 등의 간여로 내용 일부가 애초 의도와 다르게 변질되어 결과적으로 정년제도 등 신진대사가 주된 내용이 되어 버렸고 외교관 인사제도의 특성을 충분히 반영하지 못한 점이 아쉽게 느껴졌다. 그렇지만 노신영 장관의 말대로 한술에 배부를 수는 없는 일이니 일단 법률을 제정해서 시행하면서 보완해 나갈 수 있으리라 믿고 자위하기도 했다.

나는 법률 통과 후 외무공무원법 시행령, 외무공무원 임용령, 시험령, 복무규정 등 법 시행을 위해 필요한 각종 대통령령을 제정, 정비하는 작업을 서둘러 마쳤다. 그리고 그해 연말에 재외공관 근무에 나가기 전에는 노 장관의 지시에 따라서 앞으로 당장 고쳐야 할 특임공관장 관계 조항 등 법률개정 시안도 작성해 두었다. 하지만 법 개정은 다음 해 노 장관이 안기부장으로 전출되면서 추진이 연기되었다.

군 출신 대사 임용

1981년에 들어와서 군에서 예편한 초임 장군들이 대거 외무부에 입성했다. 군의 인사 적체 해소와 동시에 외무부의 체질 개선을 위한 새로운 피 수혈 목적이라고 했으나, 준장이나 대령이던 사람들을 소장, 준장으로 승진 예편시킨 뒤 차관급인 특1급이나 특2급으로 다시 승격 임용하는 식이었다. 대신에 보직은 대부분 아프리카나 중동의 험지 공관의 대사로 발령했다.

그렇게 험지로 나간 군 출신 대사들은 거의 모두 2년 이내에 그곳에서 빠져나와 생활 조건이 나은 지역으로 옮겼다. 그러나 그중에서 임동원(林東源) 대사 같은 이는 대표적인 험지인 나이지리아에서 근 4년을 충실히 근무했다. 그는 그 후 주호주 대사와 외교안보연구원장을 지냈고 김대중 정부에서는 '햇볕정책의 전도사'로 큰 역할을 했다.

외부에서 유능한 인재를 대사로 발탁하는 것은 외교진용의 쇄신 보강을 위해서 필요할 수도 있지만, 그런 인사가 도를 넘어서 계속되면 필연적으로 직업외교관들의 사기를 저하시키고 자질 감퇴로 이어져서 외교수행에 지장을 가져오게 된다. 그런 점에서 오랜 외교 경험을 가진 선진 각국은 고위 외교관의 외부 발탁은 최소한으로 제한하고 있다.

말레이시아 항공회담

1981년 여름에는 말레이시아와의 항공회담이 있었다.

말레이시아 국영항공사(MAS)가 대만을 경유해서 서울에 취항하고 있었는데, 그 노선에서 경합하는 대한항공이 우리 교통부로 하여금 자기들의 운항을 방해했다고 문제를 제기했다. 여기에 말레이시아항공은 억울한 차별대우라면서 자국 정부에 호소했고, 말레이시아 정부는 우리의 현대건설에 낙찰되어 있던 페낭 대교(Penang Bridge) 건설 공사 계약 체결을 갑자기 보류시키면서 우리에게 항공회담을 하자고 제의해왔다.

아닌 밤중에 홍두깨로 자신들과는 아무런 관련도 없이 수억 불의 대형 공사계약이 취소될 위기에 처한 현대건설은 우리 정부에 해결을 강력 촉구했고, 한편 대한항공으로서는 완전히 별개의 사안이 외국 정부의 압력으로 결부되는 것에 극력 반대했다.

울며 겨자 먹기로 교통부 담당관들과 함께 말레이시아로 가서 항공회담을 시작했다. 건설부와 대한항공의 관계자들도 자문으로 동행했다.

최호중 주말레이시아 대사와 건설부는 대한항공이 양보해서라도 조속히 문제가 해결되기를 원했지만 교통부와 대한항공은 그에 결사 반대여서 상대방과의 교섭보다는 우리 내부의 이견 조정이 더 어려운 과제였다. 그런 사정을 잘 아는 말레이시아 측은 일보도 후퇴하려 들지 않아서 큰 어려움을 겪어야 했다. 힘든 교섭을 거친 후 결국 일의 경중을 따져 교통부 측의 일부 양보를 얻어서 어렵사리 봉합할 수 있었다.

그 후 현대의 페낭 대교 건설은 성공적으로 마무리되었고 대한항공도 별 손실 없이 그 노선의 취항을 이어갔다. 그 상황을 처리하면서 이제는 모두 고인이 되었지만, 서로 가까운 친구 사이였던 현대의 정주영(鄭周永) 회장과 한진의 조중훈 회장 두 분의 부지런하고 억척스러운 면모도 실감할 수 있었다.

외무부
직제 개편

신군부의 개혁 과제 중 하나가 '작은 정부'의 구현이었다. 1981년 가을에 들어오면서 정부 모든 부처는 이유여하를 막론하고 일률적으로 '9국 3과'로 직제를 바꾸도록 했다. 즉, 각 부처는 9개 이하로 국(局)의 수를 줄이고 한 국에는 3개 이하의 과(課)만을 두도록 하는 것이었다.

그 작업은 외무행정쇄신의 일환으로 나에게 맡겨졌다. 당시 외무부에는 12개의 국이 있었기에 그중 3개를 통폐합해야 했다. 우선 외신문서국을 없애고 그 업무를 기획관리실 등에 분산 흡수시키는 것은 쉽게 결론이 났다.

그 다음 '기능국'을 줄일 것인지 '지역국'을 줄일 것인지에 대해서는 부내 의견이 갈렸는데, 노신영 장관의 단안으로 지역국들은 그대로 두기로 하고 통상국과 국제경제국을 합해서 '경제국'으로 하고 국제기구국과 조약국을 '국제기구조약국'으로 통합하기로 결정되었다. 기구조정 실무를 맡았다가 결과적으로 자신의 자리를 없애는 꼴이 되어서 씁쓸한 기분이었다.

나는 그때 본부 근무가 3년이 넘어서 재외공관에 나갈 순서가 지났기 때문에 조약국의 통폐합과 함께 10월부터는 본부 대기가 되었다. 조약국장을 하면서 조약국 본연의 업무보다는 인사제도 등 개혁 작업에 더 집중하게 되었는데, 국제법과 조약 관계 업무는 조약1과의 최성홍(崔成泓), 이봉구(李鳳九) 과장, 조약2과의 김재섭(金在燮), 황부홍(黃富弘) 과장, 국제법규과의 김석우(金錫友), 함명철 과장들이 열심히 뒷받침해주어서 별 차질 없이 지나갔다.

노태우 특사

무보직 상태에서 당분간 편히 쉴 수 있으리라 생각하고 있었는데 며칠 후 노신영 장관이 불렀다.

"노태우(盧泰愚) 정무장관이 대통령 특사로 유럽과 아프리카 여러 나라를 순방하기로 되었으니 그를 수행해서 다녀와야겠소. 현 정부의 실세고 대통령의 최측근 인사라서 이번 여행 결과에 따라서 외무부에 대한 신정부의 태도가 달라질 수도 있을 테니 각별 유념해서 준비 과정부터 철저히 챙기시오."

전두환 대통령은 취임 후 수차 공개적으로 외무부의 폐쇄성과 대민 봉사 자세의 결여를 질타했다. 그가 초임 장교 시절에 노태우 등 동료들과 함께 미국에서 군사교육을 받았는데 반년 동안의 고된 훈련을 끝내고 귀국하기 전에 중고 자동차를 빌려서 나이아가라까지 여행한 적이 있었다고 한다. 그때 워싱턴에 들러 대사관에 인사차 방문했는데 정복 차림의 장교들이 집단으로 찾아왔는데도 아무도 반가이 맞아 주지 않아서 매우 섭섭했다고 하면서 크게 질책했다.

"요즈음도 재외공관에서는 사람이 찾아오면 소가 닭 보듯이 멀뚱멀뚱 쳐다만보고 있습니까? 외교관의 정신 자세를 확 뜯어 고쳐 놓고 말겠소!"

그 서슬에 외무부에서는 바짝 긴장하고 있었다.

우리가 1981년 9월 서독의 바덴바덴(Baden Baden)에서 개최된 국제올림픽위원회(IOC) 총회에서 일본의 나고야(名古屋)를 물리치고 서울에 올림픽을 유치하는 데 성공한 것은 정부 및 업계와 체육계가 혼연일체가 되어 '작전'을 성공적으로 수행한 결과였다. 노태우 장군도 전 대통령을 도와서 그 유치 활동을 막후에서 조정, 지휘하는 데 크게 이바지했다.

전 대통령은 집권 후 어느 정도 자리가 잡히자 노태우 정무장관으로 하여금 대통령 특사 자격으로 우리의 올림픽 유치를 도와준 나라들을 순방해서 사의를 표하고 계속 협조를 구하는 동시에 우리와의 우호친선 관계도 다지고 겸해서 각지의 우리 교민들에게 새 정부의 국정 의지를 알리고 대사관도 둘러보도록 한 것이다.

당초 특사 순방 계획을 작성하면서 실무진에서는 가능한 한 많은 국가를 포함하려 했다. 그러나 부인을 동반한 장기간의 공식 여행인데 지나치게 피곤한 여정은 역효과라고 생각되어서 유럽의 변두리 몇 나라를 빼고 기후 조건 등이 열악한 아프리카 국가도 3개국 정도만 포함해서 일정을 조정토록 했지만, 그래도 방문국이 13개국에 달했다. 유럽에서는 영국, 프랑스, 서독, 이탈리아, 스페인, 포르투갈, 네덜란드, 룩셈부르크, 터키(투르키에)와 로마교황청이 포함되었고 아프리카에서는 나이지리아(Nigeria), 코트디부아르(Cote d'Ivoire)와 오트볼타(Haute Volta)의 3개 서부 아프리카 국가가 선정되었다. 아프리카에서도 생활이나 근무 여건이 그중 열악한 서부 아프리카를 택한 것은 특사가 외교관의 고생을 실감토록 해서 외무부에 대한 동정심을 유발하겠다는 저의가 있었다.

노태우 특사는 부인 김옥숙(金玉淑) 여사를 동반했는데, 노 특사로서도 외교 행각은 처음이었지만 김 여사로서는 생전 처음의 해외여행이었다. 두 분 모두 상당한 의욕과 기대와 설렘을 가지고 여행길에 올랐다. 나와 정무장관실의 이병기(李丙琪) 비서관, 주불 대사관의 배상길(裵相吉) 서기관, 외무부 구주국의 최동환(崔東煥) 사무관이 수행했고 연합통신의 구월환(丘月煥) 정치부 차장이 동행 취재했다.

11월 초에 서울을 떠난 우리는 36일 간 유럽과 아프리카를 전전하고 12월 중순 귀국했다. 한 나라에서 평균 2박 3일 정도 체류하면서 각기 그 국가원수나 행정수반과 외무부 장관 등을 면담해서 우리의 국내정세, 외교정책과 남북관계 등을 설명하고 현안들을 협의했다. 특히 각국의 국제올림픽 위원들을 따로 만나 사의를 표명하고 계속 협조를 요청했다. 가는 곳마다 회식이나 간담회 등을 통해서 친한(親韓) 인사들과 우리 교민들을 만나 보았고 대사관에 들러 업무보고를 받고 공관원들을 격려해 주었다.

각 대사관에서는 노신영 장관이 '특사를 각별히 예우하고 철저히 대비하라'는 엄중한 지시를 내려 놓았기 때문에 모두 성의를 다해서 빈틈없이 행사를 준비했다. 그러다 보니 5주일 동안 매일 쉴 틈 없이 사람들을 만나야 하고 가는 곳마다 비슷한 행사가 반복되어서 대단히 피곤한 여행이 되었다.

그런데도 노 특사와 김 여사는 끝까지 열의를 다해서 각 공관에서 마련해준 일정에 따라 성실하게 임무를 수행했다. 호텔에서 잠시 쉬었다가 다음 행사에 나갈 때는 "자! 또 출격합시다!"라고 결의를 다지기도 했는데 어림잡아 '백회 출격'은 넘었던 것 같다. 순방이 끝나가면서 특사는 불평 섞인 농담을 했다.

"이렇게 힘들 줄은 몰랐네. 외무부가 나에게 무슨 유감이 있어서 이렇게 기합을 주는 거요!"

여러 나라를 순방하면서 나는 각종 행사와 면담에서 특사를 보좌하고 통역을 했다. 이병기 비서관은 부인의 별도 일정을 돕고 그런 일이 없을 때는 나와 함께 행동했다. 그는 외무고시를 통해서 외무부에 들어온 젊은 엘리트 외교관이었는데 노신영 장관이 주제네바 대사로 있을 때 그 밑에서 근무한 적도 있다. 그의 성실한 인품과 원숙한 대인관계를 눈여겨본 노 장관이 노태우 장군이 예편하고 정무장관이 되어 중앙청 자기 바로 옆방으로 내려왔을 때 그 비서관으로 추천해서 노 특사와 인연을 맺게 되었던 것이다.

노 특사를 처음 만난 나는, 12.12 사태 때 전투 병력을 끌고 서울로 진격해서 실력 행사로 정권 탈취를 도운 일선 지휘관이자 그 후 수도방위사령관과 보안사령관을 지낸 '강골의 무인'으로만 알고 있었다. 그러나 같이 여행하면서 가까이 겪어보니 매우 성실하고 인간미 있는 부드러운 성품이었고 그 부인도 빼어난 미모에 대단히 명석한 분이었다. 노 특사 부부는 특히 금실이 좋아서 옆에서 보기에 편했는데 "두 분이 꼭 잉꼬 같습니다" 하면 과히 싫어 하지 않았다.

유럽 순방

유럽 순방은 각국과의 우호 친선을 다지는 계기로 별문제 없이 무난히 지나갔는데, 유독 서독에서는 외상과의 대담에서 어려운 고비가 있었다. 서독의 겐셔(Hans-Dietrich Genscher) 외상은 18년 간 외상직을 지낸 서독 정계의 거물이었는데 좀 거칠고 독선적인 면이 있었다. 그는 한국 정치 상황에 대해서 비판적인 시각을 노골적으로 드러내면서 특히 '김대중 문제'에 강한 유감을 표했다. 노 특사도 그에 반발하는 반응을 보였지만, 나는 그 표현을 약간 순화해서 통역했다. 대담을 끝내고 나오면서 특사는 "왜 말을 바꾸었어!"라고 했지만 질책으로 들리지는 않았다.

유럽에서는 바쁜 순방 일정 중에도 이곳저곳 명승지를 구경했다. 로마의 콜로세움 원형경기장과 성 베드로 대성당, 파리의 노트르담 사원, 런던의 윈저궁, 투르키에의 국부 케말 파샤(Kemal Pasha)의 묘소 등 여러 명소를 찾아보았고 이탈리아에서는 폼페이, 나폴리와 소렌토에 들리고 스페인의 고도(古都) 톨레도(Toledo)에도 가 보았다.

올림픽에 관심이 많은 특사는 시간을 내어 로마와 뮌헨의 올림픽 경기장들도 둘러보았다. 뮌헨에서는 세계 체육계의 막후 실력자로 우리의 올림픽 유치를 적극적으로 밀어준 아디다스(Adidas)사의 다슬러(Adi Horst Dassler) 회장을 만났는데 동인은 노 특사에게 놀라운 제안을 했다.

"한국이 88올림픽을 유치한 마당에 86서울아시안게임은 큰 의미가 없고 부담만 될 테니 한국이 원한다면 다른 나라, 예컨대 쿠웨이트로 하여금 아시안게임을 대신 맡아 치르도록 주선하겠습니다. 서울올림픽도 잘못 운영하면 지난번 몬트리올의 경우처럼 큰 적자를 볼 수도 있습니다. 1984년 LA올림픽은 위버 롯트(Peter Uberoth)라는 유능한 기업인이 조직위원장이 되어 그의 전적인 책임 하에서 기업경영방식을 도입해서 철저한 손익계산으로 준비하고 있는데 그런 방식이 아니면 적자를 면하기 어렵습니다. 만약 한국이 나에게 서울올림픽의 조직을 맡긴다면 한국과 외교 관계가 없는 소련 등 공산권의 참가를 보장해 줄 뿐 아니라 흑자 운영으로 남는 이익은 한국 정부와 반분하고 손실분이 있으면 내가 전액 책임지겠습니다."

다슬러 회장의 제의는 물론 성사되지 않았지만, 그 큰 야망과 배포 그리고 유대인다운 이해타산은 매우 인상적이었다. 그는 몇 년 뒤에 병으로 요절했으나, 노 대통령은 88서울올림픽 때 그의 어린 아들과 딸을 초대하여 올림픽을 구경시키고 청와대로 불러 따뜻이 격려해 주었다.

아프리카 순방

노태우 특사는 특히 아프리카를 방문하고 깊은 인상을 받았다.

나이지리아의 수도 레이고스(Lagos)에서는 영빈관이라고 들어간 곳이 누추한 것은 차치하고 더워서 샤워를 하는데 단수(斷水)가 되어서 몸에 묻은 비눗물을 닦아내느라고 고생하기도 했다. 그 나라는 인구가 1억이 넘고 손꼽히는 산유국이라서 아프리카 국가 중 수장 행세를 했지만 기후 등 생활환경이 매우 열악한 데다 부패와 범죄가 들끓어서 대표적인 험지였다.

그런 곳에 대우를 비롯한 우리 기업들이 오일머니(oil money)를 바라고 제법 많이 진출해 있었고, 대사관에서는 군 출신으로 영민하고 치밀한 임동원 대사와 외무부의 대표적 엘리트인 박건우 공사가 열심히 뛰고 있었다. 특사가 육사 후배인 임 대사에게 위로의 말을 했다.

"이 어려운 곳에서 수고가 많소."

임 대사가 똑 부러지는 대답을 해서 특사를 감격시켰다.

"아닙니다. 어렵지 않습니다. 누군가는 지켜야 할 우리 외교의 전초 기지가 아닙니까!"

우리는 시내 호텔의 중국 식당을 빌려서 진출 업체 간부 등 교민을 모아 만찬회를 가졌다. 검게 탄 얼굴들이 고생스러운 생활을 증언하고 있는데도 모두들 활기 있게 행동해서 가슴 뿌듯한 느낌이었다. 그로부터 3년 후에 내가 그곳 대사로 가리라고는 당시에 예상치 못했다.

나이지리아에서 코트디부아르로 갔는데 그 수도 아비쟝(Abidjean)은 바닷가 약간 높은 지대에 위치해서 기후가 조금 나았다. 저녁식사 전에 대사관저에서 현황 브리핑이 있었는데 이창호(李彰浩) 참사관이

나이지리아에서 노태우 특사와

씩씩하게 청산유수로 현지 사정을 잘 설명했다. 특사가 상당히 감명을 받고 친절하게 관심 표명을 했다.

"현지 사정을 잘 알고 있구먼. 아프리카에서는 몇 년이나 근무했소?"

"2주 전에 부임했습니다."

"그런데 어떻게 그렇게 잘 알지?"

"들은 풍월입니다."

이 참사관이 거침없이 대답해서 모두 웃었다. 그는 매우 쾌활하고 활동적인 사람이었는데 그 후 공관장을 하다가 개인적인 사고가 있어서 애석하게 남들보다 일찍 날개를 접게 되었다.

아비쟝에서 6인승 전세 비행기를 구해서 오트볼타(후에 Burkina

Fasso로 개명)로 갔다. 그 나라는 아프리카 내륙의 소국인데 아프리카 여러 나라 중에서도 처지고 못사는 나라였다.

자그마한 프로펠러 비행기가 수도라고 하는 와가두구(Ouagadougou)에 접근해서 착륙하려고 하강을 시작했지만 반사막의 허허벌판뿐 도시의 흔적이 보이지 않았다. 근접해서 자세히 보니 포장된 도로는 1킬로도 되지 않고 대부분 주택이 흙으로 벽과 지붕을 이었기 때문에 하늘에서 볼 때 별로 눈에 뜨이는 바가 없었던 것이다. 시내에는 제일 큰 건물로서 3층짜리 호텔이 하나 있었고 그 옆에 군대 막사 같이 지은 단층 빌라가 우리를 맞는 영빈관이었다.

특사는 육군 중령인 국가원수와 소령인 외무부 장관 등을 만나서 한국이 무엇을 도와줄 수 있는지를 논의했다. 특사 부인은 장애아동 재활센터를 방문하고 돌아왔는데, 수행했던 이병기 비서관이 김 여사가 불결하고 보기 흉한 중증 장애아들을 부둥켜안고 볼을 비비곤 했다고 전하자, 옆에 있던 김 여사가 말했다.

"가지 않았으면 몰라도, 보고서는 어떻게 그대로 돌아설 수 있겠어요?"

다음날 오후에 시간이 있어서 우문기(禹文旗) 대사는 우리에게 '교외 관광'을 시켜주었다. 사실 교외라 할 것도 없이 거기가 거기로, 약간 떨어진 곳에 제법 큰 저수지 두 개가 나란히 만들어져 있을 뿐이었다. 우 대사가 그 앞에 서서 천연덕스럽게 설명했다.

"이쪽은 식수용이고 저쪽은 생활하수를 모아 놓은 곳인데 두 저수지를 갈라놓은 둑이 낮아서 비가 많이 오면 양쪽 물이 합쳐지기도 합니다."

그날 저녁에는 우 대사의 조그마한 관저에서 우리끼리 만찬을 했다. 특사가 대사와 직원 한 명(金宗壎 사무관, 후에 장관급인 통상교섭본부장 역임)이 외롭게 지내는 것을 위로한다고 술잔을 많이 돌렸고 식후에는 이 비서관의 기타 반주로 흘러간 옛 노래를 밤늦도록 불렀다. 즐거운 한때를 보내고 숙소인 영빈관에 돌아와 보니까 저녁 먹으러 가기 전에 방마다 모기약을 뿌렸는데도 그동안에 모기들이 잔뜩 모여들어 있었다. 김 여사는 나에게 사정을 했다.

"대사님께 부탁해서 오늘만이라도 그 집에 가서 잘 수 없을까요?"

그 말을 들은 특사가 말했다.

"그 집에 무슨 빈방이 있겠소. 다시 약 치고 그냥 잡시다."

사흘 동안의 방문을 마치고 시골 초등학교 운동장 같은 비행장에서 작별 행사를 가졌다. 우 대사 부부는 부임 후 몇 년 만에 처음으로 찾아온 귀빈을 떠나보내면서 모처럼의 큰 행사를 무사히 치렀다는 안도감과 그간 애틋하게 대해준 특사 부부를 보내는 서운함에서였는지 "안녕히…"라고 입을 떼면서 눈물을 보였다. 특사 부부는 두 내외의 등을 두드리면서 할 말을 잊었고 비행기에 오르자마자 노 특사는 선글라스를 꺼내서 썼다.

'눈물을 보이고 싶지 않아서 저러는 것이겠지….'

나도 무어라 말을 뗄 수가 없었는데, 한참을 지나고 나서 특사가 말했다.

"못 볼 것을 본 것 같다. 마음이 아프다. 외무부는 어떻게 동료들을 저렇게 외롭게 내버려 둘 수 있소!"

나는 대답했다.

"북한과 외교적으로 대치하고 있는 상황에서 재외공관 유지는 필요하지만 외무부가 힘이 없어서 험지 공관의 동료들을 충분히 보살펴 주지 못하고 있습니다."

특사는 "아무리 그렇다 하더라도 필요 없는 곳은 폐쇄하고 꼭 필요하다면 다만 몇 명이라도 증원을 해주어야지!" 하였고, 특사 귀국 후 오트볼타에는 직원 한 명이 증원되었다.

특사 순방 성과

노 특사는 가는 곳마다 대사관에 들러 전 직원을 모아 한 번씩 식사를 같이하면서 따뜻이 격려해 주었다. 긴장해서 특사를 맞이하던 외무부 동료들이 안도하는 기색이 보였다.

특사는 귀국 후에,

- 재외공관의 인원 및 시설 보강
- 오지 공관 근무조건 개선
- 외교관 어학 훈련 강화
- 퇴직 대사 계속 활용 방안 검토

등을 전 대통령에게 건의했으나 이후 눈에 뜨이는 성과가 없었던 점이 아쉬웠다.

긴 여행에서 돌아온 후 노 특사는 순방 준비에 수고한 정경일 구주 국장과 순방한 나라의 대사들을 초청해서 오찬을 베풀었다. 나는 그 행사에 참석하는 것을 끝으로 외무부 본부 근무를 마치고 주미 대사관 공사로 발령받아 1982년 1월 초에 워싱턴으로 떠났다.

내가 떠나기 전에 노 특사 부부는 수행했던 사람들을 부부 동반으로 연희동 자택에 불러 저녁을 같이하면서 각별한 정을 표했다.

'세계의 수도' 워싱턴에서

주미 대사관

한미 수교 100주년

한미 인사 교류

대사관 특별감사

이범석 장관

KAL 007과 아웅산 폭탄 테러 사건

류병현 대사

워싱턴의 한국 관계 인사들

그랜드캐니언의 추억

미국에서 부러웠던 것들

워싱턴 생활

워싱턴 출발

주미 대사관

　나는 노태우 특사를 수행해서 유럽을 순방하는 중에 주미 대사관 정무 담당 공사로 발령되었다.
　특사 수행을 지시하면서 노신영 장관은 "순방을 마치고 돌아오면 재외공관장으로 나갈 순서가 되는데 어디로 가기를 원하나?" 물었고, 나는 "다른 동료들에 비해서 아직 나이가 있으니 대사로 나가기보다는 더 늦기 전에 주미 대사관에 가서 근무해 보고 싶습니다"라고 했는데 그대로 발령을 내어준 것이다.

　우리 내외는 1982년 정초에 가벼운 마음으로 다시 해외 근무 길에 나섰다. 그때 딸 재령은 이화여자대학교 미술과 1학년에 재학 중이었고 아들 재호는 그 전해에 추첨으로 들어간 학교가 마침 경기고등학교여서 나의 후배가 되어 있었다. 아들은 우리를 따라 미국에 가서 공부하게 된 것을 좋아했지만 딸은 대학생이 되어 모처럼 학교와 친구 재미를 알아가던 터라 결정을 못 하고 주저하는 것을 우리가 강권해서 둘 다 데리고 워싱턴으로 떠났다. 떠나는 날 공항에는 노태우 장관의 부인이 나와서 석별의 정을 표했다.

워싱턴에 도착해서는 버지니아 쪽 교외 랭글리(Langley)에 있는 공사 주택을 주파키스탄 대사로 옮기는 전임 오재희(吳在熙) 공사에게서 인수하여 들어갔다. 집도 널찍하고 주위 환경도 좋았다. 아들은 집 가까이 있는 고등학교(Langley High School)에 들어갔고 딸은 워싱턴 시내에 있는 대학(American University) 미술과에 편입했다.

도착한 다음 날 류병현(柳炳賢) 대사는 우리보다 한발 먼저 도착한 박종상(朴宗相) 경제담당 공사 부부와 우리 내외를 소개하는 리셉션을 대사관저에서 베풀었고 그것을 시작으로 우리는 3년 간의 워싱턴 생활에 들어갔다.

대사관에는 한미연합사 부사령관과 합참의장을 지낸 류병현 대사가 공사 구분 분명하고 헝클어짐 없는 자세로 공관을 지휘하고 있었다. 나는 그 밑에서 공관 차석 겸 정무 담당 공사로 정무, 공보문화, 교민 영사업무와 공관 행정 감독 업무를 담당했다. 박종상 공사가 경제부처 주재관들을 지휘하면서 경제통상 업무를 맡았는데 1년 반 만에 그가 주쿠웨이트 대사로 전출된 뒤에는 남홍우(南洪祐) 공사가 후임으로 와서 함께 호흡을 맞추며 가까이 지냈다.

그 외에 손장래(孫章來) 정무2 공사가 안기부 파견관들을 지휘하여 미국의 정보기관들과의 협조 관계를 담당했고 국방무관 안재석(安在碩 少將, 후에 盧正基 少將) 이하 3군의 무관들과 무기 구입 등 군사 차관 업무를 전담하는 군수근무단 장교들이 별도로 주재하고 있었다.

나와 함께 워싱턴에서 근무한 정무 관계 부서의 요원들은 그야말로 외무부와 관계부처의 엘리트만을 추려낸 강팀이었다. 대사관 업무의 핵심이라고 할 수 있는 정무1과는 박연(朴鍊), 허승(許陞), 김삼훈(金三勳) 참사관들이 계속 이어 맡아서 국무부 등 관계부처와의 교섭과 연락 업무를 차질 없이 수행했다. 복잡하고 골치 아픈 의회 관련 정무2과는 민병석(閔炳錫), 이재춘(李在春) 참사관이, 중남미 등 제3국과 관련된 업무는 김승영(金昇永) 참사관이 맡아서 수고했다. 이동익(李東翊) 참사관은 총영사로, 구창림(具昌林), 박신일(朴信一) 양 씨는 공보관으로, 모영기(牟榮基) 씨는 교육관으로 각기 담당업무를 능숙하게 처리했고, 김흥수(金興洙) 참사관과 김재국(金在國) 서기관이 총무를 이어 맡아서 공관 살림을 열심히 꾸려갔다. 그 외 정무 관계 실무진으로는 변종규(卞鍾圭), 한태규(韓泰圭), 장동철(張東哲), 이태식(李泰植), 정영조(鄭榮助), 이호진(李浩鎭), 이남수(李南洙), 조성용(趙誠勇), 김영선(金英善), 김숙(金塾), 김원수(金垣洙) 서기관 등이 나와 같은 시기에 워싱턴에서 근무해서 그 후 계속 가까이 지낸 사람들이다.

한미 수교 100주년

당시 한미 관계는 대단히 원만했다. 레이건(Ronald Reagan) 대통령의 보수우익 정부 등장과 함께 주한 미군 철수 문제, 인권 문제, 박동선 사건 등, 카터 행정부 당시의 먹구름은 완전히 걷혔고 양국 정부 간에 긴밀한 협조가 이루어지고 있었다.

1982년은 한미 양국이 정식 국교를 맺은 지 100주년이 되는 해여서 여러 경축 행사가 이어졌다. 그해 4월에 부시(George H. W. Bush)

미국 부통령이 경축 사절로 방한했고, 우리 측에서는 박동진 국회 외무분과 위원장이 방미했다. 그를 위해서 국무부 연회실에서 환영 행사가 열렸는데, 헤이그(Alexander M. Haig, Jr.) 국무장관은 환영사에서 한미 관계를 회고하면서 6.25 전쟁이 발발하던 날 새벽에 자기는 육군 대위로 도쿄 맥아더 사령부의 당직사관이었는데 급한 연락을 하느라고 정신없었다는 일화를 소개했다. 몇 년 전 '코리아 게이트'로 고생했던 박 전 장관은 답사에서 뼈 있는 말을 했다.

"양국 간 진정한 '동반자 관계'는 양자가 서로 상대방을 이해하고 서로 존중하는 바탕 위에서만 가능한 것입니다!"

한미 인사 교류

한미 관계가 우리 외교에서 가장 큰 기둥이기 때문에 정계 지도층이나 정부 각료 등 주요 인사들의 내왕 또한 계속 이어졌다. 그들의 방문을 주선하고 수행하면서 돕는 것이 대사관 업무의 많은 비중을 차지했다. 노신영, 이범석 외무부 장관들이 차례로 매년 한두 번씩 여러 사람을 만나고 갔고 노태우 올림픽 조직위원장 부부도 다녀갔다.

양국 정치인 간의 교류도 활발하게 이루어졌다. 서울에서는 여당인 민정당의 이종찬(李鍾贊), 봉두완(奉斗玩), 박정수(朴定洙) 의원이 중심이 되어 의회연구그룹(Parliamentary Study Group)이란 모임을 가지고 대미 관계, 특히 미국 의회와의 관계 강화를 위한 정치적 접촉을 추진했다. 이들은 워싱턴 소재 보수 계열의 연구기관(think tank)인 국제전략연

워싱턴을 방문한 노태우 올림픽 조직위원장과 류병현 대사

구소(CSIS)와 교류하면서 한미 관계 증진을 위한 회의를 매년 번갈아 주최하고 그런 기회를 이용해서 미국정부와 의회에 친한(親韓) 그룹을 형성하려고 노력했다.

    1982년 당시 워싱턴에는 특히 고위 국방 관계자 중에 친한 인사들이 많았다. 주한 미군 사령관 겸 초대 한미 연합 사령관을 지낸 베시(John W. Vessey, Jr.) 장군은 합참의장이 되었고, 한국에서 그 후임이었던 위컴(John A. Wickam) 장군은 미국 육군 참모총장이 되어서 우리를 도와주었다. 그들은 특히 류병현 대사와는 전우애로 맺어진 가까운 사이였다.

대사관
특별감사

1983년에 들어와서 연초에 갑작스럽게 주미 대사관에 대한 본부의 특별감사가 있었다. 특정 공관을 지목해서 불시에 감사를 시행하는 것은 극히 이례적인 일인데 들려오는 말로는 청와대 쪽으로부터 주미 대사관의 운영에 문제가 있다는 지적이 있어서 불가불 특별감사를 하게 되었다는 것이다.

군에서 들어온 심기철(沈基哲) 기획관리실장을 반장으로 한 감사반이 들이닥쳐서 이것저것 뒤지고 갔다. 심 실장은 대사관의 군 선배들에게는 지극히 공손히 대했지만 나머지 직원들에게는 마치 군대에서 하사관이 졸병 다루듯 했다.

그들이 돌아가고 얼마 후에 감사 결과가 통보되어왔는데 '예산 낭비가 심하고 공관 운영이 방만하다'면서 대사, 공사, 총무과장 줄줄이 시말서를 제출하라는 것이었다. 나는 의례적인 조치이니 그대로 따르자고 했지만 류 대사는 '40년 공직 생활 중 처음 당하는 불명예'라면서 격분했다.

나는 본부의 명분 없는 감사와 감사 결과 처분 등에 대한 불만 그리고 현지 분위기를 평소에 격의 없이 지낸 노재원 차관에게 사신(私信)으로 호소했다.

"일이 잘못 되었습니다 … 한솥밥을 먹는 사람들이 어찌 이럴 수가 있습니까 … 류 대사도 불만이 많습니다."

노 차관은 일이 심상치 않다고 생각해서였는지 나의 편지를 그대로 이범석 장관에게 보여주었고, 이 장관은 나에 대해서 좋지 않게 말했다고 한다.

"그 사람, 류 대사가 군 출신이라고 시류에 따라 그 편 드는 거 아냐?!"

이범석 장관

그런 일이 있은 지 얼마 되지 않아 나는 노 차관으로부터 친전 전보 한 통을 받았다. 내용인즉 이장춘 청와대 비서관이 본부의 국제기구조약국장으로 내려오게 되어 이시영 국장은 주유엔 공사로, 박수길 주유엔 공사는 주미 공사로 내정되었고, 나는 공관장으로 전출키로 했으니, 주네팔 또는 바베이도스 대사나 주시드니 또는 함부르크 총영사 중 택일해서 곧 회신하라고 하면서 그것이 장관의 뜻에 따른 것임을 첨언했다.

현직에 근무한 지 1년 반밖에 되지 않았는데 전출시킨다는 것도 불합리한 일일 뿐 아니라 제시된 자리는 누가 보더라도 좌천이라서 심히 불쾌하고 사감이 작용한 것 같아서 그대로 수용할 수가 없었다. 사담이지만 과거 진필식 차관 비서관으로 근무할 때 진 차관이 이범석 당시 의전장과 사이가 좋지 않아서 말다툼 끝에 주먹다짐 직전까지 간 적이 있다. 그 후 이 장관은 나를 '진필식 꼬붕'이라 부르기도 했다. 생각다 못해 서울의 올림픽조직위원회 노태우 위원장실에 전화해서 당분간 현 직책에 남아 있도록 선처해달라고 부탁드렸더니 노 차관으로부터 곧 통지가 왔다.

"전일 연락했던 일은 없는 것으로 했으니 그리 양해하시오."

그런지 얼마 되지 않아서 류병현 대사는 과거 군 시절부터 고통을 받아오던 척추 디스크 수술을 위해서 시카고의 한 병원에 입원하게 되었다. 30년 전 한국전 당시 참호에 떨어져 다친 허리가 그 후 맹호사단장으로 월남전에 참전하면서 도져서 그간 말 못 할 고통을 겪으면서 참아왔는데 더 이상 견딜 수 없어서 수술을 받기로 한 것이니 될 수 있는 대로 외부에는 알리지 말라고 당부했다.

류 대사의 입원 치료는 예상보다 시일이 많이 소요되었다. 그 사이에 이범석 장관이 유엔총회 참석차 뉴욕에 오는 기회에 미국 각지의 총영사들을 모아서 회의를 소집하라는 지시가 왔다. 나는 하는 수 없이 류 대사가 와병 중임을 알리고 대사대리 자격으로 뉴욕으로 가서 장관을 맞이하고 총영사 회의를 준비하게 되었다. 뉴욕공항에서 나를 보는 순간부터 이 장관은 나에 대한 불쾌감을 감추지 않고 공관장 유고를 미리 보고하지 않았음을 강하게 힐책했다.

뉴욕에서는 한미 외상 회담이 있었는데, 이 장관은 슐츠(George P. Schultz) 신임 미 국무장관을 만나기 전에 홀드릿지(John H. Holdridge) 아·태 담당 차관보를 자기 숙소로 불러 당당하게 대화를 주도하면서 현안들에 대해 자세한 협의를 가졌다. 그리고 다음 날 국무장관을 찾아가서는 세세한 이야기는 모두 생략하고 주로 그의 비위를 맞추면서 화기애애하게 대화를 이끌어 갔다. 부처 같은 모습의 동양적 풍모를 지닌 점잖은 슐츠 장관이 매우 흡족해하는 모습이었는데, 이 장관의 능란한 화술과 외교 솜씨가 돋보였다.

그런지 한 달 후에 이 장관은 미얀마 아웅산 폭탄 테러 사건으로 순직하고 말았다. 보기 드물게 활달하고 유능한 분이었는데 우연한 일로 관계가 꼬였던 것이 계속 마음에 걸렸다.

KAL 007과
아웅산 폭탄 테러 사건

워싱턴에서 대체로 조용하고 평탄한 시기를 보내던 중 1983년 가을이 되면서 갑자기 불행한 큰 사건들이 한꺼번에 터져 나왔다.

9월에 뉴욕에서 서울로 가던 대한항공 007편이 한밤중에 시베리아 상공에서 소련 공군기의 불의의 공격으로 격파되어 승객 전원이 불귀의 객이 되는 엄청난 사건이 일어나더니, 화불단행(禍不單行)인지 10월에는 미얀마의 양곤 아웅산 묘소에서 북한 요원들에 의한 테러로 전두환 대통령의 동남아 순방에 수행한 17명의 국가적 인재들이 산화하는 참사가 발생했다.

이 사건들은 미국에서도 대대적으로 보도되어 많은 반향을 불러일으켰다. 워싱턴에서는 연일 우리 교민과 미국인 지지자들이 소련과 북한을 규탄하는 데모를 벌였고, 나는 박신일 공보관의 도움으로 여기저기 다니면서 언론 인터뷰 등으로 우리의 분노와 결의를 표명했다. 레이건 행정부에서도 KAL기 피격 사건을 큰 국제 문제로 부각시켜 의회에서 소련의 만행을 규탄하는 결의안을 채택하고 유엔안보이사회를 소집해서 소련을 강력히 비난 공격했다.

그러나 미얀마 아웅산 사건에 대해서는 그 같은 조치들을 취하지 않았다. 미국으로서는 KAL기 사건 때에는 소련과의 대결 의식이 조야를 크게 움직였지만, 미얀마 사건의 경우에는 관련성을 크게 느끼지 않아서 그 반응이 좀 다름을 알 수 있었다.

거듭된 국가적 참사에 온 국민이 분노와 좌절로 몸부림치고 있는 상황에서 그해 11월 레이건 미국 대통령의 방한이 이루어졌다. 레이건 대통령은 방한 중 우리 국회에서의 연설 등을 통해서 한국에 대한 미국의 확고한 안보 지원과 긴밀한 한미 협조 관계를 내외에 과시해서 우리 정부와 국민이 안정을 되찾는 데 도움을 주었다.

류병현 대사

류병현 대사는 오랜 군 생활에서 몸가짐이 다듬어져서 항상 바르고 곧게 행동했으며 정확하고 분명하게 일을 처리했다. 당시 국무성의 아·태 담당 차관보가 그 후 공화당 정부에서 계속 요직을 거친 젊은 울포위츠(Paul D. Wolfowitz)로 바뀌었는데 그와 면담 약속이 있을 때는 미리 대화할 내용을 암기할 정도로 철저히 준비해서 순서도 틀리지 않고 그대로 이야기하는 것을 보고 대사를 수행한 참사관이 하는 말이 "처음에는 좀 어색하게 느끼던 차관보도 한국 정부의 공식 입장을 정확하게 파악할 수 있는 류 대사의 말을 경청하게 되더라"고 했다.

류 대사는 미국 내 일본협회(Japan Society)처럼 친한 민간단체를 만들고자 백방으로 노력했다. 우여곡절 끝에 1983년 여름에 미한경제협의회(U.S-Korea Economic Council)를 확대 개편해서 미한협회(U.S-Korea Society)를 결성하게 되었다. 이 협회는 주로 한국에 진출한 미국 기업과 미국에 진출한 한국의 대기업을 회원사로 해서 발족했다. 처음에는 뉴욕 중심부에 있는 아시아협회(Asia Society) 건물의 일부를 빌려 들어갔다가 얼마 후 독립해서 나왔고, 이름도 한국협회(Korea Society)로 바꾸었다. 이후 주한 대사를 지낸 그레그(Donald P. Gregg) 씨가 오랫동안 회장으로 있으면서 외무부 산하의 국제교류재단(Korea Foundation) 등의 재정적 지원을 받아서 각종 한국 관계 문화교류 사업을 수행했다.

워싱턴의
한국 관계 인사들

도널드 그레그 씨는 일본과 한국에서 중앙정보부(CIA)의 파견관을 지낸 아시아통으로 내가 워싱턴에 부임했을 때는 백악관의 국가안보회의(NSC) 극동 담당관이었다. 그는 한국에 대해서 많은 애착을 가지고 대사관 간부들과 친교를 유지했는데, 한일 양국이 과거사에 얽매여서 서로 손해를 보고 있다고 개탄하면서 말했다.

"일본인들은 너무 오만(too arrogant)하고 한국인들은 너무 감정적(too emotional)인 것이 문제다."

카터 대통령 당시 주한 대사를 지낸 글라이스틴(William Gleystene) 씨는 공직에서 은퇴한 후 아시아협회의 워싱턴 지부장을 맡고 있었다. 나는 자주 그를 오찬에 초청해서 많은 대화를 나누었다. 중국 태생인 글라이스틴 대사는 동양적인 정서를 잘 이해하는 선비 타입의 조용한 인물로서, '불편한' 한미 관계를 복원시키는데 크게 이바지했다. 그는 한국 근무 중에 부인이 '늦바람'으로 가출하는 통에 이때도 혼자 살고 있었는데 그 후 중국계의 얌전한 여인을 만나 재혼했다.

국무성에서 나의 주된 업무 상대역은 아·태 차관보실의 슈스미스(Thomas P. Shoesmith) 수석부차관보였는데, 1950년대 초 미국 국무부가 한창 확장되고 있을 때 외교관으로 들어와서 동아시아 지역의 여러 나라에서 근무한 고참이었다. 그는 4.19 전후의 격동기에 주한 대사관에서 근무한 인연으로 우리나라 발전상에 대해 특히 관심이 많았다. 나는 매주 한 번 정도는 별일이 없어도 그를 한국 식당에 초청해 오찬을 같이 했고 그도 그런 부담 없는 회식을 즐겼다.

국방성의 국제안보담당 차관보실의 아미티지(Richard L. Armitage) 아·태 담당 부차관보는 철저한 보수우익으로 우리 입장을 적극 지원했다. 대머리에 떡 벌어진 가슴으로 권투 선수 같은 용모의 그는 월남전에 참전한 해병대 장교 출신으로 공화당 정계 중진인 도울(Bob Dole) 상원의원의 보좌관으로 있다가 레이건 행정부에 합류했다. 그는 그 후 부시 대통령 때는 국제안보담당 차관보로, 그리고 부시 2세 대통령 때는 국무부 부장관으로 우리와 계속 인연을 가졌다.

1983년 가을 공화당 보수계의 쉐놀트(Anna Chennault) 부인이 워터게이트(Watergate) 호텔의 펜트하우스에서 개최한 리셉션에 참석한 적이 있다. 이 부인은 제2차 세계대전 당시 Flying Tigers라는 민간 의용 비행단을 이끌고 버마와 중국 전선에서 용맹을 떨친 전설적 인물 쉐놀트(Claire Chennault) 장군의 중국인 미망인으로 자유중국(臺灣)을 위해서 음양으로 많은 도움을 주고 있었다. 그 리셉션에서 새로 부임한 대만의 첸푸(錢復, Frederick Chien) 주미 대표를 만났는데, 그는 훤칠한 키의 호남아였고 그 부인 또한 빼어난 미인으로 두 사람 모두 매우 사교적이고 첫인상이 좋아서 그 후 서로 왕래하면서 가까이 지냈다. 첸 대표는 미국 예일대학에서 '조선의 개항과 청국의 외교'로 박사 학위를 딴 사람으로 한국을 가깝게 여기고 있었는데 1992년에 우리가 중국과 수교하면서 대만과 단교하게 되었을 때 그는 당시 대만의 외교부장으로 있으면서 우리의 '배신'에 대해서 특히 강하게 반발하기도 했다.

그랜드캐니언의
추억

1983년 여름에 우리 내외는 미국 로키 산록의 그랜드캐니언(Grand Canyon)에 래프팅 여행을 갔다. 뉴욕에 사무소를 두고 있는 봉사단체 (Executive Council for Foreign Diplomats)에서 매년 여름 미국에 주재하는 고위 외교관들을 부부 동반으로 초청해서 국내 명승지를 관광시키는 계획에 참가한 것으로, 덕분에 평생 잊지 못할 좋은 경험을 했다.

1주일 동안 10인승 고무보트 세 척에 나누어 타고 그랜드캐니언의 밑바닥을 흐르는 콜로라도강의 격류와 씨름하면서 타잔 같은 원시인 생활을 했다. 열사의 태양이 내리쬐는 40도 넘는 불볕더위 속에서도 격랑을 만나 강물을 뒤집어쓰면 천길 깊은 계곡을 흐르는 차가운 물에 몸이 덜덜 떨렸다.

식사는 깡통을 뜯어 먹고 물은 강물을 떠서 마셨고 잠은 강변 자갈밭에 슬리핑백을 펴고 잤는데, 아침에 일어나서 용변 보는 것이 제일 문제였다. 온종일 정신없이 지내다가 저녁 무렵 강변에 앉아 쉬면서 석양의 햇빛을 받아 황금색으로 변한 그 웅장한 암벽과 기암괴석들을 올려다보고 있노라면 조물주의 위대함과 인간의 왜소함에 절로 머리가 숙어졌다.

워싱턴과 뉴욕에 주재하는 외교관들과 국무성 관계자 등이 부부 동반으로 참가한 그 여행에서 가장 인상에 남는 사람은 이집트의 뭇사(Amre Mussa) 주유엔 공사였다. 쾌활하고 거침없는 유머로 여러 사람을 즐겁게 해주었는데 그와는 8년 후 각기 주유엔 대사가 되어 뉴욕에서 다시 만났다. 그는 그 직후에 이집트의 외무장관으로 임명되어 오랫동안 중동 외교무대를 주름잡았다. 이후 나는 외무차관 재직 시에 카이로를 방문해서 그를 찾아 한국과의 외교 관계 수립을 서둘러 달라고 부탁한 일도 있다.

콜로라도강에서 5일 간의 래프팅을 끝낸 우리는 도보 하이킹으로 그 높은 암벽을 온종일 돌고 돌아서 지상으로 올라왔다. 그러고는 좋은 시설에서 쉬면서 이틀 동안 '미국과 세계'라는 주제로 토론회를 가졌다. 1주일 동안 허물없는 생활을 하면서 서로 가까워졌기에 격의 없는 의견교환이 진행되었다.

그러는 중에 후진국 개발 문제와 관련해서 한국의 성공 사례가 거론되자 '제3세계 지성의 대변인'인양 자처하던 알제리의 야커(Layachi Yaker) 주유엔 대사가 갑자기 흥분하면서 "한국의 발전이란 하나의 허상이며 미국 자본주의의 선전에 불과하다"라고 주장했다. 그때까지도 일부 사회주의 계열의 비동맹 '이론가' 중에는 미국 등 서방 선진국들이 후진국의 경제개발을 위한 실질적 협력에는 무성의하면서 한국 등의 특수한 발전 사례를 후진국 일반에 적용될 수 있는 양 거론한다면서 강한 저항감을 가진 사람들이 있었다. 알제리 대사의 말도 그런 감정의 표현이었겠지만 나로서는 불쾌할 수밖에 없었다.

"잘 모르는 것에 대하여 함부로 말하는 것은 지성인의 도리가 아닙니다."

간단히 대응하고 무시해 버렸지만, 감정적인 선입견이 얼마나 비틀어진 주장을 도출하는지를 증언하는 사례였다.

미국에서
부러웠던 것들

워싱턴에서 생활하면서 제일 부러웠던 것은 미국의 그 넓은 땅덩어리와 미국 사람들의 자기 나라에 대한 자부심이었다.

미국 국회의사당은 워싱턴 시내 한복판 언덕 위에 위엄 있게 자리잡고 있는데, 의사당 정면의 높은 계단 위에서 시가지를 내려다보면 앞에는 확 트인 넓은 풀밭의 공원이고 그 가운데 서 있는 국부 워싱턴 기념탑 너머 멀리 정면에는 국가통합에 신명을 바친 링컨의 기념관이 마주 보고 있다. 그리고 오른편에는 차분하게 자리 잡은 백악관, 왼편에는 민주주의의 증인 제퍼슨기념관이 보일 뿐 다른 지저분한 것은 별로 눈에 뜨이지 않는다.

나는 거기에 설 때마다 '우리 국회의원들도 이런 광경을 보면서 의사당에 드나들면 좀 생각을 크게 가질 수 있지 않을까? 당리당략에 얽매여 이전투구(泥田鬪狗) 같은 언행은 줄어들지 않을까!' 하는 생각이 들었다.

매년 7월 4일 미국 독립기념일이 되면 저녁에 수많은 사람들이 그 국회의사당 계단과 광장에 운집했다가 여름 해가 건너편 링컨기념관 너머로 지는 순간에 군악대 연주에 맞추어 모두 힘차게 '아름다운 미국이여'(America the Beautiful)를 자랑스럽게 합창하는 모습을 보며 무한한 부러움을 느꼈다.

워싱턴 생활

주미 대사관과 떼어 놓을 수 없는 것이 우리 언론의 주미 특파원단이다. 각 언론사로부터 정선된 중진 십여 명이 모여 있었는데, KBS의 이정석(李貞錫), 한국일보의 이문희(李文熙), 동아일보의 정종문(鄭鍾文), 문명호(文明浩), 연합통신의 갈천문(葛天文), 조남도(趙南燾), 중앙일보의 장두성(張斗星), 경향신문의 송태호(宋泰鎬) 등, 모두 자타가 공인하는 우리 언론계의 엘리트로서 업무 면에서뿐 아니라 개인적으로도 서로 가까이 지냈다.

워싱턴에는 많은 동창, 친구, 지인들도 있었다. 그중에 특히 경기 중·고등학교 동기동창인 정근모(鄭根模), 이병붕(李秉鵬) 등과 가까이 지냈다. 정 박사는 학교 다닐 때 '몇십 년에 한 번쯤 나오는 천재'라는 소리를 듣던 인물로 약관 23세에 박사 학위를 딴 물리학자로 세상에 널리 알려졌고, 이 박사는 혈관외과 전문의로서 그 권위를 인정받았다. 두 사람은 그 후 귀국해서 국내에서도 크게 활동했다.

나는 워싱턴에서 매우 흡족한 생활을 했고 아이들도 워싱턴 3년 동안에 많이 성장했다. 공부도 잘하고 친구들도 사귀고 자동차 운전도 배우고 스키도 즐겼다. 딸 재령은 아메리칸대학 미술과를 졸업하고 그 대학원으로 진학했고 아들 재호는 고등학교를 마치고 버클리대학(U. C. Berkeley)에서 영문학을 공부한다고 캘리포니아로 떠났다. 아내도 아이들이 성장하고 가사에서 어느 정도 해방되자 열심히 독자적인 취미생활을 찾아다녔다. 외교관 부인 클럽이나 브릿지 모임에도

워싱턴 시절의 우리 가족

자주 나가고 도자기에 그림 그리는 것에 취미를 붙이기도 하는 등 바쁘게 지냈다.

    1984년 여름 나의 인생에 하나의 전기(轉機)가 왔다. 과로였는지 며칠 동안 피로를 느낀 뒤에 가슴에 통증이 와서 병원을 찾았더니 1주일 정밀진단 결과, '폐암이니 수술을 해야 한다'는 것이었다. 설마 하는 생각도 있었고 겉으로는 태연한 척했지만 내심 큰 충격을 받았다. 수술 직전에야 그것이 오진이었고 급성폐렴이라는 새로운 진단이 나왔다. 폐암 운운할 때는 양쪽 폐가 모두 감염된 것 같지만 수술해 보아야 확실한 것을 알 수 있다는 소리까지 듣다가 그렇게 되니까 기사회생(起死回生)한 기분이었다.

열흘 간 입원 후에 나는 25년 동안 줄기차게 피던 담배를 끊었고 아내의 간곡한 소망에 따라 함께 천주교에 입교하게 되었다. 우리가 살던 동네에 조용하고 아담한 성당이 하나 있었는데 그때 그 성루가 교회(St. Luke's Church of Langley Park)는 방황하는 우리들의 마음을 차분하게 잡아 주었다.

우리는 그해 말 아프리카의 새로운 임지로 떠나기 전에 워싱턴 한인 성당에서 영세를 받아 천주교인이 되었다. 몇 집 건너 가까이 살던 대사관의 군수근무단장 황인갑(黃仁甲) 준장 부부는 3대째 내려오는 독실한 천주교 신자였는데 우리를 잘 인도해주고 우리가 세례를 받을 때는 대부 대모가 되어주었다.

워싱턴 출발

워싱턴 근무가 3년 가까이 되면서부터는 언제든지 자리를 옮길 마음의 준비를 하고 있었다. 외무부의 인사 관례로 보아서 당연히 중동이나 아프리카처럼 생활 여건이 어려운 지역에 대사로 발령될 순서였다. 예상대로 1984년 12월 초에 외무관리관(1급 공무원)으로의 승진과 동시에 주나이지리아 대사로 임명한다는 통보를 받았다. '3년 전에 가 보았지만, 매우 힘든 곳인데…' 라는 생각과 함께 '그런대로 큰 나라이고 아프리카의 거점 공관이니 일하는 보람은 있겠구나' 하는 복합적인 느낌이 들었다.

나이지리아 입국을 위해서 전염병 예방 접종을 받아야 한다기에 지역 검역소를 찾아갔더니 나이 든 여자 검역관이 친절히 맞이하면서 물었다.

"어디로 가시죠?"

"나이지리아요."

"아이고머니나! 내가 가지고 있는 주사는 모두 맞아야 되겠군요."

그녀가 웃고 나도 따라 웃었다.

그해 성탄절을 며칠 앞두고 류병현 대사는 나에게 말했다.

"그동안 워싱턴을 벗어난 적이 별로 없었던 것 같은데 출발 전에 카리브 쪽에라도 가서 바람이나 한번 쏘이고 오시오."

류 대사의 친절한 배려로 나는 아내와 함께 일주일 동안 플로리다의 마이애미(Miami)와 자메이카의 오초 리오스(Ocho Rios)에 들려서 한가롭고 낭만적인 크리스마스 휴가를 즐길 수 있었다.

1985년 1월 초 나는 그 전해 11월의 대통령 선거에서 레이건-부시 팀이 재선되어 취임식 준비를 하는 것을 보면서 주카이로 총영사에서 전보되어온 한탁채(韓鐸採) 공사에게 업무를 인계하고 정든 워싱턴을 떠났다.

돌이켜보니 그때까지의 해외 생활 중에서 가장 즐겁고 보람 있는 기간을 보냈다고 생각되었다. 바르고 점잖고 자상한 대사 부부의 친절한 지도가 있었고 출중하고 우정 어린 동료들과 함께 아무런 부담 없이 잘 지냈다. 막상 떠나려니까 가까이 지낸 동료들과 동창, 친구들 모두가 고맙고 아쉬웠다.

    그러면서 나의 인생에 하나의 큰 고비가 지나가는 것을 느꼈다. 아이들이 모두 성장해서 우리 곁을 떠나갔고 20여 년 만에 우리 부부는 다시 둘만이 되었다. 외교관으로서도 4반세기 만에 이제 공관원이 아닌 공관장으로 신분이 달라졌다.

    '자! 다시 마음을 가다듬고 힘찬 새 출발을 해 보자.

'검은 대륙' 아프리카에서

신임장 수여식
나이지리아
주나이지리아 대사관
재외공관장 회의
신임장 제정
대사 업무 개시
나이지리아 정변
국경일 행사와 신수도
레이고스의 외교가

한·나이지리아 관계
이원경 외무부 장관의 방문
주한 나이지리아 대사관 설치
나이지리아의 사회상
나이지리아의 한국인
레이고스 생활
아프리카 여행
본국 귀환

신임장 수여식

주나이지리아 대사로 발령받은 나는 1985년 1월 초에 일시 귀국해서 대통령으로부터 대사 신임장(Credential)을 받았다. 그날 신임장 수여식에는 김영주 주영국 대사를 위시해서 모두 8명이 참석했다. 모닝코트로 정장한 채 긴장된 분위기에서 청와대 회의실에 도열해서 기다리니 전두환 대통령이 어금니를 꽉 깨문 근엄한 표정으로 임석했다. 대사들이 한 사람씩 앞으로 나가서 신임장을 받는데, 대통령이 한 손을 내밀어 신임장을 주면 두 손으로 공손히 받아들고 허리를 깊이 숙여 인사하게 되어 있었다. 몹시 딱딱하고 거북한 의식이었다.

신임장을 받은 후 접견실로 자리를 옮겨서 차를 들면서 '대통령 말씀'을 듣는 순서가 있었다. 전 대통령이 대사들을 서열에 따라 순차적으로 한 사람씩 거명하면서 '격려 말씀'을 했는데, 내 순서가 되자 그가 말했다.

"나이지리아는 나도 가 보았지만, 아프리카에서는 제일 크고 중요한 나라니까 가서 잘해 보시오."

그는 1982년 여름 우리나라 대통령으로서는 처음으로 아프리카를 순방하는 길에 나이지리아를 공식 방문한 바 있었다. 곧이어 그가 물었다.

"나이지리아 인구가 얼마나 되는지 아시오?"

"약 1억 정도인 것으로 알고 있습니다."

"그 나라 인구가 그렇게 많은 것은 역시 그곳 생활 조건이 좋기 때문이지. 내가 보니까 땅도 넓고 물도 풍부하고 기후도 괜찮더군."

나는 그 말이 얼핏 이해되지 않았다. 잘 모르고 하는 이야기인지 아니면 격려 삼아 거두절미하고 하는 말인지…. 그러는 사이에 '말씀' 순서가 다음 대사로 넘어가 버렸다.

나이지리아

나는 신임장을 받아 들고 워싱턴으로 돌아와서 두루 이임 인사를 마치고 아내와 함께 주말에 워싱턴을 떠나 파리를 거쳐서 월요일인 1월 21일 저녁에 나이지리아 수도 레이고스에 도착했다.

파리공항의 레이고스 행 비행기 탑승 수속 창구 앞에는 흑인 남녀노소가 피난민 대열같이 겹겹이 늘어서 있었는데, 모두 두어 개씩 큰 짐짝들을 가지고 있었다. 탑승해 보니 빈 좌석 하나 없이 꽉 들어찬 기내는 한두 사람 외에는 모두 흑인이어서 실내가 컴컴하게 느껴질 정도였다. 탑승이 모두 끝나자 프랑스 스튜어디스들이 기내 복도를 따라가면서 승객들 머리 위로 스프레이를 흠씬 뿌리고 지나갔다.

승객들 몸에서 나는 냄새를 희석시킨다고 탈취제를 뿌린 모양으로, 그것을 보면서 '이제 아프리카로 가는구나!' 실감이 났다.

서부 아프리카의 중심에 있는 나이지리아는 과거 유럽인이 노예 해안(Slave Coast)이라 부르던 곳이다. 오랜 식민지 시대를 거쳐서 1960년에 영국으로부터 독립했다. 국토는 우리나라 남북한을 합친 것보다 4배가 넘고 인구도 정확한 통계는 아니지만 1억이 넘는다니까 아프리카 흑인 중 1/5은 이곳 사람인 셈이다.

반사막 지대인 북쪽은 대체로 회교권이고 열대우림 지역인 남쪽에는 기독교와 토속 종교가 섞여 있었다. 전국에 250여 개 각기 다른 언어를 쓰는 종족이 있는데, 여타 아프리카 국가들도 마찬가지이지만 이런 종족 문제가 나이지리아로서는 제일 큰 국가적 과제였다. 그 중에도 각각 2~3천만 명의 인구를 가진 3대 종족이 세력을 다투고 있었고, 그들 간의 반목과 대립이 신생 공화국의 운명을 좌우해 왔다. 그중 제일 큰 북쪽의 하우사(Hausa) 족은 '멍청이'라는 별명을 들으면서 군대나 공직에 나온 사람이 많았고, 서남쪽의 요루바(Yoruba) 족은 '떠버리'라는 핀잔을 받았지만 장삿속이 밝은 사람들이고, 동남쪽의 이보(Ibo) 족은 '구두쇠'로 배타성이 특히 강하다고 알려져 있었다.

1960년 독립 직후에는 수도 레이고스를 중심으로 퍼져 있는 요루바 족이 국정을 농단하다가 1966년에 종족 분규로 대규모 유혈사태가 발생한 것이 계기가 되어 군사 쿠데타가 일어났고 그때부터는 북부 출신들이 득세하게 되었다.

그 틈바구니에서 석유 주산지인 동남부의 이보 족이 이탈해서 독립을 선포하자 이를 진압하기 위해서 4년 간 참혹한 비아프라 내전(Biafra War, 1967~70)이 벌어졌다. 그 후 군정이 계속되다가 1979년

민정 이양으로 샤가리(Shehu Shagari) 대통령의 문민정부가 국내외의 큰 기대를 안고 출범했다. 그러나 문민정부는 부패무능으로 4년 만에 다시 군사 쿠데타로 쫓겨나고 내가 부임한 1985년 초에는 부하리(Muhammadu Buhari) 소장이 이끄는 군사정부가 통치하고 있었다.

나이지리아는 스스로 아프리카의 수장 국가로 자처하면서 비동맹 외교를 주창했다. 그 일환으로 북한과는 오래전부터 국교를 가지고 있었지만, 우리에게는 등을 돌리고 있었다. 그러다가 샤가리 정부가 들어서면서 친서방 외교 노선으로 전환함에 따라 1980년에 와서야 우리와 외교 관계를 맺었다. 당시는 제2차 석유파동 이후 국고 수입이 격증해서 나이지리아가 한창 흥청거릴 때여서 대우, 삼성, 현대 등 우리 기업들이 진출하고 있었고, 정부에서는 이곳을 아프리카 외교의 거점으로 삼고자 1982년에는 대통령이 공식방문까지 한 것이다.

주나이지리아 대사관

우리 대사관은 해안 습지대를 간척해서 조성한 외국인 전용 주거지역인 빅토리아 구(Victoria Island)에 있었다. 공관 창설 초창기에는 대사 이하 전 직원이 주택난이 극심한 레이고스 시내를 전전하면서 고생스럽게 지내다가 내가 부임하기 1년 전에 이곳에 800평의 대지를 사들이고 현지 건설사업에 진출해 있던 한양주택(漢陽住宅)에 부탁해서 4층짜리 건물 2동을 지은 것이다. 앞 건물의 1, 2층은 대사관 사무실로, 3, 4층은 대사관저로 쓰고, 뒤 건물은 직원들 숙소로 되어 있었다.

당시 대사관에 파견되어 있던 외교관 직원은 모두 8명으로, 지역 거점 공관이라고 다른 아프리카 국가 주재 공관보다는 인원이 많은 편이었다. 공관 차석 겸 정무 담당은 김내성(金乃誠) 공사였는데 그가 그해 가을에 본부로 전임된 뒤에는 김일건(金日健) 공사가 그 후임으로 왔고, 2년 후 김 공사가 인근 니제공화국 주재 대사로 떠난 후에는 김영기(金永基) 참사관이 후임으로 왔다. 경제통상 업무는 허덕행(許德行), 오영환(吳榮煥) 서기관이, 총무는 이봉규(李奉奎), 사공장택(司空長澤) 행정관이, 통신은 최용열(崔庸烈), 배운호(裵云浩) 외신관이 이어 맡아서 열심히 일했다. 타 부처 주재관으로는 무관, 안기부 파견관, 공보관과 노무관이 배치되었고 그 외에 무역진흥공사 직원과 태권도 사범 각 1명이 대사관 협조 하에 근무하고 있었다.

전임 임동원 대사가 대사관의 업무 체제를 꼼꼼하게 잘 잡아 놓았기 때문에 나는 그것을 토대로 조금씩 발전시켜 나가되 각자가 의욕을 가지고 스스로 일을 찾아 할 수 있도록 공관장의 간여나 통제는 최소한으로 하고 활동비 지급 등 지원은 아끼지 않겠다는 방침을 분명히 했다. 그리고 각자 맡은 분야에서 정보 수집과 홍보 활동에 특히 주력하도록 당부했다.

재외공관장 회의

신임 대사로서 제일 급선무는 주재국 국가원수에게 신임장을 제정하는 일이다. 하지만 외무부 의전실을 통해서 여러 차례 독촉했는데도 전혀 움직임이 없다가 상당한 시일이 지난 4월 중순 이후에나 제정할 수 있다는 통보를 받았다. 그에 따라 나는 4월 1일부터 서울에서 개최되는 재외공관장 회의에 참석키 위해서 3월 말 아내와 함께 일시 귀국을 하게 되었다.

외무부에서는 매년 이른 봄에 전체 재외공관장들을 서울로 불러서 현안을 논의하고 지시사항을 시달하며 관계기관과의 업무 협의를 하도록 했다. 공관장 회의는 본부와 공관 간의 일체감과 업무협조체제 유지 등을 위한 효과적인 제도였고 특히 본국과 멀리 떨어져서 별도의 일시 귀국 기회가 없는 중소 공관장들에게는 공사 간에 여러 가지로 유용한 것이었다.

공관장 회의 일정 중에 청와대에서 공관장 부부를 위한 만찬연이 있었는데 만찬 전에 전두환 대통령이 공관장들을 단체 접견했다. 전원이 도열해서 대통령께 귀국 신고를 하는데 그 격식이 마치 군대에서 사단장이 예하 부대장들의 신고를 받는 것과 흡사했다. 환갑이 지난 이원경 외무부 장관이 공관장들 앞에 나와 서서 소리쳤다.

"차렷! 경례! 신고합니다!"

전 대통령은 치사를 하면서 기염을 토했다.

"외교관의 정신 자세가 틀려 먹었어! 전부 확 뜯어고쳐 놓고 말겠소!"

뒷줄에 서서 그 모습을 바라보던 나는 '이건 아닌데…'라는 생각이 들었다. 아마 그곳에 늘어서 있던 다른 공관장들도 비슷한 느낌이었을 것이다.

회의가 끝나는 날에는 서울올림픽 조직위원장 주최의 만찬이 있었다. 소주를 곁들인 불고기 파티였다. 노태우 위원장 부부가 잔을 들고 공관장들 자리를 돌면서 술을 권하고 격식 없고 따뜻하게 대해

주어서 모두가 흐뭇한 마음으로 회식을 즐겼다. 다음날 노 위원장 부부는 우리 내외를 따로 연희동 사저로 불러서 가족적인 분위기에서 저녁을 같이하기도 했다.

신임장 제정

공관장 회의를 마치고 돌아온 나는 며칠 후인 4월 19일에 군사통치평의회(Military Ruling Council)가 있는 레이고스 관구사령부 도단 병영(Dodan Barracks)으로 가서 국가원수인 평의회 의장 부하리 장군에게 대통령으로부터 받은 신임장을 제정했다.

신임장 제정 전에 연병장에서 의장대 사열을 했다. 사열이 끝날 때 의장대장이 앞으로 다가와서 종료 인사를 하면서 지휘도를 휘둘렀는데 그 친구가 어찌나 덩치가 크고 팔이 긴지 칼끝이 내 코를 벨 것같이 가까이 스쳐 가서 흠칫 놀랬다. 나중에 그 이야기를 다른 대사들에게 했더니 자기들도 그랬노라고 하면서 그 친구가 장난기가 있어서 일부러 그러는 모양이라고 했다.

신임장 제정 절차는 극히 간단했다. 복장도 평복이었고 별도의 제정사나 답사도 없었고 신임장을 제정한 후 국가원수 집무실에서 잠시 환담하는 것이 행사의 전부였다. 나는 그 환담 기회에 부하리 장군에게 그의 초상화를 새겨 넣은 큰 백자 항아리를 선사했다. 공관장 회의로 일시 귀국했을 때 국내에서 특별히 주문 제작해서 가져온 도자기였다. 신임장 제정 때 그런 선물을 하는 것은 외교 관례에는 없는 일이라서 사전에 의장비서실 의전 관계관을 설득해서 특별 양해를 구했던 것인데 예상치 않은 개인적인 선물을 받고 부하리 장군은 자못 흡족해 하는 표정이었다.

부하리 장군은 1983년 말 군사 쿠데타로 집권했는데, 후리후리한 키에 깔끔한 용모로 지장(智將) 유형이었고 부드러운 성품과 양심적인 처신으로 따르는 부하가 많았다. 그는 1985년 여름에 발생한 또 다른 쿠데타로 실각하지만, 한참 뒤 제2차 민정 복귀 후에 여러 번의 시도 끝에 2015년 선거에서 대통령으로 당선되어 30년 만에 재집권하는 기록을 세우기도 했다.

부하리 장군에게 신임장을 제정하고

대사 업무 개시

나는 부임 후 외무부 장, 차관 등 관계 요인들을 만나보고 다른 나라 대사들을 예방해서 안면을 넓히는 동시에 틈나는 대로 주변의 우리 진출업체들과 건설공사 현장도 둘러보았다.

1985년 여름이 되면서 현지 사정이 어느 정도 파악되고 외무부 간부나 관계 요인들과도 나름대로 안면을 트게 되어 본격적으로 업무를 시작했다. 7월 초에는 실무 대표단이 서울에서 출장 와서 양국 간 해운협정 체결을 위한 예비교섭이 이루어졌고, 월말에는 나이지리아 기획부 차관이 인솔하는 경제사절단이 서울을 방문해서 양국 간 경제공동위원회 회의를 개최했다.

그달 중순에는 정호용(鄭鎬溶) 육군 참모총장이 나이지리아를 공식 방문했다. 양국 간 방위산업 분야에서의 협력(주로 우리 방산 자재의 대 나이지리아 수출)이 주 관심사였다. 정 장군은 당시 정부의 유력 실세 중의 한 사람이어서 나이지리아 측에서도 신경을 써서 영접했다. 나이지리아 육군 참모총장 바방기다(Ibrahim Badamasi Babangida) 소장은 군부의 핵심 실력자였는데 정 장군을 위해 큰 파티를 주최했고 그 파티에는 나이지리아 군부의 요인들이 대거 참석했다.

정 총장이 부인을 동반했기에 나이지리아 측에서도 모두 부부 동반이었는데 그중에 특히 바방기다 장군의 부인이 눈에 띄었다. 8등신의 늘씬한 몸매에 화려한 의상이 잘 어울리는 빼어난 아프리카 미인이었다.

나이지리아 정변

정 총장이 다녀간 지 한 달 만에 갑자기 나이지리아 정부가 뒤집혔다. 1985년 8월 27일도 여느 다른 날과 마찬가지로 동이 텄지만 아침 일찍 전국 라디오와 TV방송은 일제히 부하리 장군이 군사통치평의회 의장 자리에서 물러났으며 새로운 정부가 수립될 것이라고 보도하기 시작했다. 이어서 오후에는 바방기다 육군 참모총장이 대통령으로 추대되었다는 발표가 나왔고, 저녁 늦게 바방기다 장군이 대통령 자격으로 대국민 담화를 발표했다.

바방기다 소장은 야심 많고 뱃심 좋은 군인으로 샤가리 대통령을 몰아낸 1983년 말 쿠데타의 주동자였고, 이후에도 육군 참모총장의 자리를 차지하고 있던 실세였는데, 기회를 보아 선배인 부하리 장군을 무혈 쿠데타로 쫓아내고 대권을 쟁취한 것이다.

쿠데타로 신정부가 구성되어 각료들이 전원 교체되었다. 그중에 반가운 인물은 새로 재무부 장관으로 임명된 칼루 박사(Dr. Kalu Idika Kalu)였다. 그는 워싱턴의 세계은행(IBRD)에서 경제 분석관으로 근무하다가 입각했는데 세계은행 근무 시 오랫동안 한국 담당관으로 있었기 때문에 우리나라에 대해서 각별한 애착을 갖고 있었다.

1970년대 우리 경제가 일취월장 성장하고 있을 때 세계은행의 분기 간 세계 경제 분석보고서가 발간되면 한국의 수출 증가율 등 통계 수치가 모두 두 자리 숫자로 나오니까 동료 분석관들이 자기에게 "한국 관계 통계가 한 단위씩 잘못 인쇄된 것이 아니냐?"고 지적해 주는 사람까지 있었다고 즐겁게 회상하곤 했다.

국경일 행사와
신수도

1985년 10월 1일에는 나이지리아 독립 25주년(Silver Jubilee) 경축 행사가 성대하게 거행되었다. 낮에는 레이고스 중앙광장에서 군대 열병식이, 저녁에는 경축 파티가 개최되었다. 군 행사에는 마침 장대비가 쏟아지는 속에서도 대통령 이하 전원이 아무 흐트림 없이 사열과 분열 행진을 진행해서 영국에서 배운 절도와 격식이 남아 있음을 보여주었다. 반면에 저녁 야외 파티에서는 자유분방한 속에서 아프리카의 즉흥적인 춤과 노래판이 질펀하게 펼쳐졌다. 그날 행사들을 보고 나이지리아의 두 가지 판이한 면모를 확인할 수 있었다.

다음 해 1986년 국경일 행사는 레이고스에서 비행기로 한 시간 거리에 있는 신수도 아부자(Abuja)에서 거행되었다. 아부자 신수도 건설은 레이고스의 혼잡을 피하고 국토의 중앙에 수도를 옮겨서 국민 통합의 계기로 삼겠다는 뜻에서 이전 군사정부 때부터 착수된 사업이었다. 그러나 석유 경기의 후퇴와 행정 혼선으로 많이 지연되어서 10년이 지난 그때까지도 간선도로와 정부 청사 일부만 건설되어 있었다.

그 후 5년의 건설 기간을 더 거쳐서 1991년부터 정부 부처들이 순차적으로 이전을 시작했지만 완전한 도시 기능을 발휘하기까지는 더 많은 시일이 걸려서 그러는 동안 나이지리아 국민뿐 아니라 외교관들도 여러 가지로 불편을 많이 겪었다 한다.

레이고스의 외교가

나이지리아가 사하라 이남의 '검은 아프리카'의 중심 국가이기 때문에 레이고스에는 많은 외국 공관들이 나와 있었는데 어려운 환경에서 근무하는 동병상련(同病相憐)의 기분으로 외교단끼리 자주 어울리고 가깝게 지냈다.

외교단 중에서도 일본, 인도, 인도네시아, 말레이시아 등 아시아 지역의 대사들과는 매월 정기적으로 회식 모임을 하고 공사 간에 긴밀한 관계를 지속했다. 그런데 남북한이 외교적으로 대치하고 있을 때였기에 북한과 외교 관계가 없는 일본 대사 등이 행사를 주최할 때는 북한 대사가 초청되지 않았고 반대로 중국 대사가 주최할 때는 내가 초청받지 못해서 어색한 점이 있었다.

우리가 레이고스에 도착한 후 제일 먼저 나를 자기 관저에 초청해서 오찬을 대접해 준 사람은 미국의 스미스(Thomas Smith) 대사였다.

그는 2년 후 7월 4일 미국 독립기념일 경축 리셉션에서 "미국과 나이지리아와의 우호 관계가 더욱 증진되기를 빌겠습니다"라는 인사 말을 남기고 그 다음날 나이지리아를 떠나 귀국했다. 사실 우리는 그가 말기 암으로 투병 중이고 그 상태가 악화되어서 곧 은퇴하리라는 것을 알고 있었다.

그는 결국 3개월 뒤에 미국에서 사망했는데, 마지막인 줄 알면서도 담담하고 의연하게 아무 내색하지 않고 웃는 낯으로 국경일 행사를 주관하던 모습이 인상적이었다.

한·나이지리아 관계

한국과 나이지리아 간의 외교적 우호 협조 관계를 유지하고 상호 이익이 되는 경제 관계를 증진하기 위해 몇 가지 일들이 이루어졌다. 매년 관민 혼성의 통상사절단이 와서 시장개척 활동을 전개했고 1985년에는 우리 축구 대표팀이 아프리카 축구 강국으로 자처하는 나이지리아의 대표팀과 친선경기를 위해서 다녀갔다. 1986년에는 우리의 태권도 선수단이 와서 시범을 보이기도 했다.

정부 유력인사들도 심심찮게 다녀갔다. 1986년에는 이종찬 여당 총무, 정관용(鄭寬鎔) 총무처 장관, 이상옥 외무부 차관 등이 들렀다. 1987년에는 남재희(南載熙) 무임소장관이 대통령 특사로서 부인 동반으로 나이지리아를 친선 방문했고 88올림픽 조직위의 김세원 부위원장과 김옥진(金玉珍) 사무총장도 관계자들을 만나고 돌아갔다. 무엇보다도 이원경 외무부 장관이 나이지리아를 공식 방문한 것이 나의 재임 중 제일 주요한 외교행사였다.

이원경 외무부 장관의 방문

이원경 장관은 1986년 8월에 서부 아프리카 순방의 일환으로 현희강(玄熙剛) 아프리카 국장 등을 대동하고 3박 4일 일정으로 나이지리아를 공식 방문했다.

이 장관은 바방기다 대통령을 예방하고 아킨예미(Bolaji Akinyemi)

외상과 회담한 후 양국 간 문화협정에 서명하는 등 공식 일정을 잘 마무리했다. 나는 아킨예미 외상, 아데토쿤보(Sir Ademola Adetokunbo) 전 대법원장, 무사(Alhaji Shehu Musa) 한·나 친선협회장 등 유지들을 관저에 초청해서 이 장관을 위한 오찬을 베풀고 저녁에는 진출업체와 교민들을 만나보기 위한 리셉션도 개최했다.

이 장관 방문 마지막 날 오전에는 공식 일정이 없는 틈을 이용해 레이고스 서북방에 자동차로 두 시간 거리에 있는 오타(Otta, Ogun State)로 가서 나이지리아의 전 국가원수인 오바산조(Olusegun Obasanjo) 장군의 농장을 방문했다.

오바산조 장군은 1960년대 비아프라 내전에서 큰 공을 세운 전쟁영웅으로, 1976년부터 3년 간 군사정부 수반으로 나이지리아를 통치했다. 1979년에는 내외에 천명했던 일정대로 민정 이양을 차질 없이 단행하고 정계를 은퇴한 후 향리에서 농장을 경영하면서 조용히 살았다.

후일담이지만 그는 군의 후배들이 독재와 부정을 자행하다가 국내외의 심한 반발로 쫓겨난 후인 1999년의 제2차 민정 이양 때 대통령 직접선거를 통해 당선되어 내외의 촉망을 받으면서 20년 만에 재집권했는데 어려운 나라 살림을 맡아서 무척 고전했다.

촌스러운 용모에 소탈하고 순박한 성품의 오바산조 장군은 이 장관 일행을 친절히 영접하고 향토 음식으로 따뜻한 오찬을 베풀었다.

그는 농장을 경영하면서 인근의 국제열대농업연구소(International Institute of Tropical Agriculture)에서 근무하는 김순권(金順權) 박사의 기술자문을 많이 받고 있었다. 김 박사는 아프리카 풍토에 맞는 옥수수 다수확 품종을 개발해서 이를 널리 보급한 '옥수수 박사'로 알려졌는데, 그 후 귀국해서도 북한 돕기 운동 등 여러 방면으로 활발한 활동을 했다. 김 박사를 통해서 오바산조 장군을 알게 된 나는 그의 농장을 몇 차례 방문한 적이 있었기 때문에 이 장관께 아프리카의 농촌 모습을 보여 주기 위해 주선한 비공식 일정이었는데 이 장관은 오바산조를 만나고 그 농장을 둘러보면서 흡족해했다.

이원경 장관은 3일 간의 일정이 순조롭게 진행되어 만족해하면서 다음 목적지인 코트디부아르로 떠나기 위해서 오타에서 레이고스 공항으로 직행했는데 거기에서 문제가 생겼다.

원래 이 장관은 저녁 일찍 레이고스를 출발해서 한 시간 비행거리인 아비장에 도착해 그곳 외무부 장관과 만찬 회동을 하기로 되어 있었다. 그러나 공항 귀빈실에서 세 시간 이상을 기다렸는데도 곧 도착할 것이라던 비행기는 소식이 없어서 아비장의 공식 일정에 시간을 맞추기가 불가능하게 되어 버렸다. 동행 안내하던 외무부 아시아 국장은 슬그머니 빠져나갔고 의전장은 속수무책으로 천장만 쳐다보고 있었다.

대사관 직원들과 행사를 도와주려고 따라온 우리나라 상사의 직원들이 사방으로 뛰어다니면서 알아본 결과, 예정에 없던 항로 변경으로 아비장을 경유하는 비행기 편이 건너편 국내 공항 터미널에서 10분 후에 출발한다는 사실을 알아냈다.

그때부터 비상 작전이 개시되었다. 직원 중 일부는 탑승 절차를 위해서 달려가고 다른 사람들은 짐을 찾아 옮겨 싣기 시작했다. 나는 장관 일행을 차 두 대에 나누어 태우고 그 비행기가 출발할 터미널로 가기로 했다. 그런데 귀빈실이 있는 곳에서 차로 그쪽으로 가려면 돌아가야 하는데, 레이고스의 극심한 교통체증으로 인해 도저히 시간 내에 닿을 수 없다는 얘기가 나왔다. 나는 항공기 이착륙이 별로 없어서 한산한 활주로를 횡단해서 직행하기로 마음먹었다. 이에 의전장이 기겁을 하면서 활주로 횡단은 절대로 안 된다고 버텼다. 나는 그에게 말했다.

"그러면 당신은 이곳에 남아 있으시오. 우리는 그대로 갑니다!"

의전장도 하는 수 없이 따라왔다. 위험을 무릅쓰고 비행기 트랩 밑에 도착해 보니 장관 일행의 짐을 막 옮겨 싣고 있었고 기내에서는 군인들이 앞줄에 앉았던 승객 몇 명을 뒤쪽으로 쫓아 보내고 있었다. 그렇게 해서 장관 일행은 그 비행기에 가까스로 탑승할 수 있었다. 나중에 아비장에 알아보았더니 장관은 코트디부아르 외상과 만찬은 못 했지만 늦게나마 만날 수는 있었다고 했다.

나이지리아 같은 곳에서나 있을 법한 일이지만 나는 그 일로 몇 가지 교훈을 되새길 수 있었다. 어렵다고 미리 포기하지 말고 끝까지 노력해 보아야 한다는 것, 누가 시켜서 하기보다는 각자 자기 일처럼 알아서 뛰는 것이 더욱 효과적이라는 것, 그리고 무엇보다도 사람은 지위가 올라갈수록 자기제어 능력이 더욱 소중해진다는 점이었다.

이원경 장관은 공항에서 근 4시간을 지체하는 중에도 "아비장에 늦는다고 연락했소?"라는 말 한마디 외에는 아무 표정 변화 없이 주변 사람들과 조용한 대화를 계속하고 있었다. 장관이 그렇게 해주니 나도 이런저런 생각을 정돈할 수 있었고 직원들도 스스로 알아서 뛸 수 있었던 것이다.

주한 나이지리아 대사관 설치

나는 나이지리아의 관계자들을 만날 때마다 양국 관계 강화를 위해서는 나이지리아도 서울에 대사관을 개설해야 하며 아프리카의 대국이라고 자처하는 나라가 한국과 같은 나라에 아직도 상설 공관을 두고 있지 않은 것은 말이 되지 않는다고 강조했다.

그들은 필요성에는 공감하면서도 예산 부족 등 사정을 들어 난색을 보이곤 했으나, 계속 한국의 발전상이 전해지고 한국과의 관계가 쌓여 가면서 나이지리아 정부도 88서울올림픽 이전에 주한 공관을 개설할 필요성을 절감하게 되었다. 그 결과 1987년 가을에 서울에 대사관을 세운다는 결정이 내려지고 초대 대사로는 경제 전문가인 궈바디아 박사(Dr. Abel I. Guobadia)가 임명되었다.

나는 나이지리아 이임 직전에 그 부부를 관저에 초청해서 한식 만찬을 대접하면서 한국 부임을 축하해 주었고, 그는 1988년 초에 서울에 도착해서 대사관을 개설했다.

나이지리아의 사회상

나이지리아는 가난하고 불결한 대표적인 후진국이었다. 신생 후진국의 공통 현상이지만 국민들은 국가관이나 시민의식이 부족하고 종족, 부족이나 가족 중심의 사고방식을 가지고 있었다. 게다가 정치, 경제 등 사회 전반에 부정부패가 만연되어 있었다. 매년 국가기관 회계감사 철이 되면 핵심 국영기업인 석유공사나 전력공사의 경리부서 사무실에 이유 모를(?) 화재가 발생하고 관계 회계장부가 소실되어 감사를 못 하는 사례가 반복되었다.

나이지리아는 손꼽히는 산유국으로 당시 석유수출국기구(OPEC)의 13개 회원국 중 제4위의 생산쿼터(일산 130만 배럴 정도)를 배정받고 있었다. 1970년대 두 차례의 석유 파동으로 원유가가 배럴 당 3불에서 30불로 치솟은 이후 나이지리아에는 원유 수출로 매년 평균 150억 불 이상의 국고 수입이 들어왔다. 그러나 이 엄청난 돈을 잘못된 투자와 부정부패로 낭비하였을 뿐 아니라 원유를 담보로 외채를 끌어다 쓴 것이 매년 누적되어 엄청난 외채 부담을 안고 있었다. 많은 석유 자원이 결과적으로 '축복이 아니라 재앙'(Oil doom instead of oil boom!)이 된 셈이다.

나이지리아 사회의 부정부패와 비능률은 대외활동을 하는 데 있어서도 큰 골칫거리였다. 공항에 출입할 때는 탑승 절차, 출입국 심사, 검역, 세관 통관 등 매 단계 조금씩이라도 돈을 쥐어 주지 않으면 움직일 수 없을 정도였다. 시외전화를 제대로 하려면 평소 전화국에 선을 대어 손을 써 놓지 않으면 안 되었다. 자동교환서비스는 항상 '수리 중'이어서 교환수의 협조 없이는 제시간에 시외전화나 국제전화를 할 수가 없기 때문이다.

나이지리아에는 아프리카의 다른 저개발 국가들과 마찬가지로 현대와 원시가 공존하고 사회계층 간 격차 또한 매우 컸다. 수도 레이고스의 시가 중심부에는 고층 빌딩이 즐비했지만 시외로 30분만 운전해 나가면 사람들이 움막을 치고 원시인처럼 살았다. 소위 상류사회 인사들은 영국이나 미국에서 고등교육을 받고 돌아와서 서양 사람들과 같은 생활을 했으나 국민 대다수는 기초교육도 제대로 받지 못했다. 따라서 사회 전반에 중간관리층이 극히 빈약해서 어떤 조직이든 제대로 작동될 수가 없었다.

아프리카 사람들은 흥이 많고 놀기 좋아하고 '속없이 좋은' 사람들이어서 '겉 다르고 속 다른' 서양 사람들과는 다른 푸근한 인정이 있다. 그러나 그들과 함께 무슨 일을 할 때 항상 주의해야 할 것은 그들이 쉽게 약속을 하고 그 약속을 잊거나 지키지 않고서도 큰 잘못으로 느끼지 않는다는 점이다. 일단 한번 약속하거나 합의한 것도 그냥 믿고만 있어서는 곤란하다. 한두 번 중간 확인을 해야 낭패를 피할 수 있었다.

낙천적인 아프리카 사람들

나이지리아의 한국인

나이지리아에는 우리의 몇몇 대기업이 진출해서 사업을 벌이고 있었다. 대우, 삼성, 현대, 금성(LG) 등 종합상사가 레이고스에 지사를 설치해서 무역에 종사했고 대우건설, 한양주택, 조선공사(造船公社), 신화건설(信和建設), 신한기공(新韓技工) 등이 각지에서 건설 공사를 수주해서 열심히 일하고 있었다. 나는 시간이 나는 대로 자주 공사 현장을 방문하여 우리 근로자들을 위로 격려했다. 조그마한 선물을 준비해서 내려가면 모두 반가이 맞아 주었다.

우리나라의 해외 건설 공사는 그때까지도 일본, 독일 등의 하도급을 받아서 하는 토목, 조립 공사와 같은 단순한 작업이 대부분이었다. 현장 인원도 거의 모두 한국 근로자들이고 약간의 현지인들을 보조원으로 쓰고 있을 뿐이었다. 한때는 우리 근로자 수가 근 천명에 달했는데, 무덥고 불결한 환경에서 힘든 작업을 하느라고 고생들이 많았고 간혹 질병, 교통사고나 추락 등 산재 사고로 희생되는 사람이 생기기도 했다. 크지 않은 돈 때문에 만리타국까지 왔다가 젊은 생명이 희생되는 것은 말할 수 없이 비통한 일이었다.

현지 진출업체 중에서 가장 활발하게 움직인 회사는 대우였다. 김우중(金宇中) 대우 회장은 1980년 나이지리아와의 국교 수립에도 막후에서 중요한 역할을 했으며, 매년 한두 차례 나이지리아를 방문했다. 그는 전용기 편으로 관계 임원들을 대동하고 불현듯이 나타나서 바방기다, 아바차(Sani Abacha, 육참총장) 등 군부 권력 실세나 정부 고위층들을 만나고는 또다시 다른 곳으로 급히 날아가곤 했다.

나이지리아 대우건설 현장에서
사진 오른쪽부터 한용호(韓鎔鎬) 대우 상무, 필자 내외와 관계자들

나와는 고등학교 동창(그가 1년 선배)인 관계로 가까이 지냈기에 권력자들을 만날 때는 동석했고, 나의 관저에 들러 식사를 하고 잠시 쉬어 가기도 했다.

종합상사나 건설업체 외에 소규모 업체나 개인사업을 하는 사람들도 제법 있었다. 현지 유력인사와 합작으로 회사를 차려서 사업을 하는 경우가 많았는데 대체로 현지인들은 이름만 빌려주고 사례비조의 배당을 받는 것이 관례였다.

현지법에서 외국인 단독으로는 사업을 하지 못하게 했기 때문에 편법으로 그렇게들 하고 있었는데 개중에는 저질의 동업자를 만나서 고생을 하고 심지어는 잘 되던 상점이나 공장을 송두리째 빼앗긴 사람들도 있었다.

나이지리아 사람 중에 특히 수도권 지역의 요루바 족은 유대인, 중국인, 인도인, 페니키아인과 함께 세계 5대 상인족(商人族)으로 일컬어질 정도로 장삿속이 빠른 사람들이다. 개중에는 간혹 사기를 치고 농간을 부리는 사람도 있어서 그들의 꼬임에 빠져 손해를 보는 외국인도 적지 않았다.

나이지리아의 우리 교민 숫자는 상사 주재원이나 근로자를 제외하면 얼마 되지 않았고 여기저기 흩어져 살고 있었다. 부지런하고 억척스러운 우리나라 사람들은 이것저것 가리지 않고 돈벌이를 했다. 한국이나 동남아를 드나들면서 보따리장사를 하거나, 한국에서 간단한 기계를 들여와서 현지인들을 고용해서 비닐봉지나 쇠못 같은 것을 만들어 팔거나, 침술을 배워서 한방 병원을 열거나…. 참으로 열심히들 살았다.

레이고스에서 자동차로 2시간 거리에 나이지리아 제2의 도시 이바단(Ibadan)이 있다. 그 교외에 있는 국제열대농업연구소에는 우리나라 연구원 두 사람이 근무했다.

그 한 사람인 한상기(韓相麒) 박사는 아프리카 사람들의 주식인 카사바(고구마와 비슷함) 종자 개량과 보급에 열정을 쏟았는데, 연구소 인근 마을에서 그를 추앙해서 자기들 추장으로 추대할 정도였다. 또 다른 한 명은 씩씩하고 활발한 '옥수수 박사' 김순권 씨로, 두 사람과는 자주 왕래하면서 가깝게 지냈다.

한국외환은행은 지방 주정부와 합작으로 조그마한 현지 은행

(Lobi Bank)을 설립 운영했다. 마침 그 은행 책임자로 온 사람(宋鎭龍)이 나의 대학 동기였다. 그는 베누에주 마쿠르디(Makurdi, Benue State)라는 먼 시골에서 혼자 현지인 직원들을 데리고 은행 점포를 운영했다. 퇴근하고 집에 오면 아무도 없고 할일도 없어서 마당에서 닭들이 모이 쪼아 먹는 모습을 관찰하는 것이 유일한 소일거리라고 했다.

개인 사업가인 타이거상사의 조동순(曺橦純) 사장은 동생과 함께 레이고스에서 사진관을 열었다. 사진현상 기술이 뛰어나다고 소문이 나서 장사가 제법 잘 되었고 이웃 나라인 아이보리코스트와 카메룬에도 진출했다. 타이거 사진관의 사진현상 비법은 가능한 대로 푸른 색은 줄이고 붉은 색조를 많이 내도록 해서 흑인들의 얼굴이 덜 검게 보이게 하는 것이었는데 현지인들은 그 사진관이 사진을 제일 잘 뽑는다고 좋아했다.

나이지리아에서 잊을 수 없는 또 한 사람은 강승삼(姜勝三) 목사다. 그는 회교도 지역인 나이지리아 북부의 한 벽촌에서 기독교 선교사로 일했다. 그곳에서 학교 겸 교회를 짓고 선교를 하는데 주변이 건조한 반사막 지역이어서 주민들은 물 부족으로 큰 고통을 받고 있었다고 한다. 수천 년 계속된 일이지만 여자아이가 태어나면 혼자 걸을 수 있을 때부터 시집갈 때까지 하는 일이 아침에 물동이 이고 집을 나서서 십여 리 떨어진 개울에 가서 물 길어 오는 것이 하루 일과의 전부라고 했다.

강 목사로부터 간곡한 부탁을 받은 대우건설은 건설 장비를 그 먼 곳까지 끌고 가서 관정(管井)을 파고 모터로 지하수를 퍼 올려서 큰 우물을 만들어 주었다. 그 이후 주변 부락민들이 모두 강 목사를 하나님같이 우러러본다고 했다.

레이고스
생활

레이고스는 위도로 보아 적도 바로 밑이고, 800만이 넘는 도시 인구가 모두 해발 10미터 이하의 해안 저지대에 밀집해 살고 있어서 무척 무덥고 주변 환경이 불결했다.

일년 내내 고온다습한 기후가 이어지고 유일한 변화는 우기와 건기의 반복뿐이다. 3~4월에는 하마탄(harmattan)이라고 먼 북쪽의 사하라사막에서 미세한 흙먼지가 계절풍을 타고 불어오는데 우리나라 봄철의 황사보다 훨씬 심한 것이었다. 레이고스의 기후는 '야자수에는 이상적이지만 사람에게는 맞지 않는 것'이었기에 그렇게도 진취적이고 모험적인 영국인들도 이곳에는 별로 많이 이주해 살지 않았다.

그렇게 생활 여건이 나쁘니 자체 생존을 유지해 나가는 것이 매우 절실한 문제였다. 그중 가장 곤란한 것이 각종 질병으로, 설사나 두통은 보통이고 살갗을 파고 들거나 눈을 멀게 하는 벌레 등 갖가지 풍토병이 많았다.

그중에서도 제일 흔한 것이 말라리아였다. 키니네 같은 예방약을 상복해도 조금만 부주의하면 남녀노소 가릴 것 없이 말라리아균이 공격해 왔다. 모기를 통해서 인체에 들어온 말라리아균은 기하급수적으로 증식하기 때문에 그냥 내버려 두면 열흘 내에 거의 사망에 이르는 무서운 병이다. 일단 발병하면 말라리아균의 증식을 막기 위해 강력한 키니네 약물을 투입해야 함으로 환자는 그 부작용으로 탈진상태에 빠지게 된다. 교민들이 모여 앉으면 "어느 회사 누가 죽다가 살아났다더라", "어느 공사 현장에서는 몇 명이 후송되었다더라" 등의 이야기가 나오기 일쑤였다.

　그 속에서 살면서 나또한 건강 유지가 제일 큰 과제였는데, 다행히 우리 내외는 레이고스 생활 3년에 한번도 말라리아에 걸리거나 몸 져누운 적 없이 지냈다.

　나는 부임 직후 대사관 근무 시간을 오전 8시부터 오후 3시까지로 단축 변경했다. 그것은 영국 등 다른 나라들도 마찬가지로, 직원 건강과 업무능률을 고려한 까닭이었다. 직원들에게는 일과가 끝나는 대로 집안에 있지 말고 가족들과 함께 밖에 나가서 골프, 테니스나 수영 등 운동을 규칙적으로 하도록 권했다.

　마침 대사관에서 자동차로 5분 거리에 영국 사람들이 오래 전부터 운영해온 컨트리클럽이 하나 있었다. 나는 불가피한 일이 없는 한 거의 빠짐없이 매일 일과 후 그곳에 가서 두어 시간씩 골프를 했다. 골프채를 휘두른 지 10분도 되지 않아서 운동복은 땀에 젖어 물빨래가 되지만, 끝나고 나서 야자수 우거진 지평선 너머로 지는 붉은 석양을 바라보면서 동료들과 함께 찬 맥주 한잔 씩 나누는 즐거움은 무엇과도 바꿀 수 없는 낙이었다. 어려운 레이고스 생활에서 그 이꼬이 클럽(Ikoyi Country Club)은 나에게 건강과 생활의 활력을 가져다준 잊을 수 없는 장소였다.

　다음으로 어려운 문제는 무장 강도 등의 범죄였다. 레이고스의 치안 상태는 매우 열악해서 특히 외국인 상대의 강도 사건이 빈발했다. 그 과정에서 살인, 강간 등 폭행이 자행되기 때문에 흉한 소문들이 떠돌아서 모두가 불안 속에서 지냈다.

　비아프라 내전을 겪으면서 많은 무기가 민간에 흩어져 있었고,

경찰은 별 도움이 안 될 뿐 아니라 몇몇 부패 경찰은 범죄조직과 연계되어 그들을 방조하기까지 했다. 어느 외국인이 한밤중에 침입한 일단의 강도들에게 큰 곤욕을 치르고 새벽이 되어 인근 파출소에 신고하러 갔더니 그 파출소장이 바로 지난밤 자기 집에 왔던 '밤손님'이어서 기겁을 하고 돌아왔다는 식의 이야기가 퍼져 있었다.

우리 공관은 전원이 한 장소에서 집단생활을 하고 있었기 때문에 안전면에서는 비교적 우려가 적었지만 그렇다고 안심할 수는 없는 처지였다. 대사관 주변 담 위에 철조망을 치고 초소를 두어 24시간 경비를 하고 있었는데, 나는 부임 후 집마다 비상벨을 설치했다. 그리고 외교관 면세 물품 구입 창구를 통해서 고성능 사냥총을 구해서 매 주말 한 번씩 뒷마당에서 직원들과 함께 사격 연습을 했다. 그런 식으로라도 자체 경비가 엄중함을 주변에 알려서 무장 강도 침입을 예방하고자 한 것이다. 하여간 나의 재임 기간 중에 대사관에서 차량 도난 사고 등은 몇 건 있었지만 다행히 인명 손상 불상사는 일어나지 않았다.

아프리카 여행

나이지리아 근무 3년 동안 우리 내외는 가능한 대로 이곳저곳 많이 둘러보려고 노력했다. 우리 근로자들이 일하는 여러 지방 도시에 들렸고, 죠스(Jos), 카두나(Kaduna), 포타코트(Port Harcourt) 등 먼 지방에도 가 보았다.

가는 곳마다 어렵고 가난한 생활을 하고 있었지만, 그들은 순박하고 인정이 많은 사람들이었다. 시골 사람들은 처음 만나면 약간 경계하는 눈초리였다가도 곧 밝게 웃는 얼굴이 되었다. 어디를 가나 북소리 장구 소리에 맞추어 덩실덩실 엉덩이춤을 잘도 추었는데 그들의 그런 신명과 율동은 모두 수천 년 동안 전해 내려온 유전인자 탓인 것이 분명했다.

우리는 어려운 험지에서 근무한다고 1년에 한 번씩 전지휴가(轉地休暇)를 갈 수 있었다. 선진국 외교관들의 경우에는 한 달 정도 자기가 원하는 곳에 가서 휴양할 수 있었지만 우리는 제한된 예산 관계로 그렇게는 하지 못하고 대신 일기가 좋은 유럽의 가까운 도시까지 갈 수 있는 항공료만을 정부에서 보조해 주었다. 휴가 기간도 2주일로 제한되어 있었지만 그 정도만 하더라도 종전에는 없던 특혜였다. 그에 따라 험지 근무 외교관들도 1년에 한 번씩은 시원한 공기를 마실 수 있었다. 우리는 첫해에는 이탈리아, 다음 해에는 스위스와 오스트리아 그리고 마지막 여름에는 영국과 네덜란드에 전지 휴가를 다녀왔다.

매년 봄 서울에서 열리는 공관장 회의에 다녀오는 길에는 홍콩, 방콕 등 동남아나 런던, 파리 등 유럽의 도시들을 경유하면서 여행을 즐겼다. 한번은 동부 아프리카의 케냐에 들러 킬리만자로산이 멀리 보이는 세렝게티*자연공원에서 사파리 관광을 즐기기도 했다. 그러나 이것저것 고려하다가 모처럼의 아프리카 생활 3년 동안에 '미지의 검은 대륙'을 좀 더 넓고 깊게 둘러볼 수 있는 기회를 놓친 것이 아쉽게 생각된다.

---

* Serangetti, 그 지방 마사이족의 말로 '끝없는 벌판'이라는 뜻.

본국 귀환

우리가 아프리카 서쪽 한구석에 멀리 떨어져 사는 동안에도 한국에서는 여러 변화가 있었다. 특히 젊은이들 사이에 민주화 요구가 시간이 갈수록 거세게 일어났다. 1987년에 들어와서는 날마다 반복되는 우리나라의 소요 사태가 아프리카에까지 알려지기 시작했다.

어두운 국내 뉴스에 접할 때마다 무거운 마음을 금치 못했던 중에 들려온 노태우 민정당 대표의 '6.29 민주화 선언'은 실로 오랜 가뭄 끝에 내린 단비처럼 반가운 소식이 아닐 수 없었다. 헌법 개정, 대통령 직선제 수용, 김대중 특사(特赦) 등 민의에 따른 각종 조치는 일거에 누적된 숙제를 청산하는 것이었다. 나는 기쁨과 감격을 편지에 적어 오래간만에 서울의 노 대표께 보냈다.

"잘하셨습니다. 감축합니다."

그러다가 8월 말에 귀국 발령을 받았다. 고별 리셉션 개최 등 마무리 작업을 끝내고 우리 내외는 11월 5일 많은 추억을 간직한 채 레이고스를 떠나 런던을 거쳐서 닷새 후에 대선 정국으로 어수선한 서울에 도착했다.

정상외교의 현장에서

신정부 발족 준비
대통령 취임식
의전 수석비서관
비서실 개편
청와대 본관
권위주의 청산
재외공관장 인사와 청와대 파티
정국 상황과 내각 개편
리콴유 싱가포르 수상
슐츠 미 국무장관
클린턴 주지사
88서울올림픽
미국 방문과 레이건 미국 대통령
동남아 순방
마하티르 말레이시아 수상
호크 호주 수상
수하르토 인니 대통령
볼키아 브루나이 국왕
개각과 외무부 장관 경질
부시 미국 대통령 방한
미국 공식 방문과 의회 연설
교황 요한 바오로 2세의 방한

북방정책
유럽 순방
베를린 장벽 붕괴와 독일 통일
헝가리 체제 전환의 고통
대처 영국 수상
프랑스 국빈 방문
3당 통합
일본 방문
샌프란시스코 한·소 정상회담
한·소 수교
소련 방문
통역 소동
고르바초프와 옐친
레닌그라드 방문
남북 관계 진전
청와대 근무 회고

신정부
발족 준비

귀국한 나는 본부 대기 대사로 외교안보연구원에서 한가한 시간을 보내게 되었다. 최광수 외무부 장관은 "본부 간부로 보직하려 했는데 마침 비는 자리가 없으니 당분간 기다리게"라면서 그해 연말 정례 인사에서는 외교직 특2급(1급과 차관급의 중간 계급)으로 승진시켜 주었다.

1987년 12월 16일 오래간만에 실시된 대통령 직접선거에서 노태우 민정당 후보가 치열한 접전 끝에 김영삼, 김대중, 김종필 등 야권 후보들을 누르고 당선되었다. 나는 잘 아는 분이 당선되어 내심 반가우면서도 번거로울듯해서 축하 인사도 제대로 하지 못했다. 그러는 중에 새해 1월 말 어느 날 노 당선자실의 이병기 보좌관으로부터 전화가 왔다.

"당선자께서 대사님이 청와대 의전을 맡으시기를 바라시는데,

최광수 외무부 장관과

제가 밑에서 성심껏 도와 드릴 터이니 주저 말고 수락하십시오."

나는 그에게 말했다.

"대단히 감사한 배려이신데, 그보다는 외무부에 적당한 자리가 있었으면 좋겠다고 여쭈어 주시오."

그런데 며칠 후 노 당선자가 찾는다고 해서 청와대 근처의 안가(安家)로 갔더니 반갑게 맞으면서 말했다.

"노 대사가 의전 수석으로 적임일 듯해서 그렇게 결정했으니 앞으로 나를 잘 도와주기 바라오."

나는 "알겠습니다. 열심히 하겠습니다" 하고 물러 나왔다.

바로 그다음 날부터 삼청동의 금융연수원에 설치된 대통령 취임 준비위원회에 나가서 우선 대통령 취임식 행사 준비 상황부터 챙기기 시작했다. 취임 준비위원회는 이춘구(李春九) 민정당 선대본부장을

제6공화국 발족 당시 청와대 수석비서관 진용
사진 왼쪽부터 필자, 이수정 공보, 이연택 행정, 노 대통령, 최병렬 정무, 박승 경제

위원장으로, 최병렬(崔秉烈), 김종인(金鍾仁), 현홍주(玄鴻柱) 등 민정당의 대선 핵심 참모들이 위원으로 일하고 있었다.

 곧이어서 국무총리로는 이현재(李賢宰) 전 서울대 총장이, 대통령 비서실장에는 홍성철(洪性澈) 전 내무부 장관이 내정되어서 이춘구 위원장과 함께 노 당선자를 모시고 본격적인 신정부 조직에 들어갔다. 나는 2월 17일 자로 최병렬 정무, 이연택(李衍澤) 행정, 박승(朴昇) 경제, 이수정(李秀正) 공보수석과 함께 차관급인 의전 수석비서관 내정자로 공식 발표되었다.

대통령 취임식

대통령 취임식은 2월 25일로 정해졌다. 그날은 마침 나의 50회 생일이었고 나에게는 평생 제일 바쁜 하루가 되었다.

아침 일찍 집을 나선 나는 먼저 연희동의 노 대통령 사저에 들러 그를 모시고 나와 청와대로 가서 전두환 대통령과 간단한 업무 인계 인수 절차를 밟았다.

절친한 친구 사이인 신, 구 대통령은 그 부인들과 함께 약 30분간 대통령 서재(집무실)에서 차를 나누면서 환담을 했고 나는 김병훈(金炳薰) 전임 의전수석과 함께 부속실에서 대기하고 있었다. 이윽고 서재의 문이 열리자 전 대통령이 앞서고 노 대통령이 뒤따라서 나왔다. 문 앞에서 머리 숙여 인사하는 나를 쳐다보면서 전 대통령은 "음. 수고 많겠소" 했고, 부속실의 여비서 두 명이 얼굴을 붉히면서 "안녕히…" 하고 말을 잇지 못하자 그들의 등을 두드리면서 말했다.

"고마웠어. 새 대통령도 잘 모셔야 해!"

정각 10시에 여의도 국회 앞 광장에서 거행된 취임식은 차질 없이 진행되었고 노 대통령은 '위대한 보통 사람들의 시대'를 열어나가겠다는 취임사를 했다. 나는 대통령 바로 뒷자리에서 행사 진행을 가슴 조이면서 지켜보았고 취임식이 끝나고 군악대가 '희망의 나라로'를 연주하는 가운데 우리는 청와대로 되돌아왔다.

청와대로 돌아와서 전 대통령 부부는 후임자를 위해서 집을 비워주고 평범한 시민으로 돌아간다는 뜻에서 어린 손녀의 손을 잡고 현관을 나왔다. 현관 앞에서 노 대통령과 작별하던 전 대통령은 만감이 교차하는 듯 "잘~ 해 보시오!"라고 했는데, 7년 간의 권좌에서 물러나는 홀가분하면서도 아쉬운 심정의 표현으로 들렸다.

곧이어 신임 총리와 각부 장관들에 대한 임명장 수여와 각국 경축 특사 접견 등 행사가 있었고 저녁에는 국회의사당에서 개최된 경축연에 참석하는 등 온종일 뛰어다녔다.

저녁 늦게 집에 돌아와 생각해보니 아침부터 한 끼도 식사를 제대로 못 했으면서도 배고픈 줄 모르고 있었다. 고생은 했지만 오래 기억에 남는 생일날이었다.

의전 수석비서관

그날을 시작으로 나는 꼭 2년 10개월 동안 대통령 의전 수석비서관으로 바쁜 생활을 했다. '의전수석'이란 직책은 대통령 측근에서 그 일정을 관리하고 업무수행을 보좌하는 것이다. 다른 수석비서관들이 모두 특정 업무에 대한 정책보좌 역할인 데 비해서 의전은 순수 비서 기능으로 항상 대통령 곁에서 함께 움직여야 했고 그 사무실도 대통령 집무실 바로 옆에 두고 있었다.

더구나 종전 청와대 관례에 따라 대통령이 외국 지도자들을 만날 때 그 통역도 겸했다. 리셉션, 만찬회 등 공개 장소에서의 통역은 수석비서관의 격에 맞지 않는다고 해서 올림픽조직위 시절부터 통역해온 곽중철(郭重哲) 씨가 수시 대신하기도 했고 영어 이외의 언어로 통역할 때에는 외부, 주로 외무부의 통역을 차출해서 쓰기도 했지만, 외국 요인들과의 면담이나 정상회담 등 주요 회의에서의 통역은 대체

청와대 본관의전팀과
사진 왼쪽부터 성창기(成昌基) 과장, 필자, 이병기 비서관, 백영선(白暎善) 과장

로 내 차지가 되었다.

　의전수석이 통역을 겸하는 것은 대통령 의중을 누구보다 잘 파악할 수 있는 위치에 있을 뿐 아니라 외교적으로 민감한 사안이나 기밀 보안에 도움이 된다고 해서 박정희 대통령 때부터 지켜온 관행이었다. 그러나 내가 의전수석을 끝마친 뒤에는 꼭 그럴 필요가 없다고 해서 전문 통역비서관을 따로 두기 시작했다. 요즈음은 외국어에 능통하고 자격을 갖춘 인재들이 많아서 이전보다 훌륭한 통역을 하고 있다.

　의전 비서실에는 3명의 비서관이 각기 4~5명의 행정관과 직원을 데리고 일했다. 대통령의 일정 관리, 결재 및 보고 서류 처리와 청와대 내부에서 이루어지는 각종 대통령 관련 행사를 담당하는 의전1은 이병기 비서관이 맡아서 능숙하고 원만하게 잘 처리했고, 청와대

밖에서 이루어지는 대통령 관련 각종 행사를 준비, 진행하는 의전2 비서관은 주로 총무처에서 파견되어 왔는데 손정(孫政), 문동후(文東厚) 국장이 차례로 나와 함께 일했다. 외교 문서와 대통령 친서 등을 담당하는 의전3 비서관은 최성홍, 권영민(權寧民) 등 영어 문장력이 뛰어난 외무부 국장급 중에서 발탁되어 왔다.

비서실 개편

노태우 대통령은 취임 다음날 가진 첫 수석 회의에서 청와대 비서 진용을 축소 개편할 뜻을 밝혔다. 종전의 교육 수석은 폐지하여 그 업무는 행정으로 흡수시키고, 민정, 사정, 법무 수석은 민정 수석으로 통폐합해서 한영석(韓永錫) 법무부 차관을 그에 임명했다(후에 鄭鍈永 고검장으로 교체). 따로 군사 문제를 담당하는 안보 보좌관을 두되 이에는 김종휘(金宗輝) 국방대학원 교수를, 그리고 북한 문제를 전담하는 정책 보좌관으로는 박철언 안기부 특보를 임명하겠다고 말했다.

모두 대통령의 말을 경청하고 있는데 최병렬 정무 수석이 문제를 제기했다.

"군사 문제와 북한 문제가 정무 소관으로 되어 있기에 진언합니다. 각 비서진의 기능과 책임 구분이 불분명하면 혼선이 생겨서 업무 차질을 일으킬 수 있는데 두 보좌관과 정무 수석과의 업무를 어떻게 구분합니까?"

노 대통령은 "군사, 북한 관계도 일상 업무 처리는 정무 소관이며 보좌관은 계선 조직이 아닌 참모 조직으로, 그 기능은 자문 역할에 한정되는 것이요"라고 설명했는데 최 수석의 당차고 소신 있는 언행이 돋보였다.

외교 국방 문제는 그해 연말에 최병렬 수석이 내각으로 내려가는 것을 계기로 정무수석실에서 분리해서 별도로 외교안보수석실을 만들어 김종휘 보좌관이 담당하게 되었고 다음 해 박철언 보좌관의 입각과 함께 정책보좌관실은 폐지되었다.

청와대 본관

내가 청와대에서 근무할 당시까지도 역대 대통령들은 아담한 2층 양옥인 옛 일본 총독 관저를 일부 수리 개조해서 그대로 쓰고 있었다. 아래층은 업무 공간으로 대통령 집무실과 회의실, 접견실, 식당 등이 있었고, 위층은 가족 공간으로 거실과 식당 및 침실들로 구성되어 있었는데 무척 협소하고 낡아서 대통령과 그 가족의 생활은 물론이고 업무 면에서도 대단히 불편했다.

그 건물을 '청와대 본관'이라 불렀는데 본관 1층에는 의전 수석과 본관의전팀을 위한 두 개의 사무실과 입구 경비실 외에는 보좌진을 위한 공간은 전혀 없었고 비서실과 경호실은 각기 별관 건물을 지어 멀리 떨어져 있었다. 의전수석실은 내정(內庭) 쪽 벽을 헐고 임시로 내어 지은 방이어서 겨울에는 몹시 추웠고 2층에서 조금만 큰 소리를 내면 그대로 들렸다. 일찍 출근해 있으면 간혹 대통령 부부가 미국에 유학 가 있는 자녀들에게 국제전화하는 소리도 들리곤 했다.

이승만 박사를 비롯한 역대 대통령들은 나라 형편상 또는 근검절약한다는 정신으로 불편을 무릅쓰고 그 관저를 유지해 왔다. 그러나 그대로 쓰는 것은 더 이상 무리라고 판단되어서 노 대통령 취임 후 업무용 본관 건물과 숙소용 관저를 분리 신축키로 하고 서둘러 계획을 추진해서 1990년에는 관저가, 그 다음해에는 본관 건물이 완공되었다.

그 옛 청와대 본관 건물은 그 후 김영삼 대통령이 취임하면서 '일제의 유물이며 독재의 산실'이라고 부수어 철거해 버렸는데, 건국 이후 격동의 시절 역대 대통령의 발자취가 묻어 있던 역사의 현장이 흔적도 없이 사라져 버린 것은 매우 아쉬운 일이 아닐 수 없었다. 대통령 유물관이나 기념관 같은 것으로 사용할 수도 있었는데 왜 그렇게 해야만 했는지….

권위주의 청산

노 대통령은 취임 초부터 특히 '권위주의 청산'을 강조했다. "권위는 있어야 하지만 권위주의는 없애야 한다"면서 그 점에서 전임자와 분명히 차별화되기를 바랐고, 나에게는 모든 의식과 행사에서 권위주의적 색채를 탈피하도록 세심히 챙기라고 당부했다.

우리는 대통령과 관련된 행사는 최대한 간소화하고 의례적인 행사는 총리실과 각 부처에 대폭 이관했다. 그리고 각종 행사에서 대통령 임석 시에 '대통령 찬가'를 연주하거나 참석자들이 일제히 일어서서 손뼉을 치게 하는 것, 행사장에서 대통령만 큰 의자에 덩그렇게 떨어져 앉는 것 등에까지 신경을 썼다. 특히 전임자 시절 빈축을 많이 샀던 '영부인 행사'에 대해서는 각종 행사에 부인 동반을 되도록 줄이고 대통령 부인 동정이 가능한한 언론에 노출되지 않도록 했다. 그렇지만 권위주의 탈피를 위한 지침을 관계기관에 미리 보내 놓아도 과거 관행이나 '눈치 보기' 때문에 그대로 지켜지지 않는 경우가 있어서 대통령으로부터 주의를 듣기도 했다.

권위주의 청산은 특히 대통령 경호와 관련되어 많이 문제가 되었다. 노 대통령은 과거 잠시 경호실에서 근무한 적도 있어서 대통령 경호로 얼마나 많은 물의가 있었는지 잘 알고 있었다.

새로 경호실장으로 임명된 이현우(李賢雨) 장군은 성실하고 무리하지 않는 성격이었고 대통령의 뜻에 따라 경호실의 월권행위 근절과 대통령 행사에 따른 시민 불편 해소를 위해서 많이 노력했다. 그러나 그 맡은 임무가 대통령과 그 가족의 신변안전이라는 잠시도 마음을 놓을 수 없는 예민한 일이었기에 나름대로 많은 고충을 가지고 있었다.

대통령의 행차 시 나는 항상 경호실장과 같은 차에 함께 타고 대통령 전용차 뒤를 바짝 따라다녔다. 그런데 '경호'는 가능한 대로 대통령을 외부에 대해 감추어 보호하려는 쪽이고, '의전'은 반대로 대통령을 외부에 보기 좋게 노출하려는 편이다. 그래서 이 실장은 "경호의 적은 의전이다!"라고 농담도 했지만 근 3년을 함께 지내면서 서로 마음을 열 수 있는 가까운 사이가 되었다.

재외공관장 인사와 청와대 파티

제6공화국이 출범하고 그 첫 재외공관장 인사에서 노태우 대통령은 핵심 요직인 주미 대사와 주일 대사에 원로 외교관인 박동진, 이원경, 전임 외무부 장관들을 지명했고 나머지는 최광수 외무부 장관의 건의를 그대로 받아들였다.

공관장 인사를 하면서 최 장관은 외무부 의전장을 교체하려는데 외무부 의전은 청와대와 밀접한 관계가 있으므로 나의 의향을 묻는다고 하면서 후보자 몇 명을 거명했다. 나는 그중에서 박건우 대사가 함께 일하기에 가장 편하겠다는 의견을 내었고 최 장관은 그대로 발령을 했는데, 박 의전장은 재임 2년 반 동안 치밀하고 깔끔하게 업무를 처리했고 나에게도 많은 도움을 주었다.

대통령 취임 한 달 뒤에 1988년도 재외공관장 회의가 개최되었다. 회의의 대미를 장식하는 공관장 부부를 위한 청와대 만찬은 종전에 못 보던 화기애애한 분위기에서 개최되었다. 당초 공관장 회의 개최 계획을 보고받은 노 대통령이 지시했다.

"전에 보니까 공관장들을 위한 청와대 만찬이 그 분위기가 딱딱하고 마치 공관장들에게 기합을 주는 것 같은 기분이 들더군. 해외에서 수고하다가 오래간만에 귀국한 공관장들을 따뜻하게 맞이하고 그 노고를 위로하는 자리가 되게 하시오."

"전례가 없는 일인데 어떻게 하면 될까요?"

"신고식 같은 것은 없애고 식후에 여흥 프로그램을 갖는다든지 하는 것도 한 방법이겠지…."

최 장관에게 그 뜻을 전하고 즐거운 파티가 되도록 궁리해 보라고 했더니, 식후에 피아노 반주로 공관장들의 노래자랑 순서를 마련했다. 솜씨 좋은 사람들을 잘 선정해서 노래도 썩 좋았고 사회를 본 최호중 대사가 흥겨우면서도 격조 있게 여흥 프로를 진행해서 나중에는 대통령까지 애창곡을 뽑는 즐거운 파티가 되었다. 청와대 개설 이후 처음 있는 일이라고 관가(官街)에서는 한때 화젯거리가 되기도 했다.

정국 상황과 내각 개편

청와대에서는 매일 아침 비서실장실에서 수석 회의가 열렸고, 매주 월요일에는 대통령이 직접 주재해서 국정 전반에 대해 보고를 받고 논평과 지시를 내렸다. 노태우 대통령은 스스로 "나는 귀가 커서 남의 말을 잘 듣습니다"라고 했는데 실제로도 주변의 말을 널리 경청하는 편이었다.

노 대통령은 천성이 유순할 뿐 아니라 탈권위주의적인 민주적 지도자상을 구현하려는 의도도 있어서 될 수 있는 대로 모든 것을 부드럽고 모나지 않게 처리하고자 했다.

그러나 오랜 권위주의 시대를 지나오면서 그동안 억압되었던 민중의 욕구가 한꺼번에 사방에서 터져 나오면서 법과 질서가 제대로 지켜지지 못하는 사태가 빈발하게 되었다. 학생운동권의 반정부 시위는 더욱 과격해지고 지하철이나 방산 업체 등에까지 노조의 파업이 확산되면서 파업 현장에서는 불법과 폭력이 횡행하는 등 사태가 악화되었다. 불법과 무질서에 대한 정부의 대처가 과거와 같이 단호하지 못하고 미온적이라고 해서 항간에서는 대통령을 '물태우'라고 비하(卑下)한다는 말까지 들려왔다.

노 대통령은 이에 대해서 수석회의에서 힘주어 말했다.

"대통령이 부드러우면 국정 책임자 중 누구 한 사람이라도 엄한 면을 보여야지 모두가 다 착하기만 하면 어떻게 나랏일이 됩니까!"

이현재 총리나 홍성철 비서실장 등이 너무 부드럽고 온건해서 솔선해서 앞장서려 하지 않는다는 비판으로 들렸다.

그런 과정을 거쳐서 1988년 연말의 개각에서는 이 총리가 물러나고 강영훈(姜英勳) 씨가 등장했고 그 다음해에는 홍 실장도 내각으로 내려가고 노재봉(盧在鳳) 정치특보가 비서실장이 되었다. 노 실장은 성격이나 시국관이 홍 실장과는 판이해서 매사에 가부가 분명하고 대체로 급하고 강경한 편이었는데 노 대통령의 신임을 얻어서 다음 해에는 국무총리가 되었다.

리콴유 싱가포르 수상

의전수석 겸 통역으로 대통령을 측근에서 보필하면서 세계적인 명사들을 가까이에서 접할 수 있었던 것은 큰 보람이었다. 한국으로 대통령을 찾아온 사람 중에서도 오래 기억되는 이들이 많다.

1988년 7월 초에 싱가포르의 리콴유(李光耀) 수상이 방한했다. 30년 간 청렴하고 능률적인 통치로 싱가포르를 세계 일류 도시국가로 육성한 그는 강한 신념과 카리스마를 풍겼고 자긍심과 권위의식 또한 그에 못지않았다. 배석자를 물리친 단독 정상회담에서 노 대통령이 겸손한 자세로 '오랜 경륜에서 오는 국가경영의 지혜'를 물은 데 대해서 리 수상이 말했다.

"지도자는 청렴해야 합니다. 성실성과 정직성을 국민에게 심어 줘야 합니다. … 방송 언론매체를 잘 활용해야 하고 국민에 대한 호소는 본인의 정신 자세나 체취가 그대로 묻어나야 합니다. … 싱가포르에서는 나에 대해 '성실하다, 허튼소리 하지 않는다, 충분히 심사숙고 한 후에 말한다'라고 믿고 있습니다."

능변이면서 말이 좀 많은 편이었다.

그런 일이 있은 지 1년쯤 뒤에 그 아들인 리셴룽(李顯龍) 싱가포르 국방장관(후에 수상 역임)이 노 대통령을 예방했다. 훤칠하게 큰 키에 자신만만한 풍모가 부친을 많이 닮았는데 그 또한 유창하게 인사말을 길게 했다. 노 대통령이 "오늘 귀하를 만나 보니까 춘부장을 많이 닮은 것 같습니다"라고 하자, 그는 "예, 감사합니다" 하고 좋아했지만, 나에게는 꼭 칭찬하는 말로 들리지만은 않았다.

슐츠 미 국무장관

7월 중순에는 미국의 조지 슐츠 국무장관이 노 대통령을 예방했다. 오찬을 하면서 한미 관계, 북한 문제, 서울올림픽의 안전 등 여러 가지 현안에 대해서 격의 없는 대화가 이루어졌다.

노 대통령이 북한 문제에 대하여 말했다.

"한반도 평화와 통일 기반 조성을 위해서 북한 사회의 개방이 절실 합니다. 북한을 국제사회의 책임 있는 일원으로 끌어내는데, 미국의 도움이 필요합니다."

이에 슐츠 장관은 신중한 반응을 보였다.

"각하의 말씀에 전적으로 동감하며, 미국으로서는 긍정적 입장에서 상황을 면밀히 분석하면서 행동할 것입니다. 이 단계에서 앞뒤 생각 없이(precipitously) 모험적인 조처를 하는 것은 금물이라고 생각합니다. 서울올림픽이 끝난 후 적절한 시기에 북한 외교관들과의 정례적 접촉을 개시해 보고 그에 대한 북한의 반응을 가지고 다시 한국과 협의하겠습니다."

노 대통령이 현안인 용산 미군기지 이전 문제에 대하여 말했다.

"지난번 칼루치 국방장관에게도 말했지만, 서울 시내 한복판에 있는 미군 사령부 시설을 한국군 지휘부가 옮겨가 있는 대전 지역으로 이전했으면 좋겠습니다. 학생단체 등 일부 계층의 거부반응이 있을 뿐 아니라 한미 합동 군사작전 수행면에서도 이점이 있습니다. 시간을 가지고 점진적으로 추진하되 우선 용산의 미군 골프장이라도 조속히 교외로 이전했으면 좋겠습니다."

슐츠 장관은 은근히 우리 측에 짐을 떠넘겼다.

"원칙적으로 동의합니다. 문제는 막대한 경비가 소요된다는 점인데, 의회로부터 예산 획득이 어려운 형편이므로 한국 측의 협조를 기대합니다."

주말인 다음 날 나는 최광수 외무부 장관과 함께 슐츠 장관을 안양 컨트리클럽에 초청해서 운동을 함께했다.

슐츠 장관은 경제학 교수 출신으로 닉슨 행정부에서 노동, 예산, 재무장관을 역임했고 그 후 근 10년 간 세계적인 건설회사인 벡텔(Bechtel)의 사장과 회장을 지내다가 다시 레이건 행정부에서 오랫동안 국무장관직을 맡았다. 폭넓은 경험과 경륜을 갖춘 데 더해서 신중, 성실하고 온화한 성품으로 우리에게도 무척 호의적이었다.

클린턴 주지사

1988년 9월 초에는 미국 아칸소주의 클린턴(Bill Clinton) 지사가 청와대로 찾아왔다. 당년 42세의 젊은 나이에 훤칠하게 잘 생긴 용모와 밝고 쾌활한 성품으로 주변을 매료시키는 호남이었다. 노태우 대통령은 그를 반갑게 맞이하였다.

"훤한 미남이고 전도유망한 귀하를 만나보니까 미국의 밝은 앞날을 보는 것 같아서 기쁩니다."

클린턴은 깍듯한 인사를 건넨 후, 두 달 앞으로 다가오는 미국의 대통령 선거에서 어느 당이 집권하더라도 미국의 한국에 대한 정책은 달라지지 않을 것이라는 등 미국의 대외정책, 한미 관계 등 여러 가지 문제에 관해서 유창한 언변으로 막힘없이 대화를 이어나갔다. 노 대통령은 한미 안보협력의 중요성을 강조하면서 이런 말도 덧붙였다.

"미국은 역사적, 숙명적으로 자유진영의 맹주로서의 역할을 하게 되어 있습니다. 따라서 미국의 지도자는 그러한 미국의 영향력을 항상 유념하고 우방 여러 나라와의 결속을 위해서 부단히 노력해야 합니다."

그날은 서울올림픽대회의 개막을 앞두고 청와대 녹지원(綠地苑) 마당에 우리 올림픽 선수단을 모아서 '출정식'을 거행키로 되어 있었기에 그 직전인 클린턴과의 면담은 30분 이내에 끝내기로 되어 있었는데, 노 대통령은 그와의 대화가 즐거운 나머지 시간이 가는 것도 잊고 이야기를 이어갔다. 내가 통역을 하는 사이에 조용히 "시간이 되었습니다. 이만 끝내시지요"라고 해도 못 들은 척하고 대화를 계속했다. 얼마 후 그 눈치를 알아챈 클린턴이, "약속 시간을 초과해서 죄

송합니다. 오늘 매우 유익한 대화를 가졌습니다. 대단히 감사합니다"라고 하면서 자리가 마무리되었다.

그로부터 4년 후 많은 사람의 예상을 뛰어넘어 클린턴이 미국 대통령에 당선되었다. 취임식이 있던 날 저녁 워싱턴의 어느 경축 파티에서 현홍주 주미 대사가 많은 하객 틈새를 비집고 클린턴에게 다가가서 "축하합니다. 한국 대사입니다"라고 했더니 클린턴이 반갑게 대답했다고 한다.

"감사합니다. 노 대통령께서도 안녕하시겠지요? 4년 전에 뵈었는데 나 때문에 그 많은 올림픽 선수들을 기다리게까지 했지요. 그 친절을 잊지 않고 있습니다. 안부 전해주세요."

현 대사(나의 고등학교 1년 후배)로부터 그 이야기를 전해 듣고, 나는 그 흥분되고 정신없는 와중에서도 그런 언행을 할 수 있는 클린턴의 비상한 기억력과 순발력에 감탄했고, 외교에서 인간관계에 대한 신중한 배려가 얼마나 중요한가를 새삼 느끼게 되었다. 클린턴은 재임 8년 간 '한국'이 거론될 때마다 노 대통령의 따뜻한 격려의 말을 상기했을 터 아닌가!

88서울올림픽

1988년 9월 17일부터 16일 동안 서울에서 개최된 제24차 올림픽대회는 우리나라 역사상 가장 큰 행사였다.

"세계는 서울로! 서울은 세계로!"

관민이 혼연일체가 되어 정성을 쏟은 결과 하늘도 우리를 도와서 기간 내내 청명한 날씨를 내려주었고 세계적인 잔치를 한 치의 차질도 없이 깨끗이 끝낼 수 있었다.

개막식 전날에는 가는 비가 내려서 일기 불순을 걱정했지만 당일은 더할 나위 없이 청명한 가을 날씨였다. 개막식 시간에 맞추어 대통령 부부를 모시고 헬기 편으로 잠실경기장으로 날아가는데, 한강을 건너면서 내려다보니 푸른 강 한가운데는 화려한 경축 행사 선단이 펼쳐 있고 강 건너 새로 지어 깨끗이 단장한 올림픽주경기장 속에는 수만 명의 열렬한 관중이 꽉 들어찬 광경이 보여 가슴 벅찬 감동을 느꼈다.

올림픽대회 개회식, 폐회식은 물론이고 주요 경기와 문화행사에도 노 대통령이 시간을 내어 될 수 있는 대로 많이 참석했기 때문에 그 덕에 나도 좋은 구경을 할 수 있었다. 서울올림픽은 전 세계에 '대한민국'이라는 나라를 뚜렷이 각인시키고 우리 국민에게는 뿌듯한 자긍심과 자신감을 심어 준 참으로 귀중한 계기였다. 노 대통령은 올림픽이 끝나갈 무렵 수석회의에서 말했다.

"정부, 국회, 국민이 모두 한 마음으로 노력하니까 하늘도 감동하는 것 같습니다. … 우리 모두 그동안 느껴보지 못했던 자랑과 기쁨을 만끽했습니다. 공직자, 자원봉사자, 시민과 국민 모두에게 무어라 감사의 말을 해야 할지 모르겠습니다."

미국 방문과 레이건 대통령

올림픽을 성공적으로 마무리한 후 10월 중순에 노태우 대통령은 유엔과 미국 방문길에 올랐다. 로스앤젤레스를 거쳐서 뉴욕으로 갔는데, 로스앤젤레스에서는 우리 교포사회 대표들과 캘리포니아 주지사 등을 만났고 뉴욕에서는 뉴욕타임스 편집장 등과 회견을 가졌다.

　노 대통령은 우리나라 대통령으로서는 처음으로 유엔총회에서 연설을 했다. 이 연설에서 남북한 간의 협력 필요성을 강조하면서 북한의 국제사회 동참을 촉구했고 남북한과 주변 4강(미, 일, 중, 소)이 참가하는 '동북아 평화협의회의' 개최를 제의했다. 성공적인 서울올림픽 직후여서인지 많은 대표들이 경청하는 것 같았다.

　워싱턴에는 다음날 오전에 교외의 앤드루스 공군기지(Andrews AFB)에 기착해서 헬기 편으로 시내로 들어갔는데, 마침 가을 단풍 계절인지라 발밑에 펼쳐진 붉고 푸른 화려한 색채의 향연에 절로 경탄의 소리가 나왔다.

　백악관에서는 레이건 대통령과의 단독 회담과 관계 각료 등을 참석시킨 오찬 회동이 있었다. 레이건 행정부가 한국에 대해 우호적이었기 때문에 좋은 분위기 속에서 대화가 진행되었다.

　노 대통령과의 짧은 단독 회담에서 레이건 대통령은 큰 글씨가 적힌 카드(palm cards)를 손바닥에 놓고 그것을 보면서 이야기를 이어갔는데 그는 그것을 구태여 감추려고 하지도 않았다. 두 분의 대화를 통역하면서 나는 그가 한국 대통령과의 대담을 위해서 미리 사전에 따로 대비한 것이 별로 없음을 쉽게 알 수 있었다. 1980년대 8년 간 미국 대통령으로 있으면서 '힘과 일관성'(strength and consistency)이라는 뚜렷한 철학을 바탕으로 동서냉전을 미국의 확실한 승리로 종식시키는데 성공한 역사적 인물답게 국정의 큰 흐름에만 관심을 두고 세세한 것에는 별로 신경을 쓰지 않는 성격이 잘 나타났다.

백악관에서

동남아 순방

미국 방문을 만족스럽게 마치고 귀국하니 그동안 국내에서는 올림픽의 찬란했던 빛이 '5공 청산'이라는 먹구름으로 가리워지고 있었다. 노태우 정부가 발족하고 2개월 만인 1988년 4월에 실시된 국회의원 총선거에서 여당이 패배하면서 여소야대(與小野大) 정국이 펼쳐졌고 그에 따라 제6공화국은 처음부터 야권의 강한 정치적 도전에 봉착해서 시련을 겪었다.

그런 와중에도 그해 11월에는 노 대통령의 동남아 순방이 이루어졌다. 말레이시아, 호주, 인도네시아와 브루나이의 4개국을 방문했는데 동남아는 우리에게는 '앞마당'에 해당하는 가까운 지역이고 실질적인 관계도 점차로 그 중요성이 커지고 있으므로 그 나라들을 우선 방문하게 된 것이다.

마하티르 말레이시아 수상

말레이시아에서는 마하티르(Mahathir bin Mohammad) 수상과 만난 것이 인상 깊었다. 1981년 이래 말레이시아를 통치한 그는 22년의 집권 기간에 1인당 국민소득을 20배로 증대시켜 열대 밀림인 말레이 반도를 동남아 유수의 산업화국가로 성장시킨 성실하면서도 강한 집념과 추진력을 가진 지도자였다.

일본과 한국을 경제발전의 모델로 삼고 특히 한국을 배우자는 소위 '동방정책'(Look East Policy)을 추진하던 그는 노 대통령과의 단독 회담에서 진심으로 한국을 동경하는 마음을 표시했다.

"저는 한국의 노동윤리와 사회기강을 배워야겠다고 생각해 왔는데 서울올림픽을 계기로 그런 생각이 이곳에 많이 퍼지게 되어서 다행입니다. 그런데 전부터 사람들을 보내서 새마을운동 등을 연수시켰지만 각기 국민성이 달라서 그대로 실천이 안 되는 면이 있어서 안타깝습니다."

그에 대해서 노 대통령은 겸양을 표했다.

"우리 젊은이들은 어려서 학교 공부부터 심하게 경쟁하기에 무한한 경쟁심이 있는 것이 장점이고, '무엇이든 하면 된다'라는 정신은

마하티르 말레이시아 수상과

좋습니다. 그렇지만 인내심이 부족하고 현실에 만족, 안주할 줄 모르는 습성이 있어서 항상 충돌하고 불안합니다. 각자 분수를 지키는 미덕을 귀국으로부터 배워야 하겠습니다."

그러던 것이 그 후 우리 국내에서 노사분규 등 사회 혼란이 계속되자 마하티르 수상도 '한국을 배우자'는 말을 더는 하지 않았다 한다.

호크
호주 수상

호주에서는 호크(Robert Hawke) 수상과 단독 회담을 가지면서 노 대통령이 환태평양 경제협력을 강조했다.

"앞으로 세계의 중심은 태평양으로 이동할 것입니다. 이미 전 세계 GNP의 50%가 이 지역에서 나오고 있습니다. 이에 발맞추어 지역 국가 간에 더욱 긴밀한 협력이 요망됩니다. 자유무역의 원칙하에서 상호 동반자로 수평적이고 보완적인 관계를 이루어 나감으로써 마찰을 방지하고 번영을 기해야 합니다."

이에 대하여 호크 수상은 완전 동감을 표시하면서 부연했다.

"전부터 아시아·태평양 지역에서의 지역협력체제 발족을 구상하고 있었는데 그것을 정리해서 내년 초에 한국을 방문하겠습니다. 그때 보다 구체적인 논의를 갖기를 바랍니다."

이후 그는 1989년 1월 말에 방한해서 노 대통령과의 정상회담에서 아·태 지역에서의 경제협력체 창설을 제의했고 노 대통령은 전폭 동의를 표했다.

"지역적 블록은 다른 지역과의 불필요한 경쟁과 대립을 유발함으로 우리는 이를 지양하고 경제, 사회, 문화적 정보를 교환하고 상호협력을 논의하는 협의체로 하는 것이 좋겠습니다."

그에 따라 양국 정상은 '아시아·태평양 경제협력'(APEC)의 시발점이 된 '서울선언'을 발표했다.

수하르토
인니 대통령

다음 순방국은 인도네시아였다. 우리는 인도네시아 측 사정 때문에 하루를 휴양지인 발리(Bali)에서 보내고 다음 날 수도인 자카르타

(Jakarta)로 가게 되었다. 발리에서는 인니 측 안내로 주변 경관을 구경하고 민속무용 등을 보았지만 우리는 대통령을 수행하는 공식 일정인지라 그 유명한 관광지의 바다를 쳐다만봤지 발 한번 적셔 보지 못했다. 수행원 중 누군가가 중얼거렸다.

"공짜 여행이 다 그런 거지 뭐!"

다음날 노 대통령은 메르데카(Merdeka)궁에서 수하르토(Soeharto) 대통령과 단독 회담을 했다. 수하르토 대통령은 자바 사람 특유의 부드러운 용모에 온화한 성품으로 대표적인 외유내강형이었는데 그때 이미 20년이 넘게 장기 집권을 하고 있었다.

근 두 시간 가까이 이어진 대화에서 그는 양국 간의 현안은 제쳐놓고 자신의 장기 집권을 정당화하는 논리를 끈질기게 개진했다.

"인도네시아의 3대 국정지표는 국가의 안정, 경제개발과 부의 균

수하르토 인도네시아 대통령과

형 분배입니다. 국가의 안정 없이는 경제개발이 불가능하고 경제개발 없이는 부의 분배가 아니라 가난의 배분만이 가능합니다. 국가의 안정은 이념, 종교, 인종 등 대내외 도전을 극복할 수 있는 국민적 저력(national resilience)의 배양 없이는 불가능합니다. 그러기 위해서는….”

그 말을 들으면서 '우리도 불과 얼마 전까지만 하더라도 외국인들에게 저런 모습으로 비쳤겠구나' 하는 생각이 들었다.

그 후 10년도 못 가서 수하르토 체제는 완전 붕괴되고 인도네시아가 걷잡을 수 없는 혼돈상태로 빠져들게 되었다. 돌이켜보면 만약 우리를 만나던 그 시점쯤에라도 서서히 권력 이양을 시작했더라면 훨씬 나은 결과를 가져오지 않았을까…. 남의 일 같지 않은 안타까움을 느꼈다.

볼키아
브루나이 국왕

다음 방문지인 브루나이는 1984년에 독립한 작은 나라지만 손꼽히는 산유국으로 그 국왕(Sultan Hasanal Bolkia)은 세계적인 갑부로 알려져 있었다. 그때 막 완공된 그의 왕궁은 수억 불의 건축비가 소요되었고 왕궁 내 방의 숫자만 해도 천여 개나 된다는 엄청나게 크고 호화스러운 '아방궁'이었다. 노 대통령은 왕궁에 도착해서 국왕의 영접을 받으면서 인사치레로 말했다.

"궁전이 듣던 대로 무척 크고 화려합니다."

국왕은 그 말이 신경에 걸렸는지 정상회담을 하면서도 장황하게 해명을 했다.

"저의 궁이 크기는 합니다만 해외 언론 보도와 같이 방의 수가 그렇게 많은 건 아닙니다. 건설업자의 자기 홍보와 서방 언론의 과장 보도로 오해가 있습니다. 그리고 이 건물은 왕실 외에 수상실과 국방부의 사무실로도 활용되고(국왕은 수상과 국방장관을 겸했다) 일부 직원들의 숙소나 공공 행사장으로도 쓰입니다. 회교 관습에 따라 라마단(Ramadan) 금식 후 축제 때에는 연 4일 간 수천 명의 국민을 이곳에서 접대하기도 합니다."

노 대통령은 "잘 알겠습니다. 저는 다만 훌륭한 건물을 보고 부러워서 한 말이었습니다"라고 했고, 면담이 끝난 후 우리에게 웃으면서 말했다.

"그 사람 그렇게까지 신경 쓰는 줄은 몰랐지…."

브루나이의 공식행사에는 회교 관습이라면서 국왕의 왕비 두 사람이 나란히 함께 참석했다. 둘 모두 남방 계열의 자그마한 체구였고 특히 항공사 스튜어디스였다가 국왕의 눈에 들어 왕비가 되었다는 둘째 부인은 예상했던 것보다는 평범한 용모였다.

우리에게는 두 사람의 왕비를 똑같이 대해야 하는 의식이 생소했고 특히 우리 대통령 부인은 두 사람 사이에 끼어 앉아서 양쪽과 번갈아 가면서 대화를 나누는 것이 몹시 어색했다고 했다.

개각과 외무부 장관 경질

노태우 대통령이 동남아 순방을 다녀온 직후, 국민적 비난과 질타(叱咤) 속에서 전두환 전 대통령이 통치 기간 중의 잘못과 친인척의 비리 등에 대해서 사죄하고 전 재산을 국가에 헌납하겠다는 내용이 담긴 대국민 사과 담화문을 발표하고 부인과 함께 태백산 속의 백담사(白潭寺)로 은둔 길에 올랐다. 이를 계기로 오랜 우정을 나누었던 전, 노 두 사람의 관계에 금이 갔다.

노 대통령은 그해 12월 초 개각을 단행했는데, '5공 청산' 차원에서 제법 그 폭이 컸고 전두환 대통령이 임명했던 최광수 외무부 장관도 경질 대상이었다. 개각이 결정되던 날은 아침부터 총무처 장관이 들락거리고 비서실장과 민정수석이 부리나케 불려오곤 했지만 저녁 늦게까지도 인선이 완결되지 못하고 있었.

나는 마침 피치 못할 저녁 약속이 있어서 살짝 먼저 빠져나왔는데, 저녁 9시쯤 집에 도착하니까 대통령께서 찾는다는 전화가 있었다는 것이었다. (당시에는 핸드폰이 없었다) 부속실에 전화했더니 노 대통령이 전화를 건네받으면서 말했다.

"이제 다 끝나 가는데, 당신 친정집 문제가 남아서 의견을 들어 보려고 찾았네."

그러면서 두 사람의 장관 후보 이름을 대면서 내 의견은 어떠냐는 것이었다. 나는 둘 모두 가까운 선배이어서 입장이 곤란했지만, 솔직한 생각을 말씀드리지 않을 수가 없었다.

"두 사람 모두 충분한 자격과 능력을 갖추었지만, 제가 보기에는 최호중 대사가 보다 차분하고 안정적일 것 같습니다."

다음날 개각 명단이 발표되고 최 대사는 외무부 장관에 임명되었고, 이후 2년 동안 그는 조용하면서도 능숙하게 우리 외교를 잘 이끌어 나갔다.

부시 미국
대통령 방한

1989년 2월 말에는 취임 한 달이 된 부시 미국 대통령의 방한이 있었다. 히로히토(裕仁) 일본국왕(天皇)의 장례식에 참석하는 참에 중국과 한국을 잠깐 순방하는 형태로, 우리나라에는 모두 6시간을 체류하는 짧은 여정이었다. 청와대에서는 간단한 환영식과 정상회담을 가진 후 한식 별당인 상춘제(常春齊)에서 오찬을 베풀었다.

정상회담은 측근 참모 몇 사람만을 배석시킨 단독 회담 형식이었다. 한미 간 큰 현안이 있는 것도 아니고 양 정부 간 협조도 잘 되고 있는 터여서 부드럽고 우호적인 분위기에서 약 30분 간 간략하게 진행되었다. 노 대통령은 6.29 선언 이후 꾸준히 추진해 오고 있는 민주화 노력과 88서울올림픽의 성공을 바탕으로 전개하고 있는 북방정책을 설명하면서 그간의 미국 협조에 사의를 표하고 앞으로의 계속된 지원을 요망했다. 외교 분야 경험이 풍부한 부시 대통령은 미국의 한국 방위 공약은 확고하고 주한 미군은 한국이 원하고 그 필요가 인정되는 한 계속 한국에 머무를 것이라고 하면서 우리에 대한 주문도 빼지 않았다.

"한국도 이제 많은 발전을 이룩했으니 시장개방 등 국제사회에서 응분의 책임을 다해야 합니다."

이어진 상춘제 오찬은 양측 각 10명만이 참석한 조촐하고 화기애애한 모임이었다. 오찬 중에 노 대통령이 미국의 어려운 대통령 선거 과정을 성공적으로 치른 것을 치하하자 부시 대통령이 답했다.

"미국에서 하원 의장을 오래 역임한 텍사스의 레이번(Sam Rayburn) 의원은 자기를 비난하는 사람들에게 '선거를 치러보지 못한 사람은

부시 미국 대통령을 위한 비공식 오찬
사진 왼쪽부터 이상훈(李相勳) 국방장관, 조순(趙淳) 부총리, 강영훈 총리, 노 대통령, 필자,
최호중 외무장관, 박동진 주미 대사, 김종휘 외교안보수석, 이수정 공보수석,
두 사람 건너 Gaston Sigur 아·태 차관보, James Baker 국무장관, 부시 대통령,
이창호 미국 측 통역, John Sununu 비서실장

지방보안관의 고충을 모른다'라고* 말하곤 했습니다. 민주주의 국가에서 선거란 단순히 권력을 넘겨주기 위한 것이 아니라 그 과정을 통해 국민이 무엇을 원하는지를 파악하는 일입니다. 또한 그 과정을 통해서만 정당한 권한과 책임이 부여되는데 그것이 바로 민주사회의 힘의 원천이라 할 수 있습니다."

---

* 미국에서는 지방보안관도 주민 선거로 뽑는다.

미국 공식 방문과
의회 연설

부시 대통령의 방한에 대한 답방 형식으로 노 대통령은 그해 10월에 다시 미국 방문길에 올랐다. 1년 전의 미국 방문이 유엔 방문에 이은 비공식 방문이었던데 비해 이번은 격식을 갖춘 공식 방문이었다.

백악관 공식 환영식도 있고 숙소도 영빈관(Blair House)에 들었지만, 무엇보다도 미국 의회의 상하원 합동회의에서의 연설이 주요 행사였다. 외국 원수의 미 의회 연설은 특별한 경우에만 시행되는 극히 이례적인 행사로서, 한국의 경우에는 한국전 직후 1954년 이승만 대통령의 연설 이후에는 처음 있는 일이었다.

미국 의회에서의 연설을 우리말로 할 것인지 영어로 할 것인지에 대해서 청와대 내에서 논란이 있었지만 좀 서툴더라도 영어로 하는 것이 미국 사람들에게 호감을 줄 수 있다는 논리가 우세했고 노 대통령도 영어로 연설하는 것에 반대하지 않았기 때문에* 그렇게 하기로 하고 준비를 서둘렀다.

여러 사람이 머리를 짜서 완성한 연설문을 영문으로 번역하고, 노 대통령은 시간이 나는 데로 읽는 연습을 했다. 서울을 떠날 때까지 나와 함께 두어 차례 예행 연습도 했지만, 그 정도로 충분할지 내심 불안하기도 했다. 그러나 실제로 미 의회 단상에서 행한 노 대통령의 영어 연설은 내가 보기에도 합격선을 넘는 것이었다.

나의 의아심은 그날 저녁 대통령 영식 재헌(盧載憲) 군의 말로 해소되었다. 노 대통령은 미국 유학으로 영어가 유창한 아들을 붙들고

---

* 노 대통령은 동년배 군인들 중에는 영어를 잘하는 축에 속했다.

서울에서 밤늦게까지 여러 차례 소리 내어 읽는 연습을 했고 바로 전날만 하더라도 영빈관에서 모두 물러간 뒤 밤늦은 시간까지 연습을 계속했다는 것이다.

교황 요한 바오로 2세의 방한

그해 10월 초에는 교황 요한 바오로 2세의 방한이 있었다. 1984년에 이은 두 번째 방한으로, 서울에서 개최되는 제44차 세계성체대회를 주재하기 위한 것이었다. 방한 첫날 교황 성하(聖下)는 청와대로 노 대통령을 예방하고 단독 면담을 가졌는데, 약 30분 간 두 분의 대화를 통역하면서 나는 애를 많이 먹었다. 연로한 교황께서는 들릴 듯 말 듯 한 음성으로 기도하듯이 조용히 말씀을 이어 갔기 때문에 정확히 그 뜻을 풀어 통역하기가 쉽지 않았던 기억이 난다.

4박 5일의 일정 중 마지막 날 교황 성하는 65만 명의 신자가 운집한 여의도 광장에서 장엄미사를 봉헌하고 '참 평화는 하느님이 주신 은혜이며 정화된 마음들의 결실'이라는 메시지를 선포하였다.
요한 바오로 2세는 폴란드 출신으로 동구권의 탈공산주의 운동의 정신적 지주였으며 전 세계 가난하고 불쌍한 사람들을 따뜻하게 보듬은 성자로서 그의 두 번에 걸친 방한은 우리 가톨릭교회의 활성화에 큰 도움이 되었다.

북방정책

노태우 대통령 재임 중(1988~93) 가장 큰 국정 성과를 꼽는다면 누가 무어라 하더라도 '북방정책'의 성공이라고 아니할 수 없다.

1978년 이후 중국은 덩샤오핑(鄧小平)의 지도 하에서 실용주의 노선으로 크게 물줄기를 틀기 시작했고, 소련이 1985년 고르바초프(Mikhail Gorbachev) 집권 이후 개방(Glasnost)과 개혁(Perestroika)을 적극 추진하면서 세상이 바뀌고 있었다.

서울올림픽의 성공으로 국제사회에서 우리의 위상이 고양되고 공산권 국가들과의 교류에 물꼬가 트인 것을 기회로 정부는 중·소를 비롯한 공산권 국가들과의 관계 개선을 적극 추진했다. 그 결과 1989년 초부터 헝가리를 위시한 동구권 국가들과의 외교관계 수립이 시작되었고 1990년에는 역사적인 소련과의 국교 수립이 이루어졌으며 1991년에는 남북한의 유엔 동시 가입, 그리고 1992년에는 한·중 수교로 이어졌다.

나는 1990년 말까지는 대통령 측근에서 동구권 및 소련과의 관계 수립을 지켜보았고, 1991년에는 주유엔 대사로 유엔 가입을 현장 지휘했다. 1992년에는 외무부 차관으로서 한·중 수교에 기여하는 등 조금씩은 다른 위치에서 우리의 북방외교의 진행에 참여할 수 있었는데, 나의 외교관 생애에서 가장 보람된 시기였다고 생각한다.

유럽 순방

세계정세와 우리 위상의 변화를 배경으로 1989년 11월에는 노태우 대통령의 유럽 순방이 이루어졌다. 2주일 동안 서독, 헝가리, 영국과 프랑스를 공식 방문했는데 바쁜 일정이기는 했지만 매우 다채롭고 인상적인 여행이었다.

노 대통령 부부와 수행원, 경호원, 기자 등 일행 150여 명은 유럽으로 가는 도중에 알래스카의 앵커리지(Anchorage)에 내려서 1박 했다. 장거리 비행에서 오는 피로를 줄이고 시차도 조정할 목적이었는데, 11월 중순의 앵커리지는 벌써 한겨울이었고 사방이 눈 천지여서 갈 곳도 없고 할 것도 없었다.

우리는 알래스카 주정부에서 마련해준 대로 대여섯 마리의 개가 끄는 썰매에 나누어 타고 눈 위를 달려보았는데 제법 속도가 있어서 스릴을 느낄 수 있었다.

베를린 장벽 붕괴와 독일 통일

노 대통령은 11월 20일 서독 수도 본(Bonn)에 도착해서 공식 일정에 들어갔다. 마침 독일에서는 역사적인 통일의 서막이 열리고 있었다.

헝가리와 체코에서 일어난 탈공산주의 운동에 영향을 받아서 그해 10월부터 동독 젊은이들의 정치개혁을 요구하는 시위가 꾸준히 이어지더니 11월 7일에는 마침내 동독 내각이 총사퇴하고 그 이틀 후에는 베를린 장벽이 무너져 내리는 사태로까지 급진전한 것이다.

이러한 사태의 급변은 불과 몇 주일 전만 하더라도 아무도 예상치 못한 일이었다. 당시 서독 정부는 동독이 완전 와해되어 걷잡을 수 없는 위기 상황으로 진전되지나 않을까 우려하면서 사태 추이를 조심스럽게 주시하고 있었다. 바이츠제커(Richard von Weizsaecker) 대통령과 콜(Helmut Kohl) 수상과의 대화는 자연히 한·독 양국의 통일에 대한 열망과 기대에 초점이 모아졌는데 그들도 그 후 1년도 되기 전에 자기 나라가 완전히 통일되리라고는 예상하지 못하고 있었다.

유럽 순방을 준비하고 있던 그해 10월 말에 일찍이 독일 통일의 초석이 된 '동방정책'(Ostpolitik)을 주창한 브란트(Willy Brandt) 전 서독 수상이 청와대를 예방한 적이 있다. 노 대통령이 오찬을 대접하면서 한국과 독일의 통일에 대한 전망을 물은 데 대해서 브란트 전 수상은 자신 있게 말했다.

"미안한 말씀이지만 국내외 정세로 보아서 한국보다는 독일의 통일이 먼저 이루어질 가능성이 큽니다. 독일은 금세기 말이 아니면 늦어도 다음 세기 초에는 틀림없이 통일될 것입니다."

그때가 베를린 장벽이 붕괴되기 2주일 전이었다. 그 시점에서도 브란트 자신조차 독일의 통일이 아무리 빨라도 10년 후에나 가능할 것으로 보고 있었던 것이다.

후에 독일의 원로 언론인 좀머(Theo Sommer) 박사에게서 들은 이야기지만, 1989년 11월 9일 서독 콜 수상은 바르샤바(Warsaw)를 방문하고 있었는데, 폴란드 반체제 투사인 바웬사*가 그와의 단독 면담 자리에서 "당신 정부는 왜 통일 문제에 대해서 방관만 하고 있습니까!"라고 힐난했다고 한다. 독일로 인하여 수차 국권 상실을 경험한 폴란드로서는 독일 통일이 단순한 남의 일만은 아니었기 때문이다.

---

* Lech Walesa, 1990~95 폴란드 대통령 역임.

이에 대해서 콜 수상은 농반진반으로 대답했다고 한다.

"걱정하지 마시오. 독일은 통일됩니다. 나는 그것을 보지 못하더라도 당신은 젊으니까 당신 생전에는 꼭 통일된 독일을 보게 될 것입니다."

그런데 바로 그날 저녁 콜 수상은 공식 만찬 도중에 베를린 장벽이 무너지고 있다는 보고를 받고 급거 귀국했다는 것이다.

위의 두 가지 일화는 국제정세를 분명하게 전망한다는 것이 얼마나 어려운 일인가를 일깨우는 에피소드로, 한국의 통일도 어느 날 갑자기 우리 앞에 현실로 다가올 수 있다는 가능성을 시사하는 얘기이기도 하다. 우리의 통일도 '남북간 평화 프로세스'의 결과로 단계적으로 그리고 예측 가능하게 이루어지기보다는 몇 가지 돌발사태의 연속선상에서 갑자기 전개될 가능성이 크다고 생각된다.

헝가리
체제 전환의 고통

다음으로 이어진 헝가리 방문에서는 나름대로 성의를 다한 융숭한 접대를 받았다. 헝가리는 우리 국가원수가 방문한 첫 번째의 구 공산권 국가였다.

공항 영접 행사에서는 군 의장대의 사열과 분열이 있었는데 서방식 의전에 젖어온 우리로서도 매우 특이한 경험이었다. 소련식 군 의전 같았는데 대단히 절도 있고 힘찬 동작들이 일종의 전율을 느끼게 했다.

로잔의 국제올림픽위원회에서
사진 왼쪽부터 노 대통령, 사마란치 IOC 위원장, 필자, 김운용(金雲龍) IOC 위원

    당시 헝가리는 40년 간의 공산주의 획일 체제로부터 민주 다원 사회로 전환하는 초기 과정에서 많은 혼란과 어려움을 겪으면서 우리의 협력과 도움을 절실히 요망하고 있었다.

    노 대통령은 헝가리 의회에서 '화해의 새 시대를 함께 여는 동반자'라는 제목의 연설을 했다.

    "헝가리공화국이 나아가고 있는 개방, 개혁, 민주화는 바로 한국이 추구해온 국가건설 방향과 궤(軌)를 함께하는 것입니다. … 한국과 헝가리 두 나라 관계를 세계의 모범이 되는 우호 협력관계로 발전시키고 싶습니다."

    헝가리 측에서는 대통령 이하 전 각료가 그 연설을 참관하는 성의를 보였다.

대통령, 수상 등 정부수뇌와의 면담에서는 우리의 경제협력 문제가 논의의 주가 되었다. 그리고 민주화 과정에서 난립하고 있는 각 정당, 사회단체 대표들을 개별적으로 또는 여러 사람을 함께 연이어 면담했는데 그들도 모두 우리로부터 배우고 도움을 받기를 청했다.
　'역사 깊고 아름다운 마자르(Magyar) 나라가 2차세계대전의 격랑에 휩쓸려서 어쩌다 소련 공산 제국의 속방이 되는 바람에 이 고생들을 하고 있구나…'
　동정을 금할 수 없었다.

　대통령 일행은 헝가리 방문을 마치고 영국으로 가는 길에 주말을 스위스의 로잔(Lausanne)에서 보냈다. 스위스의 윤번제 대통령을 만나고 국제올림픽위원회 본부로 가서 서울올림픽을 계기로 가까워진 사마란치(Juan Antonio Samaranch) 위원장을 만나본 뒤에는 알프스의 높은 산들이 바로 눈앞에 전개되는 호반의 한적한 호텔에서 휴식을 취했다.

대처
영국 수상

　영국에서는 웨스트민스터사원(Westminster Abbey)에서의 헌화를 시작으로 공식 행사가 시작되었다. 런던시장(Lord Mayor of London)이 주최한 성대한 공식 환영연, 여왕이 버킹엄궁전(Buckingham Palace)에서 주최한 가족적인 분위기의 오찬, 다우닝가 10번지(10 Downing St.)의 수상 관저에서의 회의를 겸한 만찬, 기타 행사들 모두 오랜 전통과 격식에 맞추어 장중하고 품위 있게 진행되었다.

영국에서 가장 인상 깊었던 것은 대처(Margaret Thatcher) 수상과의 만남이었다. 강력한 노조의 반발을 분쇄해서 파업과 태만으로 만성이 된 '영국병'을 고치고 포클랜드 전쟁에서 아르헨티나를 굴복시킨 '철의 여인'(Iron Lady)으로 알려진 대처 수상은 노 대통령을 관저 문 앞에서 정중하게 맞이했다. 우아한 헤어 스타일과 단정한 복장, 세련된 몸가짐은 여느 귀부인이 손님을 마중하는 모습과 별로 달라 보이지 않았다.

만찬이 시작되기 전에 관저 2층 서재에서 가진 정상회담은 각기 한 명씩의 보좌관만을 배석시킨 단독 대담이었다. 약 한 시간 정도 진행된 대화에서 나는 양쪽을 모두 통역했는데 나에게도 무척 오래 기억에 남는 것이었다.

대처 수상은 부드럽게 상대의 발언을 유도했다.

"각하께서 손님이시니 먼저 말씀하시지요."

노 대통령이 국제정세와 우리 입장을 설명해 나가자 그는 조용히 경청하면서 간혹 머리를 끄덕여 동감을 표시했다. 노 대통령은 상대가 강한 개성과 세계적 명망을 지닌 여성인지라 처음에는 약간 부담을 느끼는 듯했으나 다소곳하게 상대를 배려하는 수상의 자세에 고무되어 자신 있게 발언을 이어갔다.

화제가 동북아 정세로 옮겨지자 그때까지 조용히 듣고만 있던 대처 수상이 입을 열었다.

"지난 여름 베이징에서 벌어진 불행한 일에 대해서 저로서는 도저히 납득이 되지 않는 점이 있습니다. 각하께서는 바로 이웃 나라이고 같은 문화권에 속해 있으니 중국 정부의 태도를 우리보다는 잘 이해하시리라 봅니다. 이 문제에 대한 각하의 평가를 듣고 싶습니다."

그해 5월에서 6월 초에 걸쳐 북경에서 대학생을 중심으로 수십만의 군중이 톈안먼(天安門) 광장에 운집해서 민주화를 요구하는 시위를 감행하다가 군대가 출동해서 강제 해산시키는 과정에서 많은 희생자가 발생한 소위 '천안문 사태'를 지적하는 것이었다. 그에 대해서 노 대통령이 답했다.

"한국으로서도 그 사태를 대단히 유감스럽게 생각하고 중국 정부의 무차별 탄압을 규탄했습니다. 그러나 중국의 문화, 역사와 국민성으로 보아 시간은 걸리겠지만 결국은 개혁과 개방으로 복귀할 것입니다. 서방에서 인권 문제로 지나치게 몰아세우면 오히려 반발을 야기할 것이 우려됩니다."

그때까지 조용히 듣고만 있던 대처 수상이 노 대통령을 똑바로 바라보면서 강한 어조로 말했다.

"저는 평소에 덩샤오핑은 퍽 합리적인 사람이고 고생을 많이 했기 때문에 신중히 행동하리라 생각했는데, 그들이 그런 무자비한 짓을 했다는 걸 도저히 이해할 수 없습니다. 대중을 향해서 무차별 사격을 가하는 자들을 용서할 수는 없습니다!"

그리고 대화가 남북한 문제로 옮겨가서 노 대통령이 김일성 주석과의 남북 정상회담을 제의했다고 언급하자 대처 수상이 말했다.

"북한은 참으로 나쁜 나라(terrible country)이고 김일성은 참으로 나쁜 사람(terrible man)입니다! 그런 사람과 건설적인 대화가 가능하다고 보십니까?"

노 대통령이 인내와 성실로 대화와 협력을 추진하겠다고 설명하자 그는 단호하게 말했다.

"그 문제에 대해서 물론 제가 왈가왈부할 입장은 아닙니다. 그러나 저는 공산주의자는 결코 믿지 않습니다!"

이념 문제에 관한 한 가부(可否)와 호불호(好不好)가 칼로 자르듯이 분명했다.

대처 영국 수상과

대처 여사는 1979년부터 11년 간 영국 수상을 역임해서 전후 최장수 집권의 기록을 세웠다. 나는 그 후에도 외무 차관으로 있을 때와 주영국 대사로 근무할 때 다시 그를 가까이 대할 기회가 있었는데, 철저하고 고집 센 보수우익 정치가로서 '냉혹한 지도자'라는 비난도 받았지만, 영국을 쇠퇴의 나락(奈落)에서 구해낸 '신념의 정치인'으로서 쉽게 잊히지 않는 인물이다.

프랑스 국빈 방문

마지막 순방국인 프랑스에서는 장엄하고 화려한 영접을 받았다.

방문 형식부터가 단순한 공식 방문(official visit)이 아닌 국빈 방문(state visit)이어서 미테랑(Francois Mitterand) 대통령이 직접 공항에 나와서 영접했다. 연도는 태극기와 삼색기로 장식되었고 화려한 전통 복식을 한 기마대가 호위하는 가운데 국빈관인 마리니궁(Hotel Marigny)으로 들어갔다.

다음 날 샹젤리제(Champs Elysee)의 개선문에서 무명용사의 묘에 헌화하는 것을 시작으로 미테랑 대통령과의 정상회담, 쉬락(Jacques Chirac) 파리 시장, 로까르(Michel Rocard) 수상 등 접견, 엘리제궁(Palais Elysee)에서의 환영 만찬, 케도르세(Quai d'Orsay, 외교부)에서의 공식 오찬 등 행사들이 이어졌다.

한국 대통령을 프랑스가 그렇게 '극진하게 모시는' 데에는 이기적인 타산이 끼어 있었는데, 그것은 다름 아닌 고속전철 건설 사업 수주 문제였다. 당시 '단군 이래 최대의 역사(役事)'라고까지 일컬어지던 경부고속전철 사업에 프랑스, 독일과 일본이 치열하게 경합하고 있었는데 그중에서도 프랑스가 제일 적극적으로 로비를 했다.

프랑스는 방문 준비 과정에서부터 대통령 일행의 프랑스 고속철(TGV) 시승을 고집했다. 우리는 여러 궁리 끝에 파리에서 르망(LeMans)까지의 짧은 구간만 시승하는 것으로 합의해 주었는데, 실제 시승하는 날 프랑스는 미테랑 대통령의 동생 등 많은 정재계 인사를 동승시켜서 쉴 새 없이 프랑스 기술의 우수성을 홍보하는 열의를 보였다. 수상과 외상도 대통령을 예방하면서 빼지 않고 고속철 이야기를 늘어놓아서 참을성 있는 노 대통령도 나중에는 우리에게 짜증을 내기까지 했다. 하여간 그러한 끈덕진 노력 끝에 프랑스는 결국 김영삼 정부 때 경부고속철 건설 사업권을 따내는 데 성공했다.

미테랑 대통령과의 단독 정상회담은 별다른 이견 없이 순탄하게 진행되었다. 특히 급변하고 있는 독일 사태와 관련해서 그는 조심스럽게 말했다.

"독일의 급격한 통일 추진은 소련을 불안하게 만들어 불의의 사태를 일으킬 수도 있을 것이므로 서서히 추진되는 편이 좋습니다. 당분간은 유럽공동체 통합에 주력하는 것이 독일이나 유럽 전체를 위해 옳은 일이 될 것입니다."

프랑스나 영국 등 유럽 국가들의 지도층 심리 저변에 깔려 있는 독일 통일에 대한 일말의 의구심과 불안감을 느낄 수 있는 말이었다.

소련과 동구권 뿐 아니라 이웃 서구 우방들까지도 그러한 우려와 불안을 가지고 있음에도 불구하고 서독이 곧바로 평화적인 통일을 이룩할 수 있었던 데에는 역사적인 기회의 창이 열렸을 때 실기하지 않고 그것을 휘어잡은 콜 정부의 용기 있는 결단이 돋보였지만, 그런 것이 성공할 수 있었던 배경에는 2차세계대전 이후 서독이 꾸준히 견지해온 선린 외교정책과 함께 미국과의 확고한 동맹 관계 구축이 크게 자리 잡고 있었다. 미국의 부시 정부는 독일 통일 과정에서 시종일관 강력하게 서독 정부를 지원했다. 독일 통일은 실로 우리에게 시사하는 점이 크다고 하겠다.

3당 통합

바쁘고 화려한 외유를 마치고 귀국하자마자 노태우 대통령은 또다시 국내 정치에 골몰하게 되었다. 노 대통령은 야권 '3김'과의 개별적인 연쇄 영수 회담을 통해서 현안인 '5공 청산'을 마무리 짓고 여소

야대의 어려운 정국을 돌파하려고 안간힘을 썼다. 그 결과 1989년 연말에는 전두환 전 대통령이 국회 청문회에 출두하는 것으로 5공 청산을 일단 매듭짓고 다음 해 1월에는 김영삼, 김종필 양 씨와 함께 '3당 통합'을 선언하기에 이르렀다.

노 대통령은 1989년 여름부터 시작된 3김과의 연쇄 회담에 많은 신경을 썼다. 김종필 씨와의 대화는 정치적 배경과 성향이 비슷해서 별다른 어려움이 없었지만, 골수 야당 출신인 김영삼, 김대중 양 씨와의 개별 회담은 끈질긴 신경전의 연속이었다. 오찬을 겸한 단독 회담이 보통 두세 시간씩 이어졌는데 그것을 끝낸 노 대통령은 몹시 피곤해 보였다.

한번은 그런 연쇄 회담이 한차례 끝난 후 비서실장 등과 함께 환담하는 자리에서 노 대통령은 양 김 씨와의 대화에 대해서 이렇게 논평했다.

"김영삼 씨와 이야기하다 보면 처음부터 끝까지 말다툼으로 일관됩니다. 조금도 상대방을 이해하거나 양보하는 법이 없어요. 반면에 김대중 씨와의 대화는 대체로 잘 풀려가는 편입니다. 서로 얼굴을 붉히고 싸울 일이 별로 없지요. 그러나 대화를 끝내고 되돌아보면 김영삼 씨와는 무엇에 합의했고 무엇에 이견이 있었는지가 분명한 데 김대중 씨의 경우에는 그것이 확실치 않아요."

3당 통합 이후에 노 대통령은 '한 지붕 세 가족' 간의 융합을 위해서 김영삼, 김종필 양 씨와 될 수 있는 대로 자주 격의 없는 모임을 갖도록 노력했다. 처음에는 청와대 근처 안가에서 조촐한 저녁 모임 자리를 마련하기도 했다. 노 대통령은 술자리에서 노래하기도 좋아하고 잘 어울리는 편이었고 김종필 씨는 그런 자리에는 도통한 분이었지만 김영삼 씨는 영 그런 분위기에 어울리지 않았다. 술도 하지 않고 노래도 극구 사양했다. 한번은 김종필 씨가 그에게 노래를 간청하다가 끝까지 사양하자 핀잔을 주었다.

"원, 사람도! 하다못해 찬송가도 한 구절 못 하나! 지금까지 뭘 하고 살았누."

1990년 봄 노 대통령은 충북 청원의 대청호(大淸湖) 호반에 있는 대통령 별장 청남대(靑南臺)에 양 김 씨를 초청해서 골프를 했다. 청남대의 골프장은 정규 골프장 네 개 홀 정도의 면적에다 여섯 개의 그린을 만들어 놓고 이리저리 교차하면서 세 번을 돌면 끝나게 되어 있었다. 노 대통령의 골프 실력은 또박또박 별 실수 없이 핸디캡 18 정도는 되었고 김종필 씨는 왕년에 싱글 골퍼로 이름난 실력이었지만 김영삼 씨는 골프를 별로 즐기지도 않았고 제대로 공을 맞히지도 못하는 정도였다. 가뜩이나 서투른 솜씨인데다가 남에게 지기 싫어하는 성격까지 작용해서 있는 힘을 다해서 공을 내려치면 헛땅을 때리기가 일쑤였다. 대통령과 주변의 강권 때문에 나오기는 했지만, 그에게 골프는 하나의 고역으로 보였다.

일본 방문

3당 통합으로 일단 정국 안정을 이룩한 노태우 대통령은 1990년 5월 말에 일본을 공식 방문하게 되었다. 다른 나라들은 이곳저곳 방문하면서 정작 가장 가까이 있고 우리와는 특수하고 밀접한 역사적 관계를 가진 일본을 방문하지 않는다는 것이 상례가 아닐 뿐더러 과거의 잘못된 역사를 넘어서서 진정한 동반자 관계를 이룩하기 위해서도 필요한 일이었다. 그래서 1989년에도 일본 방문이 거론되었다가 우리 국내 사정으로 일차 연기된 적이 있었는데 다시 날짜를 잡아서 시행된 것이다.

일본과는 '과거사 청산'과 새로운 관계 정립 외에도 무역역조의 시정, 투자 및 기술협력 유치, 재일교포의 법적 지위 향상 등 주요한 현안들이 걸려 있었기 때문에 다른 나라 방문 때와는 다른 조심스러움이 있었다.

노 대통령 부부는 5월 24일 도쿄에 도착해서 영빈관에서 여장을 풀고 왕궁(皇居)으로 아키히토(明仁) 일왕(天皇) 부부를 예방했다. 궁궐은 깨끗하고 정갈하게 가꾸어져 있었고 분위기는 지나가는 사람의 옷깃 스치는 소리가 들릴 정도로 조용했다. 일왕 부부는 친절하고 정중하게 손님을 맞이했는데 평생 엄격한 왕실 규범(皇室典範)에 얽매여 살아서인지 분재 인간(盆栽人間) 같다는 느낌을 주었다.

우리는 그날 저녁 환영 만찬에 참석하기 위해서 다시 니주바시(二重橋)를 건너 궁성으로 들어갔다. 만찬은 순수한 양식으로 차렸는데 나오는 음식과 포도주는 모두 세계 최고급품들이었다. 일왕은 만찬사에서 '과거사'에 언급했다.

"일본에 의해 초래된 불행했던 시기에 한국민들이 겪었던 고통을 생각하고 통석의 염(痛惜의 念)을 금할 수 없습니다."

만찬 후에는 별실에서 여흥으로 궁중음악이 연주되고 고전무용이 소개되었는데 음악은 우리나라 아악(雅樂)과 비슷했고 무용은 절제되고 단아하기는 했지만 무척 단조로운 것이었다.

노 대통령은 가이후(海部俊樹) 총리와의 두 차례에 걸친 회담, 각 당 당수 등 정계 수뇌의 접견, 경제인들과의 오찬 등 국가원수 외국 방문 시 통상적으로 하게 되는 일정을 가졌다. 그리고 5월 25일에는 한국인으로는 처음으로 일본 의회에서 연설을 했다. '변화하는 세계 속의 한일 관계'라는 연설에서 노 대통령은 힘주어 말했다.

"오늘의 우리는 나라를 지키지 못한 스스로를 자성할 뿐, 지난날을 되새겨 그 누구를 탓하거나 원망하려 하지 않습니다. 내가 말하려는 것은 진실에 바탕을 둔 두 나라 국민의 참된 이해이며 그것을 바탕으로 밝은 미래를 열어나가자는 것입니다."

그 대목에서 가장 많은 박수가 터져 나왔던 것으로 기억된다.

귀로에 잠시 오사카(大阪)에 들러 우리 교민들을 격려하고 귀국길에 오른 노 대통령은 공항의 귀국 인사에서 한일 관계에 대해 국민에게 호소했다.

"이번에 일본이 표명한 사과가 우리의 기대에 미치지 못하더라도 일본이 일단 잘못을 솔직히 인정하고 반성, 사과한 이상 우리는 그것을 아량으로 너그러이 받아들여 이제는 선린우호의 새로운 시대를 열어가야 합니다."

일본을 '가깝고도 먼 나라'라고만 생각하지 말고 새로운 시대를 맞이해서 함께 살아가야 하는 '가까운 이웃 나라'로 여기자는 말이었다.

그러나 양국 간 깊게 파인 감정의 골은 그 후에도 기회 있을 때마다 불거져 나와서 긴밀한 우호 협력관계 발전에 지장을 주었다. 다람쥐 쳇바퀴 돌듯이 그러한 일이 반복될 때마다 나는 노 대통령이 일본 의회에서 한 연설의 그 대목이 연상된다.

우리는 대외관계에 있어서 명분이나 감정에 치우친 속 좁은 민족주의를 탈피하고 보다 개방적이고 실리적인 사고와 행동 양식을 키워 나가야 한다. 아직도 정계와 언론 일각에서 그에 역행하는 퇴행적인 작태들을 보이고 있는 것은 심히 유감스러운 일이 아닐 수 없다.

샌프란시스코
한·소 정상회담

일본을 다녀온 지 1주일 만에 노태우 대통령은 다시 외유의 길에 나섰다. 이번에는 샌프란시스코로 가서 소련의 고르바초프 대통령을 만나기 위한 것이었다.

몇 년에 걸친 우리의 끈기 있고 성의에 찬 접촉이 결국 크렘린을 움직여서 한·소 정상회담에 응하겠다는 소련의 통보가 온 것은 일본 방문 이틀 전인 5월 22일이었다.

오랫동안 소련의 주미 대사를 지냈고 당시 고르바초프 대통령의 외교 고문으로 있던 도브리닌(Anatoli Dobrinin)은 서울에서 개최된 전직 국가수반 회의(속칭 OB Summit) 참석을 위해서 방한한 기회에 저녁 늦은 시간 비밀리에 청와대로 노 대통령을 예방했다. 그 자리에서 고르바초프 대통령이 다음 달 워싱턴 방문 후 귀국하는 길에 6월 4일 샌프란시스코를 경유하기로 되어있는데, 그곳에서 노 대통령과 만나서 양국 관계 발전에 관한 의견을 교환하고자 한다는 메시지를 전달해 온 것이다.

그 다음날부터 역사적인 정상회담을 위한 준비가 소리 없이 진행되었고 청와대는 출발을 며칠 앞둔 5월 31일에야 이 회담 사실을 공식적으로 발표했다. 외교 관계가 없는 국가 간의 정상회담인 데다가 구체적인 시간과 장소가 확정되지 않았고 의제나 순서 등 의전 절차도 미정인 상태에서 노 대통령은 관계 참모들만을 대동하고 일요일인 6월 3일 샌프란시스코에 먼저 도착해 고르바초프가 묵기로 한 페어먼트 호텔(Fairmont Hotel)에 투숙했다.

그날 오후 노 대통령은 고르바초프와 만나기 위해 같은 호텔에 투숙 중인 레이건 전 대통령의 예방을 받고 잠시 환담했다. 곧이어 오랜 공직 생활에서 물러나 그곳 스탠퍼드대학(Stanford Univ.)에 몸담고 있던 슐츠 전 국무장관과 만났다. 고르바초프가 귀국하는 길에 샌프란시스코를 방문토록 설득하고 우리에게 미리 그 사실을 알려주는 등, 한·소 정상회담 성사를 위해서 음양으로 많은 도움을 준 슐츠 장관은 선의의 충고도 잊지 않았다.

"이번의 한·소 정상회담은 만남 그 자체만으로도 큰 의의가 있는 것이니 회담에서 혹시 소련과의 수교가 합의되지 않더라도 너무 조급하게 생각하지 마십시오."

다음날 오전에는 미 국무성 의전장이 인사차 들렸고, 솔로몬(Richard H. Solomon) 아·태 담당 차관보로부터 워싱턴의 미·소 정상회담에서 논의된 한반도 관련 사항에 대한 브리핑을 받았다.

"고르바초프는 한국과의 관계 개선의 이유가 경제교류 가능성이라고 설명했고, 한국과의 관계 개선이 북한과의 관계를 복잡하게 만들겠지만 그에 구애되지 않고 대한(對韓) 관계를 진전시켜 나가겠다고 하였습니다. 우리가 감지하기로는, 소련이 현 단계에서 한국과의 경제 관계를 증대하려는 것은 일본을 소련에 대한 무역 및 투자에 좀 더 적극적으로 이끌어 내기 위한 간접적 압력 수단으로 이용하고자 하는 의도도 있는 것 같습니다."

대통령과 우리 수행원들은 호텔 방에서 소련 측으로부터 만나자는 연락이 오기만을 기다리고 있었다. 소련 측은 도브리닌을 유일한 연락 창구로 내세웠고 그는 정상회담이 열릴 호텔 객실과 시간을 당일 노재봉 비서실장에게 연락키로 되어 있어서 노 실장은 자기 방에서 꼼짝 못 하고 대기할 수밖에 없었다.

공표된 고르바초프의 그날 일정에 의하면 스탠퍼드대학 방문과 미국 기업인과의 간담회가 끝나면 호텔로 돌아왔다가 저녁 일찍 블라디보스토크(Vladivostok)로 떠나기로 되어 있었다. 그 출발 전에 시간을 내어 우리와 만나기로 한 것으로, 오후 4시 전에는 호텔로 돌아오는 것으로 알고 있었지만 아침부터 일정이 조금씩 차례로 밀리더니 4시가 넘어서도 도착하지 않고 있었다.

점점 시간이 지나가자 이러다가 혹시 고르바초프가 '시간이 없어서 미안하다면서 약속을 깨트리고 귀국해 버리는 건 아닐까' 하는 부질없는 생각까지 들어서 답답하고 초조했다. 그러던 중 오후 5시가 조금 지나서 노 실장이 상기된 표정으로 대통령이 있는 거실로 들어와서 보고했다.

"전화가 왔습니다. 곧 만나자고 합니다."

우리는 본관 7층에 있었는데 신관 23층으로 오라고 한다기에 부리나케 호텔 로비로 내려갔다. 로비에는 미·소 양측 경호원, 행사 요원, 취재 기자들, 구경 나온 호텔 투숙객들로 시장판 같이 북적대고 있었다.

우리는 미국 측 경호원의 안내로 신관 엘리베이터를 타게 되었는데, 엘리베이터 앞에서 소련 경호원들이 대통령을 수행하는 우리의 머릿수를 하나씩 세더니 "다섯 명만!" 하면서 막아섰다. 그들의 태도가 어찌나 투박하고 거칠지 잠시 실랑이가 벌어졌지만 결국 회의에는 참석치 않기로 되어 있는 비서실장, 경호실장 등은 다음 엘리베이터를 이용할 수밖에 없었다.

엘리베이터를 내려서는 긴 복도를 지나 맨 끝에 있는 큰 방으로 안내되었는데, 방에 들어가 보니 소련 경호원 몇 명만 서성거릴 뿐 우리를 영접하는 사람이 아무도 없었다. 내심 불쾌해서 아무도 입을 열지 않는 가운데 어색하고 불편한 분위기가 이어졌다.

옆에 가만히 서 있는 대통령이 보기에 민망해서 "좀 앉아서 기다리시지요" 했더니 "어…. 괜찮아" 하면서 그대로 서 있었다. 그런 상태로 한 5분쯤 지나니까, 도브리닌이 헐레벌떡 나타나서 너스레를 떨었다.

"누가 여기로 안내했나?! 회담장은 바로 위층인데…."

그런 차질에 무슨 저의가 있었는지는 밝혀지지 않았지만, 내가 보기에는 그날 고르바초프가 바쁜 일정에 쫓기다 보니 미리 한국 대통령과의 회담에 대해서 점검 브리핑을 받을 여가가 없어서 시간을 벌기 위해 벌린 촌극이 아닌가 생각되었다.

어찌 되었든 양국 정상은 역사적인 회담을 했다. 약 40분 간 진행된 회담은 우호적인 분위기에서 개최되었고 조속한 시일 내에 한·소 수교를 기정사실로 하는 만족스러운 것이었다. 고르바초프는 자리에 앉자마자 시원스럽게 말했다.

"세계가 변화하고, 우리 스스로가 변하고, 또한 우리 양국 관계와 입장이 변화하고 있는데 '우리가 왜 못 만나겠는가!'라고 생각해서 각하의 면담 제의를 수락한 것입니다."

국제정세와 그간의 한·소 관계 진전에 대한 양측의 언급이 있은 다음 노 대통령이 양국 관계의 정상적 발전을 위해서 양국 간 수교가 필요하다고 하자, 고르바초프는 우선 양국 간 관계 증진을 위한 한국의 경제협력 필요성을 완곡하게 시사했다.

"우리 공산주의자들은 양질전환의 법칙이라는 것을 믿는데, 양국 간 교류 협력이 양적으로 커지면 어느 단계에서 양국 관계에도 질적인 변화가 올 것입니다."

노 대통령이 상당한 정도의 경제협력을 제공할 용의를 표명하면서 조기 수교를 강조한 데 대해서는 직답을 피했다.

"한·소 수교는 멀지 않은 장래에 이루어질 것입니다. 그러나 너무 조급히 해서는 안 된다고 생각합니다. 과일도 잘 익지 않으면 먹을 수 없습니다. 잘 익도록 성숙시킵시다."

노 대통령이 말을 이었다.

"우리나라에서 나는 참을성이 많은 사람으로 정평이 나 있는데, 내가 과일이 익었다고 하면 그것은 틀림없이 맛있을 겁니다."

고르바초프는 환하게 웃으면서 자리에서 일어났다.

"좋습니다. 시간을 낭비하지는 맙시다."

회의를 마친 양 정상은 각기 상대방 수행원들과 악수하면서 작별 인사를 나누었다. 마지막으로 두 정상이 마주 서서 작별을 할 때 노 대통령이 말했다.

"오늘 우리의 만남을 기념하도록 사진을 찍는 것이 좋겠습니다."

회담 준비 과정에서 기념촬영을 하자는 우리의 제안에 대해서 소련 측은 '그것은 그날 편의에 따라 결정하자'면서 합의를 유보했다. 북한을 고려해서 소극적으로 대응한 것으로 보았다. 고르바초프는 그 건에 대하여 사전에 참모들의 부정적인 건의를 받았는지 잘라 말했다.

"그것은 곤란합니다."

노 대통령은 창밖으로 보이는 바다를 가리키면서 말했다.

"저 태평양 건너편에 한국과 시베리아가 있는데, 저쪽에서는 오늘 이 방에서 무슨 일이 있었는지 많이 궁금해 하고 있을 테니 그 궁금증을 풀어 줍시다."

고르바초프는 웃으면서 좋은 말로 다시 거절했다.

"우리가 만났다는 것을 공개하는 데 반대하는 것은 아니지만 사진은 좀 곤란합니다. 우리 속담에 귀한 것일수록 가슴 속에 소중히 간직하라는 말이 있습니다."

통역하고 있던 나로서도 '난감하게 되었구나'라고 생각했는데, 노 대통령은 그래도 자기 주장을 되풀이했다.

"우리 속담에는 백문이 불여일견(百聞不如一見)이라는 말이 있습니다. 만약 사진이 없으면 우리 국민은 내가 아무리 설명해도 이 분위기를 잘 이해하지 못할 겁니다."

노 대통령이 쉽사리 물러설 기색이 없음을 눈치챈 고르바초프는 흔쾌히 동의했다.

"정 그러시다면 좋습니다."

밖에서 대기하던 사진사들이 들어와서 만면에 웃음을 띠고 악수를 교환하는 두 정상을 향해서 플래시를 터트리기 시작했다. 우리 수행원들은 안도의 숨을 쉬고 있었는데, 웃으면서 포즈를 취하고 있던 노 대통령이 한쪽 손가락으로 가까이 오라는 신호를 보내고 있는 것이 아닌가! 가까이 다가가니까 나지막이 말했다.

"우리 사진사들이 안 보이잖아!"

한·소 정상회담을 마치면서

그제야 우리는 문밖에서 소련 경호원들의 제지로 입장하지 못하고 있던 우리 사진사들을 급히 불러들여서 보도사진을 찍게 할 수 있었다. 그렇게 찍은 사진들이 다음날 국내외 언론에 크게 실리면서 한·소 관계가 열리고 있다는 사실을 만천하에 널리 알렸다.

회담을 끝마치고 나는 노 대통령의 외신기자 회견을 도왔다. 넓은 회견장을 가득 메운 각국 기자들의 쏟아지는 질문에 대통령은 침착하게 대답했고 나는 그 뜻을 새겨 정확하게 통역하려고 노력했다.

나는 정상회담에서도 단독 통역을 했는데, 노 대통령의 말은 영어로 통역하면 고르바초프가 그대로 알아들었고 고르바초프의 말은 러시아 수행원이 영어로 통역하고 그것을 다시 내가 우리말로 옮기는 이중 통역을 했다. 번거로운 일이었지만 마땅한 러시아 통역이 없었을 뿐 아니라 비밀리에 급하게 추진된 일이고 표현상 미묘한 점도 있어서 외부인에게 맡길 수도 없었다.

다음날 노 대통령은 워싱턴으로 가서 부시 미국 대통령과 만났다. 남의 나라에 와서 다른 나라와 정상회담을 하고 인사도 없이 떠난다는 것은 예의에 어긋날 뿐 아니라 한미 간에는 항상 긴밀한 대화를 유지해야 할 필요가 있기 때문이다. 부시 대통령은 노 대통령의 자세한 설명을 들은 후 성공적인 한·소 정상회담을 축하하면서 미국의 지속적인 지지와 협력을 약속했다.

귀국하는 길에는 호놀룰루에서 1박 하면서 휴식을 취하고 일행이 함께 골프도 즐겼다. 노 대통령은 말할 것도 없고 일행 전원이 여러 가지로 마음 졸이던 사안이 성공적으로 마무리되어 홀가분한 기분이었다.

한·소 수교

그 후 한·소 수교는 급진전 되었다. 가을에 유엔총회에 참석한 최호중 외무부 장관은 9월 30일에 셰바르드나제(Eduard Shevardnadze) 소련 외상을 만나 그를 설득한 끝에 그 날짜로 양국 간 수교를 천명하는 공동성명을 발표하는 데 성공했다. 이에 따라 서울과 모스크바에는 양국의 대사관이 개설되고 한국과 러시아는 한말 을사년(乙巳年)에 외교 관계가 단절된 지 85년 만에 정식 국교를 재개하게 되었다.

초대 주소련 대사에는 이미 주소련 영사처장이란 직함으로 모스크바에 주재하고 있던 공로명(孔魯明) 대사가 임명되었다.

공 대사는 전년 12월에 모스크바로 파견되었는데 그 출발 전에 노 대통령은 청와대로 불러 오찬을 베풀고 격려했다. 오찬을 마치고 물러나오면서 공 대사는 "출사표를 던지고 전장으로 향하는 장수의 심정으로 떠납니다"라고 굳은 결의를 다졌고 노 대통령은 화답했다.

"공 대사가 가니 안심이 됩니다."

소련 방문

한·소 수교에 이어 한국 대통령의 소련 방문도 연내에 실시하기로 합의되었다. 우리로서는 북방외교의 큰 고비인 한·소 관계 정립을 조기에 매듭짓기 위해서 소련을 설득했고 소련으로서도 한국으로부터의 경제협력 조기 타결을 위해서 이에 기꺼이 응했다.

1990년 12월 13일, 역사적인 3박 4일 간의 소련 방문길에 올랐다. 동해와 시베리아를 가로질러서 모스크바 세레메체브공항에 도착한 것은 저녁 5시 경이었다. 한겨울의 모스크바는 이미 어둠이 짙게 내려앉아 있었다. 어둡고 싸늘한 공항에서 조명을 받으면서 장엄한 군 의장대의 사열과 분열을 받은 뒤, 대통령 일행을 태운 자동차 행렬은 어두운 모스크바 시내를 질주해서 대통령의 숙소로 지정된 크렘린궁으로 향했다. 연도에는 태극기가 나부꼈고 도로는 교통이 통제된 듯 훤하게 뚫려 있었다. 나는 곧게 뻗은 큰 도로와 스쳐 가는 주변의 컴컴한 건물들을 둘러보면서 생각했다.

'이곳이 한때 우리를 그렇게도 괴롭히던 그 붉은 제국의 심장부

로구나!'

크렘린궁에 도착하자 곧 양국 정상 부부의 상견례가 이루어졌다. 노 대통령 부부는 궁내 중앙의 제일 크고 화려한 기오르기에프스키 홀에 입장해서 홀의 중앙에서 기다리던 고르바초프 대통령 부부와 만나 인사를 나누고 기념촬영을 했다. 화려하고 엄숙한 멋은 있었지만 따뜻하고 친밀한 분위기와는 거리가 있었다.

이어서 대통령은 시내 옥차브르스카야 호텔에서 개최된 재소 교민 대표를 위한 다과회에 참석해서 오랜 세월 고국을 떠나 살고 있는 우리 교포들을 한 시간 동안 위로 격려했다. 대부분 노령에 접어들었고 우리말도 서투른 '고려인'들은 처음 있는 대한민국 대통령과의 귀한 만남을 감회 깊게 생각하고 여러 가지로 하소연하고 싶은 가슴에 맺힌 말들이 많은 듯했다.

크렘린으로 돌아온 우리는 대사관 가족들이 정성 들여 마련한 한식 저녁을 들었다. 크렘린궁에서 우리끼리 김치 냄새를 풍기면서 식사를 하자니 묘한 느낌이 들었다. 누군가가 농을 던졌다.

"우리가 나폴레옹도 못 해 본 일을 하고 있구나!"

다음 날부터 시작된 대통령의 첫 공식 일정은 알렉산드로프스키 공원에 있는 무명용사의 묘에 헌화하는 일이었다. 다른 나라 요인 방문 시에는 레닌 묘소에 헌화하는 것이 관례라고 했으나 우리는 '공산주의 원조'의 묘소에 헌화하는 것이 부담스러워서 일부러 무명용사의 묘를 택한 것이다.

이어서 크렘린의 에까뜨리나홀에서 개최된 정상회담은 통역과 보좌관 한 명씩만 배석시킨 단독 회담이었다. 뒤이어 자리를 옮겨 양측 공식 수행원을 합석시킨 확대 회담으로 진행되었다.

만족스러운 회담을 끝낸 양 정상은 별실로 옮겨서 합의한 내용을 담은 '모스크바 공동선언'을 서명, 발표했다. 한반도 평화가 동북아와 세계의 평화에 긴요하다는데 인식을 같이하고 한반도의 평화적 통일에 함께 노력한다는 등 '양국관계의 일반원칙'을 천명하는 내용이었다.

소련에 대한 우리의 경협은 그 구체적인 액수와 내용을 한두 달 내에 서울에서 협의를 시작하기로 했다. 이 합의에 따라 다음 해 1월 서울에서 김종인 대통령 경제수석비서관과 마슐리코프 제1부수상이 각기 수석대표로 교섭 회담을 가지고 합계 30억 불의 경협 자금을 제공키로 합의했다.

이 경협에 대해서는 처음부터 과도한 금액이라는 비판이 있었고, 그 후 집행과 상환 과정에서도 매끄럽지 못한 일들이 많았다. 북방외교의 큰 돌파구를 마련한다는 뜻에서 용단을 내린 것이기는 했지만 교섭 과정에서 좀 더 실무적으로 차분하게 대처했더라면 불필요한 낭비는 상당 부분 억제될 수 있지 않았을까 하는 아쉬움이 남는 대목이다.

그날 노 대통령은 마슐리코프 부수상 등 소련 측의 관계 요인을 초청해서 오찬 회동을 했다. 오후에는 시내 중심부 높은 언덕에 자리 잡은 웅장한 모스크바대학을 방문해서 명예박사 학위를 받고 레닌 동상이 내려다보고 있는 연단에 서서 강당을 가득 메운 학생들을 상대로 "세계는 이념을 초월하여 상호 유익한 친선 협력관계를 이룩해 나가야 합니다"라는 연설에 이어 학생들을 상대로 질의응답 시간도 가졌다.

통역 소동

그날 저녁에는 고르바초프 대통령 부부가 레닌 힐 연회장에서 주최한 공식 환영 만찬이 있었다. 만찬은 우리 측에서 공식 수행원들 외에도 대통령 일행과 동행한 정주영, 이건희(李健熙) 회장 등 우리 핵심 기업인들도 많이 참석한 성대한 잔치였다.

만찬은 일반적인 서구식 관례와는 달리 우선 주최자의 환영사와 주빈의 답사로부터 시작되었다. 고르바초프는 미리 배포된 만찬사를 접어두고 유창한 즉흥 연설을 시작했고 소련 측 통역은 그 연설을 감탄할 정도로 훌륭하게 우리말로 통역했다. 이렇게 되자 노 대통령도 준비된 답사 대신에 즉석 연설로 답을 하게 되었다.

그런데 이때 예기치 못한 일이 일어났다. 노 대통령 뒤에 앉아서 통역하고 있던 신연자(申娟子) 씨가 통역하려고 일어나자 노 대통령은 실전 경험이 없어서 통역에 어려움을 겪던 신 씨가 즉흥 연설을 통역하는데 힘들 것을 염려해서인지 그를 제지하고 그 대신에 고르바초프의 연설을 훌륭히 통역한 소련 통역에게 계속 통역해 주기를 부탁했다. 신 씨는 당연히 자기가 해야 할 것으로 알고 일어섰다가 자기 역할을 못 하게 되자 수많은 사람 앞에서 모욕을 당했다고 느꼈던지 잠시 머뭇거리더니 곧 자리를 박차고 일어나서 뚜벅뚜벅 걸어서 퇴장해 버렸다. 그 큰 홀에서 대리석 마루에 하이힐 구르는 소리가 유난히도 크게 들렸다. 참으로 아연실색할 일이 벌어지고 만 것이다.

노 대통령은 그것을 못 본 체하고 연설을 계속했고 박건우 의전장이 재빨리 자기 옆에 있던 러시아인 통역을 데리고 가서 신 씨 자리에 대신 앉혀서 만찬은 그대로 진행되었다. 나는 경호원들을 불러서 흥분상태에 있는 신 씨를 즉시 수행원 숙소인 호텔로 데려가서 조용히 대기시키도록 했다.

만찬이 끝나고 크렘린 숙소로 돌아오자 그때까지 별다른 내색을 보이지 않던 노 대통령이 나와 박 의전장을 불러 세우고 크게 역정을 냈다.

"도대체 어떻게 이런 일이 있을 수 있는 거야!"

나는 그가 그렇게까지 화를 내는 것을 처음 보았다.

"죄송합니다. 모든 것이 저희 불찰입니다."

사태를 진정시키기 위해서 용서를 빌 수밖에 없었다. 한참 분을 삭이고 난 노 대통령이 말했다.

"이미 저질러진 일은 어쩔 수 없고, 더 잡음이 나서는 안 될 것이니 외무부 장관에게 책임지고 조용히 처리하라고 해!"

대기실에서 불안하게 기다리던 최호중 장관에게 대통령의 뜻을 전했고, 최 장관은 신 씨를 불러 잘 타일러서 더 잡음 없이 귀국토록 조치했다.

지나고 보니 처음부터 그런 사단이 발생할 소지가 없지 않았다. 신 씨는 미국에서 러시아 문학을 전공해서 박사 학위를 취득한 50대 중반의 교포 여성이었다. 캘리포니아에서 연구원 생활을 하던 신 박사는 한·소 수교가 이루어지자 주소련 대사관에서 외교관 생활을 해보기를 원했고 러시아 전문가를 필요로 하던 외무부는 그를 특채키로 했다. 그것이 대통령 방소 직전의 일이었는데 마침 러시아어 통역으로 마땅한 후보자를 구하지 못하고 있던 차에 외무부에서 그를 추천해 왔기에 한차례 시험 통역을 시켜보고 급하게 결정한 것이다.

그러나 신 박사는 외국에서 오래 살아온 탓에 행동이나 사고방식이 우리와는 많이 달랐다. 공무원이 어떻게 처신해야 하는지에도 별 인식이 없었다. 모스크바 향발 며칠 전에 그가 나에게 물었다.

"첫날 크렘린 행사에서 영부인 한복은 무슨 색깔인가요? 저도 동떨어진 모습을 보여서는 안 될 것 같아서…."

나는 분명히 말해주었다.

"신 박사, 그런 데는 신경 쓰지 마세요. 통역은 대화의 도구이지 대화의 파트너가 아닙니다!"

뿐만 아니라 현장에서는 아침부터 밤늦도록 계속되는 생소한 업무에 긴장이 누적되어 심신이 지쳐 있었다. 그런 상태에서 그녀는 순간적으로 냉정함을 잃고 불손하고 당돌한 행동을 감행하게 된 것이었다.

한·소 정상과 통역 신연자 박사

신 박사는 그 후에 자신의 처신에 대해 잘못을 뉘우치고 외교관에의 뜻을 접고 조용히 미국으로 돌아갔고 모스크바에서의 통역 소동은 '찻잔 속의 폭풍'으로 잊히게 되었다. 그렇게 일이 크게 번지지 않고 무난히 수습된 것은 1차 책임자인 나로서는 다행한 일이 아닐 수 없었다. 만약 그때 노 대통령이 분을 삭이지 못하고 문제로 삼았거나 최호중 장관이 책임지고 조용하게 처리하지 못했다면 여러 사람의 입방아에 오르내리면서 빈축을 샀을 가능성이 컸다.

하여간 갑자기 대통령의 통역이 없어져서 대타를 구해야 했는데 마침 제2선에서 보조 통역 역할을 하던 고려인 유학구(柳學龜) 박사가 있어서 급한 불을 끌 수 있었다. 유 박사는 한국과 소련이 관계를 트면서부터 모스크바를 방문하는 한국 요인들의 안내와 통역을 맡아왔고 러시아어를 모국어로 쓰고 있는 사람이어서 별 불편 없이 대통령 통역 역할을 해냈다. 다만 그의 통역은 자기 말이 좀 긴 것이 '옥에 티'라 할 수 있었다.

유학구 박사는 대통령이 모스크바공항에 도착할 때부터 우리 일행과 함께 행동했는데 그때 우리는 그가 엄청난 불행을 당한 것을 미처 모르고 있었다. 그는 대통령이 모스크바에 도착하기 직전에 한국에서 돌아왔는데, 자기 아파트에 가 보니 그의 러시아인 부인이 처참한 상태로 살해되어 있었다는 것이다. 당시 소련에서는 각종 범죄가 성행할 때여서 확실히 누구의 소행이라고 점찍을 수는 없었지만, 북한이나 친북 세력이 그를 '반역자'라고 해서 보복한 것이 아닌가 하는 의심이 가기도 했다. 유 박사는 그 후 한국으로 이주해서 세종연구소에서 근무하면서 여생을 보냈다.

고르바초프와 옐친

노 대통령은 방소 제3일 오전에 소비에트연방의 주축 구성국인 러시아공화국의 옐친(Boris Yeltsin) 대통령을 접견했다. 그는 급진 민주화 세력의 지도자로서 입지를 굳히고 있었는데 큰 체구에 부리부리한 용모로 행동거지가 스스럼이 없었다. 한눈에 호락호락한 인물이 아님을 알 수 있었다. 그는 결국 그로부터 2년 후에는 고르바초프를 몰아내고 러시아연방의 대통령에 올랐다. 그를 만나고 난 후 노 대통령은 고르바초프와 옐친을 비교해서 인물평을 했다.

"고르바초프가 공립학교 장학생이라면 옐친은 사립학교 고학생이다."

노 대통령은 이어서 프레스센터에서 기자 회견을 한 후 크렘린궁 기오르기예프스키 홀에서 고르바초프 대통령과 작별 인사를 나누었다. 다섯 번째 대면하는 고르바초프는 이미 생소한 얼굴이 아니었다. 당시의 고르바초프는 한창 세계적인 명성을 날릴 때였고 번득이는 총명함과 명쾌한 결단력, 서슴없는 언행이 크게 돋보였다. 다만 신중성이 부족하고 결정이 너무 빠르구나 하는 점이 엿보였는데, 그래서였는지 그 후 2년도 되지 않아서 대통령직에서 실각하고 국민들로부터도 신망을 많이 잃었던 것이 참으로 애석하다. 어쨌든 '글라스노스트-페레스트로이카'로 조국과 세계의 역사를 바꾸어 놓은 우리 세대의 한 위인을 가까이 대할 수 있었던 것은 큰 보람으로 생각하고 있다.

레닌그라드 방문

노 대통령은 12월 15일 모스크바를 떠나기 전에 시내의 옥차브르스카야 호텔에서 한·소 양국의 경제인들을 위한 오찬을 베풀고 양국 경제 관계에 관해서 연설했다.

오찬을 마치자마자 공항으로 직행했고, 공항에서는 도착 때와 마찬가지로 군 의장대의 사열과 분열이 있었다. 환송 행사를 모두 마치고 전용기는 오후 늦게 방소 마지막 방문지인 레닌그라드(현재의 상트페테르부르크)로 출발했다.

레닌그라드 방문은 아무런 현안이 없는 편안한 여행이었다. 도착 당일 저녁에는 세계적 명성을 자랑하는 볼쇼이 발레와 쌍벽을 이룬다는 키로프 발레(Kirov Ballet)의 〈백조의 호수〉 공연을 관람한 후 숙소로 돌아왔다. 다른 수행원들은 홀가분한 기분으로 모두 시내로 거리 구경을 나갔고 경호실장, 주치의(崔圭完 박사)와 나는 대통령과 함께 영빈관에서 식후주를 즐겼다. 노 대통령도 거나하게 기분이 좋았고 우리도 가벼운 마음으로 대화를 나누었는데 나는 술 마신 김에 농을 했다.

"대통령은 레닌 흉상 앞에서 공산주의자를 찬양 고무하고 경호실장은 KGB 두목하고 밤새워 술자리를 같이했는데 국가보안법에 걸리지 않는 겁니까?"

다음날 오전에는 제2차세계대전 중 나치군의 오랜 포위 공격으로부터 끝까지 도시를 사수한 인민의 호국정신을 기리는 레닌그라드 수호기념비에 헌화하고 노벨 수상자를 다수 배출했다는 물리학 연구소(Ioffee Institute)를 시찰한 후 개혁의 기수로 이름을 날리고 있던 젊은 소브차크(Anatoli Sobchak) 시장이 주최하는 오찬에 참석했다.

오후에는 세계 4대 박물관의 하나로 알려진 에르미타주 박물관(The State Hermitage)을 구경했다. 이 박물관은 원래 피터 대제의 겨울 궁전과 인접 건물들을 연결 개조한 것으로, 러시아 각지의 골동품과 르네상스 시대의 명작, 19세기 프랑스 화가들의 그림, 조각 등 명품 3백만 점이 소장되어 있다고 했다. 그런데 당시 체제 전환의 혼란기여서 그랬는지 그 유명한 미술 작품들이 허술하기 짝이 없는 전시실에서 직사광선을 받으면서 엉성하게 걸려있는 모습이 안쓰러웠다. 그리고 일반에게는 공개하지 않는다는 '황금의 방'에는 제정러시아 시절부터 수집했다는 눈부신 금은보화가 가득 진열되어 있었다. 그것을 보고 누군가가 말했다.

"몇십 억 불 꿔줘도 떼일 염려는 없겠군!"

박물관에서 공항으로 직행한 우리는 간단한 환송 행사를 마치고 귀국길에 올라 다음날 12월 17일 오후에 서울공항에 안착했다. 노 대통령은 소련 방문 성과에 고무되어 귀국 인사에서 장담했다.

"모스크바로 가는 길이 열린 이제 평양으로 가는 길이 열리는 것은 시간 문제입니다."

그때는 우리 모두 그 시간이 이렇게 오래 걸리리라고는 생각지 못했다.

헬기 편으로 청와대에 도착하자 노 대통령은 수행원을 대표해서 청와대까지 따라온 최호중 외무부 장관의 손을 잡고 말했다.

"최 장관, 이번에 참 수고 많았습니다. 고맙습니다."

대통령의 따뜻한 인사에 최 장관은 머리 숙여 송구한 마음을 표했는데, 며칠 후 연말 개각 때 그는 부총리 겸 통일원 장관으로 승진되었다. 그리고 그의 후임으로는 빈틈없이 치밀한 행정가인 이상옥(李相玉) 주제네바 대사가 외무부 장관으로 입각했다.

남북관계 진전

북방외교의 성공으로 북한과의 관계에도 새로운 돌파구가 마련되었다. 북한도 하루가 다르게 불리하게 전개되는 주변 정세의 변화를 언제까지나 외면만 하고 있을 수는 없었던지 그동안 계속 요지부동(搖之不動)으로 반대해오던 남북 당국 간 접촉을 수락했다. 1년 이상 계속된 8차례의 예비 접촉 끝에 1990년 9월에는 북한의 연형묵(延亨默) 총리가 이끄는 북한 대표단이 서울을 방문해서 제1차 남북 고위급(총리) 회담을 개최했고 다음 달에는 강영훈 총리를 단장으로 한 우리 대표단이 평양을 방문해서 제2차 회담을 했으며 12월에는 다시 서울에서 제3차 회담이 열렸다.

이렇게 시작된 남북 고위급회담은 다음 해에도 계속되어서 1991년 12월에는 '남북 사이의 화해와 불가침 및 교류 협력에 관한 합의서'(남북 기본합의서)와 '한반도 비핵화에 관한 공동선언'이 채택되기에 이르렀다. 그러나 이러한 남북관계의 진전은 그 후 북한 핵 문제 등으로 인해 그대로 이어지지 못하고 많은 우여곡절을 겪게 되었다.

청와대 근무
회고

나는 노 대통령의 소련 방문을 끝으로 3년 간의 청와대 생활을 마감하고 외무부로 복귀했다. 애초부터 내심 2년 정도만 청와대에서 근무하리라 생각하고 있었는데 머뭇머뭇하다가 3년 가까이 되어 버렸던 것이다.

청와대에서 근무하는 동안 나는 될 수 있는 대로 국내 정치 문제들에는 일정 거리를 두려고 노력했다. 노 대통령도 내가 외교관을 천직으로 여기고 있음을 알고 있었기에 적당한 대사 자리가 나면 놓아 보내려고 생각하고 있었다.

연말 개각에 이은 공관장 인사에서 나는 일본으로 자리를 옮기는 오재희 대사의 후임으로 주영국 대사로 내정되었고 새해 1월 초에 의전 수석비서관 자리를 이병기 비서관에게 물려주고 당분간 외무부 대기 대사로 머리를 식히게 되었다.

노 대통령 부부는 우리 내외를 따로 불러 오찬을 주면서 석별의 정을 나누었다. 노 대통령은 "영국에 가거든 엘리자베스 여왕의 한국 방문을 꼭 성사시켜야 되!"라면서 나에게 물었다.

"우리 그동안 여러 나라를 같이 돌아다녔는데 노 대사는 어디가 제일 인상에 남지?"

"최근의 일이라서 그런지 모스크바에 갔던 것이 제일 오래 기억에 남을 것 같습니다."

"그렇지…. 좋은 여행이었지!"

노태우 대통령의 부름으로 생각지도 않던 청와대 수석비서관 직을 3년이나 수행한 일은 일반 직업외교관으로서는 체험할 수 없는 여러 가지 색다른 경험을 할 수 있었다는 점에서 하나의 특전이 아닐 수 없다. 대통령을 측근에서 보좌하면서 많은 사람을 만나고 알게 되었고 권력 세계의 실상도 체험할 수 있었다. 또한 대통령을 도와 정상외교에서 일익을 담당했다는 보람도 있었다. 노 대통령은 나에게도 인자하고 너그럽게 대해 주었고 부족한 점이 있었을 텐데도 아무 내색하지 않고 신뢰를 보여주었다.

노태우 대통령에게는 1979년 '12.12 쿠데타'의 주동자 중 한 사람이라는 '원죄'가 있었지만, 1987년에 '6.29 민주화 선언'을 감행하고 국민의 직접선거로 대통령에 당선됨으로써 정통성을 부여받은 바 있다.

그는 재임 중 권위주의 시대에서 민주화 시대로 넘어가는 길목에서 인내와 성실로 어려운 과도기를 무난히 관리했다. 특히 탈냉전이라는 세기적인 정세변화를 정확하게 인식하고 북방외교를 적극적으로 추진해서 국가의 안보와 외교를 튼튼한 반석 위에 올려놓았다. 다만 재임 중 조성된 정치자금을 제대로 처리하지 못해서 퇴임 후 부정축재로 물의가 야기된 것은 그야말로 안타까운 일이 아닐 수 없다.

노태우 대통령과

유엔에 태극기를 휘날리고

영국보다 유엔?
한국의 유엔 가입 문제
비공식 중국 방문
유엔 가입 야전 사령관
미국의 피커링 대사
단독 선가입 불사 선언
유엔 가입 강행에 대한 반론
주유엔 루마니아 대사
주유엔 중국 대사
박길연 북한 대사
북한의 항복 선언
중국 대사와 2차 면담
남북한 대표 접촉
정무 협의를 위한 일시 귀국

유엔 가입 절차
국내 언론 보도
남북한 유엔 동시 가입
대한민국 초대 유엔 대표
유엔의 한국인
대통령 방문과 유엔 가입 경축 행사
유엔 총회 참여
유엔 대사관저
뉴욕 생활
본국 귀환

영국보다
유엔?

나는 외무부로 복귀해서 외교안보연구원에 자리를 잡고 정식으로 발령이 나기를 기다리면서 오래간만에 자유 시간을 만끽할 수 있었다. 그동안 미루었던 오십견(五十肩) 통증 치료도 하면서 친구들과도 자주 어울렸다.

그런 시간이 한 1주일쯤 지난 어느 날 오후에 이병기 수석비서관으로부터 전화를 받았다.

"대사님, 영국보다 유엔으로 가시는 것이 어떻겠습니까?"

설명을 들어보니, 유엔에 있는 현홍주 대사가 주미 대사로 옮기게 되어서 그 후임을 정해야 하는데, 유엔 가입을 당면 최우선 외교 목표로 하는 마당에 현지 책임자로 경험 없는 외부 인사를 영입할 수는 없으니, 외무부와 손발이 잘 맞는 직업외교관 중에서 고른다면 대통령의 신임이 있는 내가 적임이라는 것이 청와대 내의 중론이라는 것이었다. 그리고 만약 내가 유엔으로 간다면 주제네바 대사로 내정되어 내심 불만스럽게 생각하고 있는 이홍구 대통령 정치특보를 주영국 대사로 바꿀 수도 있어서 일거양득이라고 하면서 대통령도 나만 좋다고 하면 그렇게 하라고 했다는 말도 덧붙였다.

나는 갑작스러운 제의인지라 시간을 가지고 생각을 정리해 보았다. 주영국 대사는 대우받으면서 마음 편하게 지낼 수 있는 자리인데 반해서 주유엔 대사는 그보다 비중이 있고 중요한 보직이기는 하지만 연내 유엔 가입 문제가 걸려 있어서 무척 신경이 쓰일 자리였다. 성공하는 경우에는 개선장군이 되겠지만 실패하는 경우에는 책임질 각오도 해야만 했다. 그러나 연내 유엔 가입은 충분히 승산이 있으리라는 기대와 함께 한번 도전해 볼 만하다는 생각이 들어서 선뜻 유엔으로 가기로 마음을 정했다.

그와 동시에 나의 한가로운 휴식은 끝이 나고 말았다. 나는 외무부의 문동석(文東錫) 국제기구국장과 이규형(李揆亨) 유엔과장으로부터 그간의 진행 상황에 대한 설명을 듣고 이상옥 장관, 유종하 차관을 위시한 간부들과 협의를 계속했다.

한국의 유엔 가입 문제

대한민국은 유엔과 특별한 인연을 가지고 있다. 1948년 대한민국정부를 탄생시킨 선거도 유엔의 결의와 감시 하에서 이루어졌고, 유엔은 그 신생 공화국을 한반도의 유일 합법 정부로 승인했다. 1950년 6.25 동란이 발발하자 유엔은 한국의 방위를 위해 유엔군을 파견했고 전후 복구에도 많은 도움을 주었다. 우리는 이러한 유엔에 가입해서 국제사회의 떳떳한 일원으로 활동하기 위해서 정부 수립 이후 여러 차례 유엔 가입을 시도했지만 그때마다 소련의 '거부권' 때문에 가입이 좌절되었다.

우리 정부는 1973년 '6.23 특별선언'을 통해 북한의 실체를 인정하고 남북이 통일될 때까지의 잠정 조치로서 유엔 '동시 가입'을 제의했다. 그러나 북한은 '북남이 따로 유엔에 가입하면 분단이 영구화되기 때문에 통일된 후에 한 나라로 가입해야 한다'면서 반대했다. 그러한 북한의 주장은 동독과 서독, 남예멘과 북예멘이 각기 따로 유엔에 가입했지만 추후 통일에 아무 지장이 없었다는 사실만 봐도 억지임이 분명했지만, 그것을 소련과 중국이 맹목적으로 지지했기 때문에 우리의 유엔 가입이 이루어지지 못한 것이다.

유엔은 '보편성원칙'(principle of universality)에 따라 모든 주권 국가에 문호가 개방되어서 아무리 보잘것없는 나라라도 독립과 동시에 회원국이 되는데, 우리의 경우에는 세계 10위권의 경제대국으로 성장하고서도 유엔에서는 계속 옵서버('청강생') 신세를 면치 못했다.

서울올림픽 이후 국제사회에서 우리에 대한 인식이 눈에 띄게 높아졌고 정부도 1989년부터 우리의 유엔 가입 당위성을 국제적으로 인정받기 위한 노력을 배가했다.

유엔에서 남북한의 동시 가입을 지지하는 분위기가 널리 퍼지자 북한은 1990년 5월 동시 가입에 대한 반대를 되풀이하면서 만약 통일 전에 유엔에 가입하려면 남북한이 단일 의석을 가지고 공동으로 가입해야 한다고 주장하고 나왔다. 그러나 상호관계도 제대로 정립하지 못하고 불신과 반목을 일삼고 있는 형편에서 남북한이 단일 의석으로 유엔 회원국이 된다는 것은 누가 보아도 비현실적이고 허구적인 주장이어서 국제사회의 지지를 얻지 못했다.

북방외교의 성공으로 소련을 위시한 동구권 국가와 수교가 이루어지고 중국과의 관계도 개선됨에 따라 유엔 가입의 가능성이 충분하다고 판단한 노 대통령은 1991년 연두 기자회견에서 이 문제에 대한 정부 방침을 분명히 밝혔다.

"연내에 유엔 가입을 기필코 달성하겠습니다. … 우리는 계속 남북한의 동시 가입을 추진하겠지만 만약 북한이 그것을 끝까지 거부한다면 우리라도 먼저 가입하도록 하겠습니다."

그리고 외무부에 유엔 가입을 당면 최우선 외교 목표로 정해서 총력을 경주하라고 지시했다.

우리 정부가 유엔 선가입(先加入) 가능성을 천명한데 대해 북한은 2월 중순 노동신문 논설을 통해서 강경한 반응을 보였다.

"남측이 유엔 무대를 통하여 '두 개의 조선'을 강요하려 하고 있다. … 이같은 흉악한 민족 분열 책동에 절대로 보조를 같이할 수 없다."

북한은 그 며칠 후 뉴욕에서 유엔 각 회원국에 배포한 비망록을 통해 남북 단일 의석 공동 가입 주장을 되풀이하면서, 유엔 가입은 남북 간 합의하에 이루어져야 하며 남측의 일방적인 가입 시도는 남북관계를 극도로 악화시키고 한반도 긴장을 격화시키게 될 것이라고 주장했다.

유엔의 신규 회원국 가입은 안보이사회의 권고에 따라 총회에서 결정하게 되는데 안보리가 결의하면 총회에서는 거의 자동으로 통과되는 것이 관행이었다. 안보리에서는 이사국 3분의 2 이상의 찬성을 받아야 하지만 회원국 절대다수가 한국의 가입을 지지하고 있는 상황에서 그것은 어렵지 않은 일이었다. 문제는 거부권을 가진 5개 상임이사국의 향배였다. 그중 미, 영, 불은 우리를 적극적으로 지원하고 있었고 소련은 한·소 수교 이후 우리와의 관계가 많이 개선되었기 때문에 별문제가 없었지만 중국의 태도는 분명치 않았다.

중국은 '남북한의 유엔 가입은 당사자인 남북한의 합의로 이루어져야 한다'는 원론적인 말을 반복하면서 한국의 단독 가입에 반대했다. 그러면 만약 한국이 선가입을 신청할 경우 거부권을 행사할 것인지에 대해서는 분명한 입장을 밝히지 않았다. 전 세계 절대다수 국가가 지지하고 다른 모든 상임이사국이 찬성하는 마당에 유독 중국이 거부권을 발동하는 무리수를 두지는 않으리라 예상되었지만, 다른 한편 북한이 결사적으로 반대하면서 매달리는 경우 중국이 지정학적 고려에서나 김일성과 중국 혁명 1세대 지도층 간의 인간적 유대 관계로 보아서 그것을 뿌리치지는 못할 것이라는 견해도 무시할 수 없었다.

비공식 중국 방문

뉴욕으로 가서 유엔 가입을 성사시켜야 할 나로서는 중국이 어떤 태도로 나올지가 제일 궁금할 수밖에 없었다. 궁리 끝에 나는 한번 중국에 다녀오기로 했다. 가능한 한 사람들을 만나보면 나 스스로 어느 정도 감이 잡히지 않을까 하는 기대와 함께 한번도 중국에 가보지도 못하고 뉴욕에 가서 중국 이야기를 꺼내기가 쑥스럽겠다는 생각에서 잠시 주마간산(走馬看山)이라도 하기로 한 것이다. 정식 외교

관계가 없었기 때문에 중국에서 한국의 현직 대사로 처신할 수 없으므로 외형상으로는 민간인 신분으로 행동하기로 했다.

나는 1991년 2월 5일 단신으로 서울을 출발해서 홍콩을 거쳐 상해로 갔다. 그곳에서는 나에게 각별한 편의를 제공하라는 김우중 회장의 지시를 받은 대우 지사의 주선으로 상해국제문제연구소(上海國際問題研究所)를 방문하고 상해시의 리추원(李儲文) 외사 고문을 만나서 한·중 수교 문제와 한국의 유엔 가입에 대해서 의견을 교환했다.

상해국제문제연구소 관계자들로부터는 의미 있는 이야기를 듣지 못했으나 리 고문과는 제법 깊이 있는 대화를 나누었다. 그는 우리의 유엔 가입에 대해서 중국 정부의 공식 입장과는 약간의 차이가 있는 말을 했다.

"남북한의 유엔 동시 가입은 논리에도 맞고 현실성 있는 방안으로 나도 찬성합니다. 그러나 한국의 단독 선가입은 북한을 궁지에 몰아넣는 것이기 때문에 문제가 있습니다. 입장을 한번 바꾸어 생각해 보세요."

리 고문은 노련한 외교통으로 황화(黃華) 전 외교부장이나 리다오유(李道豫) 주유엔 대사 등 상해 출신 외교 인맥의 맏형 구실을 하는 인물이었다. 당시 갓 시작된 상해 푸둥(浦東) 지구 개발 사업에 대해 강한 의욕을 보이면서 한국의 관심과 투자를 진지하게 요망하기도 했다.

상해에서 2박 후 북경으로 갔다. 북경에서는 우리의 주중 무역대표부의 도움으로 미국의 릴리(James R. Lilley) 대사와 현대국제관계연구소(現代國際關係研究所) 간부들을 만나 보았다. 릴리 대사는 중국 태생으로 과거 부시 대통령이 주중 대표(대사)를 할 때 그 밑에서 정보책임자로 일한 인연으로 주한 대사를 마친 후 주중 대사로 옮겨와 있었다. 그는 서울에서의 친분 때문인지 여러 진솔하고 유익한 의견을 들려주었다.

　한·중 수교와 관련해서 그는 충고했다.

　"중국과의 관계에서 앞날, 특히 그 시기를 정확히 예단하기란 불가능한 일입니다. 중국은 원래 시간에 매여서 움직이는 나라가 아닐 뿐더러 상대방이 허점을 보이면 시간을 끌어서라도 더욱 큰 양보를 얻어내려는 본성이 있습니다. 따라서 한·중 수교 교섭에 있어서 조급한 목표 설정은 오히려 부작용만을 초래할 것입니다."

　우리의 유엔 가입 문제에 대해서도 정보 전문가다운 말을 했다.

　"중국은 남북한의 유엔 동시 가입에 대해 반대하지 않을 것입니다. 그리고 한국이 선가입을 신청할 경우에도 거부권을 행사하지는 않을 것 같은 느낌이 듭니다. 그러나 중국은 거부권 문제에 관해서는 끝까지 모호한 태도로 일관할 터이므로 중국 입장에 대한 우려는 막판까지 갈 것입니다."

　현대국제관계연구소 사람들에게서는 특별히 참고할 만한 말을 듣지 못했지만, 기회를 빌어 나는 그들에게 당부했다.

　"우리로서는 남북한이 동시에 유엔에 가입되기를 바라지만 남북 간 합의 실패로 우리 혼자 가입 신청을 하게 되는 경우엔 중국 측의 협조가 필요합니다. 우리는 중국이 한국과의 관계뿐 아니라 전 세계적 여론을 감안하고 또한 이전부터 강대국의 거부권 행사에 반대해 온 입장에서 한국 가입에 거부권을 행사하지는 않으리라고 믿고 있습니다. 이 점에서는 여러분들도 나와 같은 생각일 것으로 알고 있습니다. 따라서 이 문제에 관해서는 미리미리 고위층에 잘 보고해 두어서 예상 외의 돌출 방침이 내려오지 않도록 사전 예방하는 노력이 요망됩니다."

1주일의 중국 비공식 방문에서 손에 잡히는 성과는 없었지만, 중국 측의 우리 문제에 대한 입장을 이해하는 데는 어느 정도 도움이 되었다.

유엔 가입
야전 사령관

나는 그로부터 1주일이 지난 1991년 2월 19일에 현홍주 주미 대사, 오재희 주일 대사, 이홍구 주영국 대사 등과 함께 주유엔 대사로 정식 발령을 받았다. 노 대통령은 신임장을 주면서 부담스러운 주문을 했다.

"연내에 유엔에 태극기를 꽂고, 내가 그곳에서 가입 기념 연설을 할 수 있게 하시오!"

뉴욕 부임에 앞서 과거 주유엔 대사로 근무했던 전임자들을 만찬에 초청해서 그들의 유엔 경험과 유엔 가입에 대한 의견을 들었다. 김용식, 한표욱(韓豹頊), 문덕주(文德周), 윤석헌(尹錫憲), 김경원, 박근(朴槿), 박쌍용 대사 등 과거 상사와 선배들이 나의 장도를 축하하고 따뜻하게 격려해 주었다.

나는 부임 준비를 서둘러 마치고 3월 14일 서울을 출발해서 하와이를 거쳐 이틀 후 뉴욕에 도착했다.

하와이에서는 워싱턴 주미 대사관에서 같이 근무하던 손장래 주호놀룰루 총영사가 반갑게 맞아 주었고, 하와이대학 동서문화센터의 조이제(趙利濟) 박사를 만나서 우리의 유엔 가입에 관한 중국의 입장에 대해 의견을 교환했다. 조 박사는 오래전부터 중국을 드나들면서 학계뿐만 아니라 당·정의 실세와도 나름대로 친분을 가지고 있었기 때문에 그의 이야기를 들어보고 도움을 청해볼까 하는 생각에서 하와이에 들른 것인데, 조 박사는 상당히 부정적인 의견이었다.

"중국의 거부 입장이 확고합니다. 그러니 우리의 유엔 가입 신청은 다음 기회로 연기하는 것이 좋을 것입니다."

뉴욕 도착 직후인 3월 18일에 데 케야르(Perez de Cuellar) 유엔 사무총장에게 대한민국 상임 옵서버(Permanent Observer)로서 신임장을 제정하고 본격적으로 활동을 개시했다. 우선 유엔의 여러 사무차장 등 관계관들을 만나보고 우방국을 비롯한 각국의 유엔 대사들을 개별 면담했다. 유엔에서 개최되는 각국 주최 리셉션, 만찬, 오찬 등 많은 행사에도 부지런히 참석했다. 특히 우리의 유엔 활동을 적극 지원해온 미·영·불·일·캐나다의 5개국으로 구성된 소위 '핵심그룹'(Core Group) 대사들과는 빈번한 접촉을 유지하고 5개국 실무담당자들을 소집해서 전략회의도 수시 주재했다.

나는 유엔 가입 달성을 위해 대표부의 모든 역량을 동원해서 백방으로 뛰어 보겠다는 각오를 다졌고(Leave no stone unturned!), 대표부의 직원들도 솔선해서 열의를 다해 움직였다. 당시 우리 유엔대표부에는 신기복(申基馥) 대사가 공관 차석으로 내부 통솔을 잘 해주고 있었고, 오윤경(吳潤卿), 금정호(琴正鎬), 서대원(徐大源) 공사, 강광원(姜光遠), 최종무(崔鍾武), 이영현(李榮現), 김중재(金中宰), 원종찬(元鍾贊), 윤병세(尹炳世) 참사관과 하찬호(河燦浩), 유재홍(柳在鴻), 최종문(崔鍾文), 최홍기(崔烘基) 서기관 등이 각기 지역을 분담해서 쉴 새 없이 뛰었다. 안기부에서 파견된 송종환(宋鍾煥) 공사와 문공부의 서종환(徐鍾煥) 공보관 그리고 김윤희(金允熙) 외신관, 김광수(金光洙) 행정관도 한 팀이 되어 열심히 움직였다.

대표부가 당면 최우선 외교 전선인지라 그 직원들도 면면이 잘 인선된 사람들이었고, 일이 잘 되려고 그랬는지 한 건의 말썽이나 사고도 없었다. 특히 서대원, 윤병세 두 사람은 전략기획반을 맡아서 가입 추진의 핵심 업무를 훌륭히 수행했다. 서 공사는 자타가 공인하는 엘리트로 정확한 판단력과 깔끔한 업무처리가 돋보였고, 윤 참사관은 '외무부 제일의 일꾼'이라는 평을 들을 정도로 일에 대한 열성과 부지런함이 특출했다.* 후에 정부는 유엔 가입에 대한 그들의 뛰어난 공로를 인정해서 근정훈장을 수여했는데, 두 사람 모두 나의 경기중·고등학교의 자랑스러운 후배이다.

미국의 피커링 대사

유엔 본부의 고위 간부들뿐 아니라 각국 대표들이 우리의 가입에 대해서 호의적인 태도를 보였고 핵심그룹 대표들은 적극적으로 우

---

* 윤병세 참사관은 박근혜 정부에서 외교부 장관에 오른다.

후에 외무부 차관실로 나를 찾아온 미국의 피커링 대사

리를 지원해 주었다. 특히 큰 도움을 준 것은 미국의 피커링(Thomas R. Pickering) 대사였다. 그는 뛰어난 자질과 능력을 인정받아서 직업외교관으로서는 이례적으로 유엔 대사에 임명되었는데*, 우리 문제에 대해서도 특별한 관심을 가지고 적극적으로 도와주었다. 바로 전 해에 유엔의 승인 하에서 걸프전을 성공적으로 수행한 미국은 유엔에서 더욱 막강한 영향력을 행사하고 있었고, 그 힘을 배경으로 한 피커링 대사의 정책 자문과 외교 공조는 우리에게 큰 자원이 되었다.

피커링 대사는 우리가 중국의 입장에 대해 너무 과민하다고 지적하면서 의연하게 대처하라고 권고했다.

---

* 미국의 유엔 대사는 각료급으로 인정되어 주로 정치적 인물이 임명되었다.

"우리도 지난번 걸프전의 경우 여러 차례 안보리 결의안을 통과시켰는데, 그 과정에서 중국은 항상 분명한 입장 표명을 유보하고 사태 추이를 관망하는 자세를 보였습니다. 그때마다 나는 중국에 매어 달리기보다는 우선 영, 불과 상의해서 공동문안을 작성한 후 소련을 설득해서 그에 동조케 하고 이런 4개국 합의를 전제로 중국에 협조를 요청하곤 했습니다. 중국은 처지가 난처하다고 불만을 표하면서도 표결 시에는 한번도 정면 반대하지 않았습니다. 한국의 경우에도 안보이사국 절대 다수가 지지를 분명히 하면 중국은 따라올 수밖에 없을 것입니다."

단독 선가입 불사 선언

현지 핵심그룹 전략회의에서는 북한과 중국에게 남북한의 동시 가입을 계속 반대하면 한국이 유엔에 단독으로 가입하게 될 수도 있음을 확실히 인식시킬 필요가 있고 그러기 위해서는 우리의 단호한 태도를 조속한 시일 내에 공식적인 문서로 전 회원국에 분명히 알리는 것이 좋겠다는 데 합의했다. 그에 따라 대표부에서는 각서 초안을 작성하여 본부에 보고했고, 본부에서는 몇 가지 사소한 자구를 수정한 후 그대로 승인해주었다. 밤새워 완성한 우리의 각서는 다음 날인 4월 5일 안보리 의장에게 제출되었고, 같은 날 안보리 문서로 전체 회원국에 배포되었다.

이 각서에서 우리는 루비콘강을 건너는 각오로 유엔의 모든 회원국에게 "대한민국 정부는 1991년도 총회에서 유엔 가입을 위하여 필요한 조치를 취할 것이다"라고 천명하면서 북한도 우리와 함께 가입하기를 바란다는 뜻을 분명히 밝혔다. 우리로서는 유엔을 향한 '출사표'인 동시에 북한과 중국에 대한 일종의 '최후통첩'이기도 했다.

외무부에서는 우리의 각 재외공관을 통해서, 그리고 특사 파견 등 갖가지 방법을 동원해서 우리 입장에 대한 국제적 지지 확보에 총력을 경주했다. 4월 말에는 이상옥 외무부 장관이 뉴욕을 다녀갔다. 그는 피커링 미국 대사와 조찬을 하면서 한미 간 협조를 재삼 다졌고, 나는 그를 위해서 미·영·일 등 핵심그룹의 대사들을 오찬에 초청해서 대화의 장을 마련했다. 이 장관은 오후에는 유엔 사무총장과 총회의장을 예방해서 우리의 가입을 위한 계속된 협조를 요망했고 다음 날 현지 상황을 점검하고 대표부를 독려한 후 워싱턴으로 달려갔다.

유엔 가입 강행에 대한 반론

북한은 우리의 유엔 가입 노력을 무산시키기 위해서 남북한의 유엔 가입 문제를 민족 내부 문제로 몰아가려 시도하기도 했다. 북한은 1990년 9월 남북 간 최초로 고위급(총리) 회담이 열렸을 때 갑자기 유엔 가입 문제를 남북 합의로 처리하자고 제안했다. 거기에는 유엔 가입 문제를 민족 문제화한 뒤에 합의를 지연시켜서 국내 여론을 분열시키고 우리의 결의를 희석시켜 보겠다는 저의가 깔려 있었다. 그 바람에 남북 간 고위급 회담과는 별도로 유엔 가입 문제를 논의하기 위한 실무 접촉이 열리기는 했지만, 그 결과는 양측의 현격한 견해

차이만을 확인했을 뿐 아무런 성과가 나올 수 없었다.

정부가 대다수 국민의 기대를 등에 업고 불퇴전의 각오로 유엔을 공략하고 있는 중에도 국내에서는 연내 유엔 가입 강행을 둘러싸고 여기저기에서 잡음이 일어났다. 1991년 5월에는 학생들의 반정부 시위가 전국적으로 번지고 있었는데 유엔 단독 가입 반대가 시위대의 주요한 구호가 되었다. 학생들뿐만 아니라 정계, 학계 일각에서도 정부가 북한과 중국과의 관계를 어렵게 하면서까지 유엔 가입을 너무 서두른다는 비판의 소리가 들려왔다.

이런 와중에서 5월 초에 김대중 신민당 총재가 유엔 사무총장과 안보리 5개 상임이사국 국가원수들에게 이 문제에 대한 서신을 보냈다는 사실이 언론에 보도되었다. 그는 이 서신에서 남북한의 유엔 동시 가입이 이루어지도록 협조해 달라고 하면서 우리의 유엔 단독 가입에는 반대했다는 것이다. 김 총재는 이와 관련된 기자들의 질문에 대해서 "남북한 관계를 악화시키면서까지 국가 이익과 직결되지 않는 유엔 단독 가입을 추진할 필요는 없다고 생각한다"라고 해명했다.

그러나 그의 주장은 정부가 북한의 유엔 가입을 배제하자는 것이 아니라 동시 가입을 성사시키려는 방편으로 단독 선가입을 제기하고 있다는 사실을 무시한 것이었다.

설사 외교정책에 대해 정당 차원에서 이의가 있더라도 정부를 상대로 따질 일이지 정부가 대외적으로 밝힌 국가정책에 대해서 국제기구나 외국 정부에 공식적으로 반대 의사를 전달해서 혼선을 일으키는 것은 국제 관례에도 어긋날 뿐 아니라 공인으로서의 올바른 자세가 아니라고 생각되었다.

주유엔 루마니아 대사

각국 대표 면담, 언론 대담, 각종 행사 참석 등으로 동분서주하는 중에 안보리 이사국인 루마니아의 문테아누(G. Munteanu) 대사가 나를 찾아왔다. 그는 우리의 안보리 이사국 유엔 대사 방한 초청 사업의 일환으로 1주일 간 한국을 방문하고 돌아왔는데, 방한 소감을 다음과 같이 술회했다.

"나는 역사학자 출신인데, 한국의 과거 30년 간 급속한 발전에 대해 평소 여러 가지 설명을 들었지만 확실히 납득되지 않는 점이 있었습니다. 그런데 이번에 서울과 경주를 둘러보고 한국은 '그만한 문화적 저력이 있었기 때문에 그러한 발전이 가능했구나' 하는 해답을 얻었습니다."

"그리고 내가 한국에서 만난 당국자와 지식인 중에는 남북 간 대화와 협력을 통해서 북한을 변화시킬 수 있는 듯이 말하는 사람이 많았습니다. 김일성 체제는 얼마 전 무너진 루마니아의 차우셰스쿠(Nicolae Caucescu) 체제와 비슷합니다. 내가 실제 체험한 바로는 그들 체제는 끝까지 버티다가 부러지는 한이 있어도 그 근본은 그리 쉽게 변하지 않는다고 설명해도 별로 내 말을 경청하지 않는 것이 답답했습니다."

그의 말은 상당히 오랫동안 나의 뇌리에 남아 있었다.

주유엔
중국 대사

한국의 동시 가입 주장과 북한의 반대가 팽팽하게 대립해서 가을의 총회에서 양측 간 격돌이 불가피할 것으로 보이던 5월 초에 중국의 리펑(李鵬) 총리가 평양을 공식 방문했다. '리펑 총리가 김일성 주석과 연형묵 총리와 만나서 양국 간 전통적 우의를 다졌다'라는 상투적인 발표가 있었는데, 방문 시점 등으로 보아서 남북한의 유엔 가입 문제가 거론되었음은 충분히 짐작되었지만 그 구체적 내용이나 결론에 대해서는 아무것도 확인할 수 없었다.

나는 뉴욕에 도착한 직후부터 리다오유 중국 대사를 조용히 만나서 이야기를 나누어 보고 싶었다. 그 얼마 전부터 우리 대표부와 중국 대표부 간에는 참사관급의 비공식 연락 채널이 있었기 때문에 그 채널을 통해서 면담을 제의했지만 중국 측으로부터는 번번이 아무 반응이 없었다. 리펑 총리가 평양을 방문했다는 소식을 듣고 우리는 궁리 끝에 마침 중국 대사가 그달 안보리 의장이므로* 그를 안보리 의장 자격으로 면담하겠다고 공식 신청했다. 안보리 의장은 안보리 소관 사항에 관한 한 어느 나라 대표하고도 만나야 한다는 내부적 관행이 있었다.

우리의 공식 요청을 받은 중국 대사는 5월 24일 안보리 의장실에서 만나자고 연락해 왔다. 나는 혹시나 하는 기대를 갖고 의장실로 찾아갔다. 의장실 입구에서 중국 대표부 직원은 나를 옆에 있는 작은 구석방으로 안내했다. 조금 기다리니까 리 대사가 들어와서 인사를

---

* 안보리 의장은 이사국들이 순번에 따라 매달 바꾸어 맡는다.

하는데 실내인데도 검은 선글라스를 쓰고 있었다.

"무엇을 도와 드릴까요?"

리 대사의 말투는 매우 사무적이었다. 나는 리추원 상해 외사 고문의 안부를 전하면서 "한·중 관계가 상당히 긴밀해지고 있습니다"라고 운을 뗀 후에 "우리의 유엔 가입은 이제 모든 것이 베이징의 태도에 달려 있습니다"라고 했더니, 리 대사는 "그것은 평양이 반대하고 있으므로 평양과 상의해야 할 문제입니다"라고 대답했다.

"지난번 리 총리의 평양 방문을 계기로 북한이 좀 더 현실적인 감각을 가지고 우리와의 협의에 응하기를 기대하고 있습니다"라고 반응을 떠본 데 대해서 리 대사는 "평양에서 어떤 이야기가 있었는지 나는 모릅니다"라고 잘라 말했다.

"리 대사께서는 현지 분위기를 잘 알고 계시니 우리 문제에 대하여 상부에 잘 건의해 주시기 바랍니다"라는 말에 대해서도 "상부의 결정은 내 소관 사항이 아닙니다"라고 답했다.

리 대사는 유엔 관례에 따라 나를 만나기는 했지만 실질적인 대화를 나눌 용의가 전혀 없었다. 그와 만나고 난 후 나는 매우 씁쓸한 기분이었다. 아무리 국교가 없는 사이이고 난처한 문제가 가로놓여 있다고 하더라도 그보다는 좀 더 인간미를 가지고 융통성 있게 처신할 수도 있는 것 아닌가 하는 생각이 들었다.

박길연
북한 대사

중국 대사를 만난 지 3일째 되는 5월 27일은 현지 공휴일(Memorial

Day)이었다. 이 날은 매년 번갈아 가며 주최하는 한일 양국 대표부 간 친선 골프 경기가 약속되어 있었다. 모처럼의 휴일을 맞아서 외출을 준비하고 있는데 윤병세 참사관이 급한 목소리로 전화를 해왔다.

"북한 대표부로부터 전화가 왔는데, 본국 지시라고 하면서 북한 대사가 꼭 오늘 오전 중에 대사님을 만나서 확인할 일이 있다고 합니다."

우리의 접촉 시도를 번번이 거부하던 북한 측이 급하게 만나자고 하는 것은 극히 이례적인 일이 아닐 수 없었다.

"지금 당장이라도 좋으니 그쪽에서 시간과 장소를 정해서 알려 달라고 하시오."

북한 대표부에서 오전 10시에 유엔 본부 맞은편에 있는 유엔프라자호텔(U. N. Plaza Hotel) 로비에서 만나자고 해서, '혹시 북한 측이 입장을 선회하려는 것이나 아닌가?' 하는 부질없는 생각을 하면서 박길연(朴吉淵) 북한 대사를 만났다.

한 10분 정도 그와 만난 결과는 심히 실망스러운 것이었다. 그는 자리에 앉자마자 "평양의 지시에 따라 남측의 공식 입장을 확인하려는 것이니 정확하게 답변해주기 바랍니다" 하면서 세 가지 질문을 했고 나는 간단히 답했다.

"첫째, 단일 의석 공동 가입이라는 합리적인 제의를 왜 거부합니까?"

"우리는 그것이 문제 해결을 위한 성의 있는 제안이라고 보지 않습니다."

"둘째, 남측은 조국 분단을 영구화하는 북남 유엔 동시 가입을 끝까지 고집할 생각입니까?"

"이미 수없이 반복된 논쟁인데 이제 와서 재론하고 싶지 않습니다."

"마지막으로, 동시 가입이 안 되면 단독 가입을 기어이 강행하겠다는 것입니까?"

"우리는 이미 공식 문서로 만천하에 그렇게 하겠다고 선언했습니다. 북한은 착각하지 마세요. 대통령이 국민 앞에 연내 유엔 가입을 분명히 약속했는데 그것을 바꾸는 것은 우리로서는 불가능한 일입니다."

그로써 대화는 끝났다. 나는 매우 의아한 생각이 들었다. 분명히 본국 지시라고 하면서 질문 요지도 미리 정해 가지고 왔고 그 이상은 더 들을 생각도 하지 않고 황급하게 돌아갔는데, 도대체 이것이 무엇을 뜻하는 것인가?

북한의 항복 선언

나의 의문은 오래 가지 않았다. 그날 골프를 끝내고 일본 대사와 양 대표부 직원들과 함께 저녁을 먹고 관저에 돌아오니 밤 9시 경에 유종하 외무부 차관이 전화를 해왔다.

"북한이 유엔에 동시 가입하겠다고 성명을 발표했소!"

처음에는 내가 잘 못 들은 줄 알았다. 얼마 전에 국내에서 북한 방송을 잘못 해석해서 '김일성 사망설'이 유포되어 물의가 야기되었던 것도 언뜻 상기되었다.

"지금 무어라 했소? 혹시 북측 보도를 잘못 해석한 것은 아니요?"

유 차관은 차분하게 다시 말했다.

"조금 전에 평양방송에서 북한 외교부 공식 성명을 보도했고, 외무부는 지금 막 환영한다는 논평을 내보냈소. 북한 성명문을 타전할 것이니 받아 보시오."

한국 시각으로 5월 28일 오전 10시에 발표된 북한 외교부 성명의 요지는,

"남조선 당국이 기어이 유엔에 단독으로 가입하겠다고 하는 조건에서 이것을 그대로 방임해 둔다면 유엔 무대에서 전 조선 민족의 이익과 관련된 중대한 문제들이 편견적으로 논의될 수 있고 그로부터 엄중한 후과가 초래될 수 있다. 우리는 이것을 결코 수수방관할 수 없다.

조선민주주의인민공화국 정부는 남조선 당국자들에 의하여 조성된 이러한 일시적 난국을 타개하기 위한 조치로서 현 단계에서 유엔에 가입하는 길을 택하지 않을 수 없게 되었다."

다시 말해서 중국이 도와주지 않기 때문에 한국의 단독 가입을 저지할 수 없고 따라서 동시 가입하는 도리밖에 없다는 뜻이었다. 결국, 일부 전문가들이 분석했던 대로 리펑 중국 총리가 평양에서 한국의 유엔 가입에 거부권을 행사할 수 없다는 분명한 메시지를 전달했고 그에 따라 북한은 정책 전환을 할 수밖에 없었음이 확인된 것이다.

북한은 그러면서도 성명서에서 우리에 대한 비난과 비방을 늘어놓았는데 그중에는 이런 구절이 있었다.

"우리는 북남 고위급 회담이 남조선 측에 의하여 중단 상태에 빠지고 현 남조선 정세로 하여 언제 그것이 재개될지 알 수 없는 형편에서 유엔 대책 문제를 조속히 풀어나가기 위하여 북남 유엔 상임 옵서버 대표들 사이에 접촉을 가져왔다.

이 접촉에서도 남조선 측은 유엔 단독 가입 정책은 불변이라는

것을 거듭 주장하면서 그 어떤 타협의 여지도 보이지 않았다.

　이러한 사실을 통해 우리는 남조선 당국자들의 유엔 단독 가입 시도가 요지부동이라는 것을 명백히 확인하게 되었다."

　그 대목을 읽으면서 나는 왜 북한의 박 대사가 그렇게 급하게 나를 만나자고 했는지를 알게 되어 실소를 금할 수 없었다. 그들은 문제 해결을 위해서 유엔에서 남북 대표 간 의미 있는 접촉이라도 시도해 본 듯이 선전하기 위해서 그런 촌극을 연출한 것이었다.

　막상 북한이 손을 들었다는 소식에 접하고 보니 큰 짐을 덜어 홀가분하기는 했지만 다소 맥이 빠지는 느낌마저 들었다. 마치 오랜 훈련 끝에 승리를 확신하면서 링 위에 올라가 시합을 하려는데 상대방 선수가 기권해 버린 것 같은 기분이었다. 그러나 최선의 전략은 '싸우지 않고 이기는 것'(不戰而勝)이라는 손자(孫子)의 말을 상기하면서 나는 서재로 가서 코냑 병을 꺼내어 한 잔 가득 부었다. 천천히 그 향을 음미하면서 혼자 이런저런 생각을 하는 중에 전화가 걸려오기 시작했다. 먼저 현지의 각 국제 통신과 우리 언론사의 특파원들이, 곧이어 서울의 각 방송과 신문들이 쉴 새 없이 사실 확인과 논평을 요청했다. 나는 즐거운 마음으로 기꺼이 여러 질문에 응했다.

　"남북한의 유엔 동시 가입은 북방정책을 표방한 한국 외교의 승리를 의미합니다."

　"유엔 동시 가입은 남북한 관계 개선과 한반도 정세 안정에도 도움이 될 것입니다."

　"남북한이 국제사회의 축복 속에서 어깨를 나란히 하고 유엔에 함께 가입할 수 있도록 필요한 절차를 밟을 것입니다."

중국 대사와
2차 면담

그 이틀 후 나는 중국 대사와 다시 만났다. 이번에는 우리의 면담 신청이 있자 즉각 시간을 정해서 만나자고 연락해 왔다. 안보리 의장실에서 나를 맞이하는 리 대사는 만면에 미소를 짓고 있었다.

'수고했다', '감사하다'라는 인사가 오간 뒤 나는 리 대사에게 말했다.

"이제부터 남북한의 동시 가입을 위한 절차를 밟게 될 터인데, 우리는 북한 측과 긴밀히 협의해서 아무쪼록 남북한이 아무런 잡음 없이 전 세계의 축복을 받으면서 함께 유엔 회원국이 되기를 바라고 있습니다."

이는 바로 북한에 대한 메시지였는데, 그에 대해서 리 대사가 답했다.

"전번 만났을 때는 여러 가지로 난처한 처지였는데 문제가 이렇게 원만하게 해결되어 무척 기쁩니다. 북한도 기왕에 동시 가입을 수락했으니 앞으로는 아무 문제가 없을 줄 압니다."

나는 리 대사가 불과 5일 전에 만났을 때와는 너무나 다른 행동을 하는 것을 보고 그로서는 '무척 낯간지러운 노릇이겠구나' 하고 느꼈다. 내가 보기에 리 대사는 나와 처음 만났을 때 리펑 총리의 방북 결과에 대해서 북경으로부터 아무런 귀띔도 받지 못하고 있었음이 분명했다. 어느 정도 정보만 가지고 있었던들 그렇게까지 비외교적인 처신을 하지는 않았을 것이다. 그 점에서는 북한의 박 대사도 마찬가지였을 것이다. 그는 나를 만나러 왔을 때 평양이 곧 정책을 180도 전환할 것이라는 아무런 인식도 없이 앵무새같이 기존 입장을 읊고

갔던 것이다.

외국에 '특명전권대사'라고 보내 놓고 자국 대사를 허수아비로 만들기는 극히 쉬운 일이다. 중국이나 북한처럼 본국의 정책에 대해 깊이 있는 내부 정보는 주지 않고 형식적인 심부름만 시키면 상대방이 그를 신뢰하고 무게 있게 대해 줄 아무 이유가 없게 된다.

이런 점에서 오랜 외교 전통을 가진 선진국들은 자국 대사들에게 평소에 필요한 정보를 수시 공급해 주고 특정 사안에 대해서 훈령을 내릴 때는 관련된 정책적 고려 사항을 알려주어서 그들이 적절히 판단하고 행동할 수 있도록 하고 있다. 우리도 그런 점에서는 아직 부족한 점이 있다고 생각된다.

남북한 대표 접촉

북한 대표부는 유엔에 동시 가입키로 방향을 급선회한 이후 눈에 띄게 우리의 눈치를 살폈다. 물론 그럴만한 이유가 있었다. 유엔에서 국제적인 지지를 확보하지 못한 북한은 자신들의 가입 신청이 실제로 승인될지에 대해서 일말의 불안이 있었을 것이다. 한국이 중간에 혹시 다른 마음을 먹고 선가입을 강행할지도 모른다는 의구심도 있었을 것이고, 남북한이 함께 가입 신청을 해도 심의 과정에서 우리만 승인되고 북한은 거부되거나 보류될 가능성에도 신경을 썼다. 특히 그들은 세계 유일의 초강대국으로 걸프전 이후 유엔을 좌지우지하는 미국이 인권이나 대량살상무기 등을 구실로 북한의 유엔 가입에 이의를 제기하지나 않을까 하는 우려도 있었을 것이다.

북한의 그 같은 고민은 유엔 가입의 신청 시기와 방식 등 절차를 논의하기 위한 남북 대표부 간 협의 과정에서 여실히 드러났다. 나는 박길연 대사를 안심시키기 위해서 처음부터 분명히 말해주었다.

"우리는 1973년 동독과 서독이 유엔에 동시 가입하던 선례에 따라 신청은 남북이 각기 따로 하되 안보리와 총회에서의 심의는 한 안건으로 묶어서 표결 없이 처리하는 '독일 방식'을 취하고자 합니다. 앞으로 모든 절차를 남북 간 합의로 진행하고 가능한 대로 북측의 의사를 존중하겠습니다."

그런데도 박 대사는 내 말을 완전히 신뢰하지 못하는 것으로 보였고 미국에 대한 의구심을 떨쳐 버리지 못했다. 그는 나와 단둘이 대화하는 자리에서 말했다.

"내가 노 대사 말을 못 믿어서가 아니라 미국이 남측과 상의 없이 일방적으로 다른 소리를 하면 어떻게 하겠습니까? 남쪽이 그것을 막을 힘이 있습니까?"

그에 대하여 나는 친절히 설명해 주었다.

"그것은 완전히 기우입니다. 미국은 분명히 남북한의 동시 가입을 지지한다고 수차 공언했는데 무엇 때문에 그에 반하는 행동을 해서 강대국으로서의 신뢰와 위신을 훼손시키겠습니까?"

그래도 그는 '글쎄올시다' 하는 태도였다.

박 대사는 유엔 가입을 위한 공동제안국 문제에도 신경을 썼다. 우리의 가입을 위해서 될 수 있는 대로 많은 나라가 공동제안국이 되도록 하자는 데는 남북이 이의가 없었지만, 우리를 대신해서 각국의 동참을 유도하고 그들의 서명을 받아 줄 대표 제안국이 필요했다. 그래서 남북과 동시에 수교한 국가 중에서 북한이 원하는 나라를 제의

해 보라고 했더니, 박 대사는 며칠 후 인도네시아를 원한다고 했다. 우리는 북측 희망대로 인도네시아로 결정했다.

　박 대사는 또 공동제안국 중에는 안보리 상임이사국들이 모두 포함되어야 한다고 주장했다. 그것은 미국을 공동제안국이 되게 함으로써 중간에 '딴소리'를 하지 못하도록 하겠다는 뜻이었다. 나는 그에 선뜻 찬성했고 미국은 일찌감치 공동제안국으로 서명을 했다.

　나는 박 대사와의 만남에서 시종 솔직하고 성의 있는 자세를 견지했다. 6월 중순 박 대사는 나에게 조용히 물었다.

　"남측은 언제쯤 가입 신청을 할 예정입니까?"

　북한으로서는 우리가 먼저 가입신청서를 제출해서 우리 안건이 먼저 취급될 가능성을 경계했고, 아무 실질적인 의미가 없는 것이지만 순서상으로도 우리의 뒤가 되는 것을 원치 않는 눈치였다. 나는 자상하게 설명해 주었다.

　"우리는 국회의 동의를 받아야 하는 등 국내 절차가 있어서 시간이 필요한데 유엔 관례상 총회 개최 한 달 전에만 제출하면 된다니까 아마 8월 초쯤 될 것 같습니다."

　아니나 다를까 북한은 우리보다 한 달 정도 앞서 7월 8일에 가입신청서를 제출했다.

정무 협의를 위한
일시 귀국

　유엔 가입 절차가 가닥이 잡히고 난 다음 나는 정부의 부름으로

7월 중순에 5일 간 정무 협의를 위한 일시 귀국을 하게 되었다.

나는 새로 완공된 청와대 집무실로 노태우 대통령을 예방해서 인사드리고 유엔 가입 신청에 필요한 '유엔 헌장 의무 수락서'에 대통령이 서명하는 자리에 외무부 장관과 함께 배석했다. 노 대통령은 우리가 유엔에 가입하게 된 것을 기뻐하면서 외무부와 대표부의 노고를 치하했다.

이어서 나는 관계부처를 방문해서 업무협의를 가졌다.

첫째는 대사관저 구입 문제였다. 유엔 대사관저는 유엔 본부 인근에 있는 조그마한 건물로 10여 년 전에 사들인 곳이었다. 위치는 썩 좋았지만, 대지와 건물이 협소하고 구조가 불편한 매우 낡은 집이어서 대사관저로서는 손색이 있었다. 전임자들도 관저를 옮기려 했지만 여의치 못했는데 나는 부임 이후 부동산 중개업자들을 동원해서 틈나는 대로 시내 적절한 위치에 관저로 쓸 만한 저택을 물색했고, 줄잡아서 20여 개의 후보 건물을 직접 답사했다. 그러다가 6월 중에 맨해튼의 중앙공원(Central Park) 옆 좋은 위치에 관저로서 손색이 없는 건물을 발견해서 그 소유주와 가격을 흥정하고 있었다.

나는 노 대통령께 그 건물 구입을 건의했고, 대통령은 관계기관과 협의해서 구입토록 하라고 허락했다. 그에 따라 최각규(崔珏圭) 경제기획원 장관을 설득해서 정부 예산으로 10년 간 분할 상환하는 조건으로 건물 구입비와 수리비를 합해서 1,500만 불을 은행 차입토록 승인받았다.

다음은 뉴욕 현지에서 유엔 가입 경축 문화행사를 개최하는 건을 이어령(李御寧) 문화부 장관과 협의했다. 문화부 주관으로 대형 예술단을 파견해서 유엔 가입과 때를 맞추어 경축 공연을 하기로 했는데, 이 장관은 한국의 전통음악을 소개하는 본격적인 프로그램을 뉴욕의 큰 공연장을 빌려서 개최하겠다고 했다.

겸해서 한국 가입을 기념하는 조형물을 유엔 본부에 설치키로 했는데, 무엇으로 할지는 미정이었다. 당초 거북선이나 신라 금관의 복제품이 거론되었지만 이 장관은 "금관은 왕조시대 유물이고 거북선은 전쟁을 의미함으로 유엔 정신과 맞지 않습니다"라고 하면서 한국의 독창적인 문화를 자랑할 수 있는 조형물을 만들어 보내주겠다고 했다. 이어령 박사의 반짝이는 재치가 놀라울 따름이었다.

유엔 가입 절차

유엔 가입 신청국은 가입신청서와 함께 유엔헌장이 정한 제반 의무를 수락한다는 선언서를 사무총장에게 제출해야 한다. 우리는 외무부 장관 명의로 된 신청서와 대통령이 서명한 수락서를 제출키로 하고 유엔 가입 동의안을 국회에 제출해서 만장일치로 승인을 받았다.

7월 19일 자로 된 신청서류는 내가 귀임하는 편에 가져왔고, 나는 그것을 8월 5일 오후 3시에 데 케야르 사무총장에게 제출했다. 도하 각 신문과 방송은 내가 사무총장에게 신청서류를 제출하는 장면을 크게 실어 보도했다.

나는 사무총장에게 말했다.

"한국은 오래전부터 남북한이 동시에 유엔 회원국이 되기를 바라 왔습니다. 그것은 남북한의 국제적 지위 향상뿐 아니라 독일의 경

유엔 사무총장에게 가입신청서를 제출하면서

우와 같이 양자 간의 관계를 개선하고 평화통일로 가는 데 도움이 될 것입니다.

　남북한의 유엔 가입은 동서냉전의 종식을 상징하는 것으로도 볼 수 있습니다. 왜냐하면, 동서간 대립이 지금까지 남북한의 유엔 가입을 막아왔기 때문입니다.

　남북한의 가입은 또한 유엔 보편성 원칙의 사실상 완성을 의미합니다. 이제 세계의 거의 모든 나라가 유엔에 가입함으로써 유엔의 위상도 더욱 높아질 것입니다."

　사무총장은 고개를 끄떡이면서 응답했다.

　"두 한국의 가입으로 유엔은 큰 힘을 얻게 될 것입니다."

　그때 안보이사회에 가입 신청을 낸 나라는 남북한 외에 마이크

로네시아(Micronesia)와 마샬군도(Marshall Islands)도 있었다. 이사회는 의장인 아얄라 라소(Jose Ayala Lasso) 에콰도르 대사를 중심으로 비공식 협의를 통해 4개국 가입안에 대한 심의 일정과 방식을 정했다.

8월 6일 헌장 상 절차인 '회원국 가입심사 위원회'(전원위원회)를 거친 후 8월 8일에 본회의를 열어 결정하되 남북한 가입은 하나의 결의안으로 묶어서 콘센서스 방식으로 처리하기로 한 것이다.

그에 따라 우리의 유엔 가입 절차는 일사천리로 진행되었다. 8월 8일 예정보다 약 반 시간 늦은 11시 28분에 개최된 안보이사회에서는 심사위원회의 심의를 거친 남북한 가입 권고 결의안이 아무 이의 없이 무투표로 채택되었다. 회의는 채 10분도 걸리지 않았다.

나는 8월 6일과 8일의 안보이사회 회의를 신기복 대사를 비롯한 대표부 간부들과 본국에서 출장 온 이병기 수석, 문동석 국장 등과 함께 방청석에 앉아서 참관했다. 참으로 만감이 교차하는 순간이었다.

'40년이 넘도록 우리가 그토록 염원하던 일이 이렇게 간단히 끝날 수도 있는 것이었구나!'

'이제부터 어깨를 활짝 펴고 세계열강의 대열에 끼일 수 있겠구나!'

의장의 폐회 선언과 함께 나는 각국 대표들과 감사와 축하의 인사를 나누고 박길연 북한 대사와도 악수했다.

"잘 되었습니다. 이제부터 우리 한번 잘해봅시다!"

나의 말에 박 대사도 기쁜 표정으로 화답했다.

"네, 그렇게 합시다."

안보리의 남북한 유엔 동시 가입 의결 후 박길연 북한 대사와

국내 언론 보도

우리의 유엔 가입은 현지에서뿐 아니라 국내에서도 대단한 국민적 관심을 불러일으켰다. 그에 따라 8월 초부터 우리나라 방송사들은 앞다투어 저녁 TV 뉴스 앞머리를 뉴욕 현지에서 생방송 하기 시작했다. KBS의 박성범(朴成範), MBC의 엄기영(嚴基永), SBS의 맹형규(孟亨奎) 등 뉴스 앵커들이 현지에 출장으로 와서 유엔 본부 앞에 임시 스튜디오를 가설하고 본부 건물을 배경으로 뉴스를 보냈다. 나는 그들의 단골 메뉴가 되었고 수시 생방송 인터뷰에 응했다.

TV 뉴스는 시간과의 전쟁이었고 우리 방송사들은 보다 생동감 있는 화면을 내보내기 위해서 무한경쟁에 돌입했다. 국내 저녁 9시

뉴스 시간은 뉴욕 시각으로는 새벽 7시가 되기 때문에 우리 방송사들은 새벽 5시부터 인부를 고용해서 유엔 건물 맞은편 큰길가에 거푸집 스튜디오를 가설했다가 뉴스 보도가 끝나는 대로 철거하는 일을 한 달 넘도록 매일 강행했다. 카메라 앵글에 좋다고 가능한 대로 가설무대를 더 높게 지으려고 서로 경쟁하기도 했다.

한참 정신없이 돌아가는 중에 8월 중순에 서울에서부터 나에 대한 한 가지 우스갯소리가 들려왔다. 내가 세계에서 옷 잘 입는 베스트 드레서 10명에 뽑혔다는 이야기였다. '무슨 농담인가?' 하면서 며칠 후 배달된 8월 21일자 국내 신문을 펴보았더니, 서울에서 개최되고 있는 세계주문복업자연맹 총회에서 관례에 따라 '세계 베스트 드레서 10인'을 선정했는데 소련 고르바초프 대통령, 영국 찰스 황태자, 일본 아키히토 천황 등과 함께 내 이름이 들어가 있는 것이 아닌가! 그럴싸하지도 않은 일이라 황당하고 쑥스러웠는데, 나중에 알고 보니 주문복업자 총회에서 한국 대표들이 주최국인 한국에서도 한 사람 포함하자고 고집해서 그리 된 일이라는 것이다. 8월 중 매일 같이 내 얼굴이 뉴스 화면에 뜬 것이 화근(?)이었는데, 나는 그 일로 한참 동안 친구들의 놀림감이 되기도 했다.

남북한 유엔 동시 가입

8월 초부터 나는 9월 17일에 시작되는 제46차 유엔 총회 준비에 본격적으로 매달렸다. 총회 개회 첫날에 있을 남북한의 유엔 가입에 대비하는 일뿐만 아니라 대통령과 경축 사절단의 방문 준비에도 많은 신경을 쓰게 되었다.

노태우 대통령이 정부 수립 43년 만에 성취된 유엔 가입을 기념하고 유엔 총회에서 연설하기 위해서 9월 22일부터 3박 4일 일정으로 뉴욕을 방문하고 동시에 대규모 경축 사절단도 오기로 되어 있었다. 그 사절단은 정계, 외교계 외에도 경제·언론·문화·예술·여성·청년 등 각계 대표 30명으로 구성되었다.

정계를 대표해서 김영삼 여당 대표와 김대중 야당 총재가 포함되었는데 두 분은 모두 상당수의 측근을 대동하고 각기 별도 일정을 가지고 활동하겠다고 했다. 또한 노신영, 강영훈, 노재봉 등 전직 총리와 김용식, 박동진, 최광수 등 유엔 대사를 지낸 전직 외무부 장관들도 사절단에 포함되어 있었기에 나로서는 어느 한 분도 소홀히 할 수 없는 처지였다. 그리고 같은 기간에 대규모 경축 문화행사도 개최될 예정이었다.

본부와 인근 공관에서 인원을 차출해서 도와준다고는 하지만 대표부의 제한된 인원과 자원으로 그 많은 일을 모두 차질 없이 동시에 진행하기가 어려웠다. 나는 분명한 업무 분담이 필요하다고 생각했다. 그래서 대통령 본진과 김영삼 대표 일행 관련 사항은 내가 직접 관장하되, 김대중 총재 일행은 채의석(蔡義錫) 뉴욕 총영사에게 일임하고, 기타 경축 사절단은 신기복 차석대사가, 문화행사는 김준길(金俊吉) 뉴욕문화원장(나의 고등학교 동기)이 각각 전담토록 했다. 각기 맡은 일에 대해서는 전적인 책임을 지고 알아서 처리하되 전반적인 진행 상황만 나에게 알려 주기로 했다. 그렇게 결정하고 나니까 훨씬 업무도 잘 진행되고 마음도 가벼워지는 것을 느낄 수 있었다.

1991년 9월 17일 개막된 제46차 유엔 총회는 관례에 따라 오전에 의장단을 개선하고 오후 3시에는 첫 번째 의제로 신규 회원국 가입안이 상정되었다. 남북한의 가입안은 그간 공동제안국이 116국에 달했다가 당일 오전 중에 추가로 27개국이 가담해서 도합 143개국이 되었다. 그러니까 당시 159개 회원국 중 특별한 사유가 없는 나라는 모두 우리의 가입을 주장하고 나온 셈이었다.

　신규 가입 신청국은 남북한과 2개 태평양 도서 국가 외에 소련에서 분리 독립한 에스토니아(Estonia), 라트비아(Latvia), 리투아니아(Lithuania)의 발틱 3국까지 막판에 긴급 추가로 포함되었다. 총회는 이 7개국의 가입을 차례로 찬반 토론 없이 만장일치로 통과시켰다. 이로써 전 세계의 축복 속에서 북한은 160번, 우리는 161번째 회원국으로 유엔에 가입하게 된 것이다.

　총회의 결의가 있은 직후 각 신규 회원국 대표단은 유엔 의전장의 안내로 총회 대표단 석에 착석했다. 각국 대표단의 총회 좌석은 매년 추첨으로 뽑힌 국가로부터 시작해서 알파벳순으로 정해지는데 그해 우리 좌석은 우연히 우리가 앉던 옵서버 석으로부터 불과 4~5미터 밖에 떨어져 있지 않았다. 나는 이상옥 장관, 박정수 국회 외무위원장과 함께 대한민국 대표석에 착석했는데, 우리가 그 짧은 거리를 옮기는데 1미터에 10년씩 걸린 셈이었다.

　신규 대표단이 모두 착석하자 유엔 관례에 따라 5개 지역 그룹 대표와 본부 소재국인 미국 대표의 환영 연설이 있었고 곧이어 북한을 대표한 강석주(姜錫柱) 외교부 부부장과 우리의 이상옥 외무부 장관의 수락 연설이 있었다.

　북한의 강 부부장은 "유엔이 정치·경제·문화 등 모든 분야에서 불평등한 낡은 질서를 철폐하고 평등한 새로운 질서를 정립해야 한다"라고 주장하고 '주체사상', '우리식 사회주의', '조국의 자주평화통일' 등에 언급했다.

이어서 연단에 오른 이상옥 장관은 진지하게 말했다.

"남북한은 유엔 회원국으로서 국제 평화와 번영을 위한 유엔의 노력에 건설적인 기여를 할 수 있게 되었을 뿐 아니라 남북한 간에 새로운 대화와 교류의 마당을 마련함으로써 상호 관계에도 새로운 장을 열 수 있는 중요한 계기를 마련하게 되었습니다."

이날 총회는 신규 회원국 가입을 끝으로 산회했고, 오후 6시에 신규 가입국 대표들은 유엔 본부건물 정면에 있는 만국기 게양대로 가서 국기 게양식을 가졌다. 7개국 국기가 차례로 올라갔는데 나는 이 장관, 박 위원장과 함께 뉴욕의 높은 가을 하늘로 태극기가 펄럭이며 올라가는 것을 감회 깊게 올려다보았다.

'이제 정말로 우리가 유엔 회원국이 되었구나!'

대한민국 초대 유엔 대표

우리가 유엔의 정식 회원국이 됨에 따라 나의 공식 직함도 상임 옵서버에서 상임대표(Permanent Representative)로 바뀌었다. 그러니까 나는 대한민국의 마지막 유엔 옵서버였고 동시에 초대 유엔 대표가 된 것이다.

그에 따라 9월 19일 데 케야르 사무총장을 방문해서 상임대표로서의 신임장을 다시 제정했다. 나는 그 자리에서 총장의 그간 협조와 격려에 감사하면서,

"나와 같이 반년 안에 두 번씩 신임장을 낸 사람도 없을 것입니다. 너무 번거롭게 해서 미안합니다."

가벼운 마음으로 농을 했고, 총장은 웃음으로 화답했다.

"좋은 일이라면 얼마든지 번거로워도 관계없습니다."

유엔본부 앞 휘날리는 태극기

유엔의 한국인

우리가 유엔 회원국이 된 것을 제일 반긴 사람 중에는 유엔에 근무하고 있는 우리나라 출신 직원들을 빼놓을 수 없었다. 그 당시 유엔 본부에 근무하는 한국 직원은 10여 명에 불과했는데, 저명한 첼로 연주가인 정명화(鄭明和)의 부군 구삼열(具三悅) 씨가 산하 직속 기관인 아동기구(UNICEF)에서 국장급으로 있었을 뿐 나머지는 모두 여성이고 대부분이 중·하위직에 속했다. 관저에 초청해서 오찬을 대접하는 나에게 그들은 기쁜 마음을 털어놓았다.

"그동안은 제대로 구실 못하는 친정 때문에 기를 펴지 못하고 시집살이 하는 심정이었는데 이제부터는 떳떳하게 지낼 수 있게 되었습니다."

그 후 우리나라 사람들의 유엔을 포함한 국제기구 진출도 늘었고 반기문(潘基文) 유엔 사무총장을 배출하는 쾌거를 이룩하기도 했지만, 아직도 국력이 비슷한 다른 나라들에 비해서 전반적으로 그 숫자나 지위가 빈약한 편이다. 우리 젊은이들이 넓은 세계로 눈을 돌리고 국제기구에도 더욱 많이 진출했으면 좋겠다.

대통령 방문과 유엔 가입 경축 행사

유엔 정기총회가 개회되면 처음 몇 주일 동안은 각국의 기조연설이 진행된다. 우리가 회원국으로서 처음 하는 연설은 대통령이 직접

하기로 했다. 노태우 대통령은 9월 22일 저녁 뉴욕에 도착해서 다음 날 부시 미국 대통령과 면담하고 마하티르 말레이시아 수상과 오찬을 가졌으며 볼저(James Bolger) 뉴질랜드 수상과도 만났다.

9월 24일 오전 11시에 노 대통령은 쉬하비(Samir Shihabi) 총회의장을 예방하고 유엔 의전장의 안내로 총회장에 입장해서 '평화로운 하나의 세계 공동체를 향하여'라는 제목의 기조연설을 했다.

"남북한이 유엔에 가입하는 것이 한반도에 평화와 통일을 실현하는 가장 현명한 선택입니다. … 이제 남북한은 국제사회의 책임 있는 일원으로서 유엔 헌장을 준수하고 한반도와 세계의 평화를 위해 주어진 책무를 다해야 할 것입니다."

그리고 우리 대표단의 자리가 옵서버 석에서 회원국 좌석으로 옮기는데 40년이 넘게 걸렸고, 동서독이 유엔에 따로 가입한 후 그 의석을 합치는 데는 17년이 걸렸음을 지적하면서 우리의 통일 염원을 강조했다.

"그러나 남북한의 2개 의석이 하나로 되는 데는 그리 오랜 세월이 걸리지 않을 것이며, 우리는 분단의 비극을 가져다준 냉전체제가 와해된 이 세계에서 민족자결에 바탕하여 자주적으로, 무력에 의하지 않고 평화적으로, 민족 성원의 자유의사에 따라 민주적으로 통일을 이룩할 것입니다."

참으로 아름다운 소망이었는데 그 후 민족의 진운이 그대로만 움직여주지는 않았다.

연설이 끝난 뒤 노 대통령은 유엔 로비에서 각국 대표를 접견한 후에 숙소인 플라자호텔(The Plaza Hotel)에서 경축 사절단, 공식 수행원과 유엔 총회에 참석한 우리 경제인과 국회의원 등을 위한 오찬회를 주최했다. 또한 그날 저녁 나는 노 대통령을 모시고 한국 가입 경축 리셉션을 플라자호텔에서 개최했는데, 각국의 유엔 대표단 및 미국의 각계 인사 800여 명이 참석해서 대성황을 이루었다.

경축 사절단 본진은 9월 21일 오전에 도착해서 9월 22일 뉴욕 총영사가 주최한 뉴욕지역 교민 초청 리셉션에 참석하고, 9월 24일 대통령의 총회 연설을 방청한 후 노 대통령이 주최한 오찬회와 저녁 리셉션에 참석했고, 다음 날 카네기홀(Carnegie Hall)에서 개최된 경축 공연도 참관했다.

김영삼, 김대중 양 씨는 별도 항공편으로 와서 활동을 전개했다. 김영삼 대표는 박관용(朴冠用), 정재문(鄭在文) 의원 등 여러 수행원을 대동하고 9월 21일 오후에 뉴욕에 도착했다. 나는 김 대표와 그 일행을 위해서 그날 저녁 대사관저에서 만찬을 베풀었고 김 대표는 거침없고 소탈한 태도로 만찬을 즐기면서 대표부의 그간의 노고를 치하했다.

김 대표와 다른 사절단이 모두 각종 행사에 충실하게 참석한 데 비해서 야당의 김대중 총재는 교민 리셉션이나 대통령 주최 오찬 등에는 참석하지 않고 그 시간에 자신을 지지하는 교민들을 따로 모아 별도 행사를 했다. 나는 그가 귀국길에 오를 때 시간을 내어 그를 뉴욕공항에서 환송했다.

한편, 문화부에서 주관한 경축 예술단은 국립국악원, 국립무용단, 서울국악관현악단 소속 130여 명의 연예인으로 구성된 대규모 공연단으로 9월 25일 저녁 카네기홀에서 '소리여, 소리여, 천년의 소리여!'라는 주제로 공연을 했다. 이 공연은 미국의 각계 인사, 각국의 유엔 대표단, 우리 교민 등이 초청되어 성황리에 열렸다. 나도 그 공연을 관람했는데 화려하고 품격 있는 구성으로 좋은 평가를 받았다. 다만, 많은 경비와 노력을 들였는데 뉴욕에서는 단 1회의 공연으로 끝난 것이 아쉬웠다.

유엔에 기증할 기념 조형물로는 이어령 문화부 장관의 주장에 따라 월인천강지곡(月印千江之曲)의 금속활자본(보물 제398호)의 복제품을 만들어 9월 24일 노 대통령과 데 케야르 사무총장 임석 하에 전달식을 가졌다.

세계 최초의 금속활자 사용을 상징하는 이 기념물은 지금도 많은 사람이 왕래하는 길목인 유엔 본부 2층 총회장 입구 옆의 복도에 전시되어 있다. 애초 유엔 관리본부 측에서는 이미 많은 국가의 기념물들이 비치, 전시되어 있으므로 우리의 기증품은 지하층이나 휴게실 복도 등에 설치하겠다고 하는 것을 8월 말 의전 선발대로 출장 온 청와대의 백영선 과장이 지금의 그 장소를 꼭 집어 강하게 요구해서 그대로 관철시켰던 것이다.

유엔 총회 참여

대통령 일행은 9월 25일 다음 방문지인 멕시코로 출발했고 경축 사절단도 대부분 그 다음 날 귀국했다. 한바탕 큰 잔치를 치르고 난 다음 대표부는 정상 업무로 복귀했다. 이상옥 외무부 장관은 대통령을 수행해서 멕시코를 방문하고 나흘 만에 다시 뉴욕으로 돌아와서 유엔 총회에 참석 중인 각국 외상 등을 만나 현안들을 협의했다. 나는 그것을 주선하고 배석하는 데 많은 시간을 할애해야 했다. 이 장관은 며칠 후 귀국했고 대표부는 유엔 총회 각종 회의 참석 업무를 본격적으로 개시했다.

유엔에 대표부를 둔 지는 40여 년이 지났지만, 그동안 우리는 주로 '유엔 한국 문제'에 매달려 있었고 또 투표권이 없는 옵서버였기에 주요 국제문제에 대해서 제3자적인 위치에서 보고 있었을 뿐 그에 대한 우리 정부의 입장을 분명히 밝힌 적이 별로 없었다. 따라서 유엔이 취급하는 많은 의제 하나하나에 대한 그간의 경위와 배경, 찬반이론과 관련국들의 입장, 그리고 우리에게 미칠 영향 등을 정리해서 본부에 보고하여 정부 입장을 정하도록 하고 이를 유엔의 관련 회의에서 발표하고 그 의사결정에 참여하는 것이 보통 큰일이 아니었다.

총회가 진행되는 동안 본부에서 출장 온 실무자들과 대표부 직원들이 각기 업무를 분담해서 열심히 회의에 참석토록 하고 나도 몇 가지 중요한 회의에는 직접 참석해서 정부의 입장을 밝혔다.
북한 핵 문제에 대한 국제원자력기구(IAEA)의 보고서를 심의하는 10월 22일 총회 본회의에서 북핵 문제에 대한 우리 정부 입장을 밝히고 기구의 보고서 채택을 지지하는 연설을 했다. 그 외에도 제1위원회(정치), 제2위원회(경제)와 제5위원회(행정) 회의 벽두에 정부 입장을 밝히는 기조연설을 했다.

회원국이 됨에 따라 제일 먼저 결정해야 할 일 중의 하나가 기구 예산에 대한 우리의 분담금 문제였다. 유엔은 각국의 분담금 비율을 그 나라의 경제 규모, 1인당 소득 수준, 국제수지와 대외채무 등을 감안한 각국의 지급능력(ability to pay)에 따라 정했다. 그 분담 비율은 일차적으로 전문가들로 구성된 행정예산문제 자문위원회(ACABQ)에서 심의되었는데, 그 회의에는 본부에서 출장 온 젊은 황준국(黃浚局) 사무관이 참석하고 있었다. 하루는 황 사무관이 나를 찾아와서 말했다.

"자문위원회는 인도와 파키스탄 출신들이 핵심을 이루고 있는데 그들은 이번에 한국이 가입하는 것을 기회로 우리 분담 비율을 전체 예산의 1% 정도로 책정하고 대신에 자국의 비율은 조금씩 하향 조정하려고 하고 있습니다. 예산의 1%라면 연간 약 1천만 불이 되는 것이고, 그 비율은 유엔뿐 아니라 유엔 산하 다른 국제기구에도 준용될 것이기 때문에 이번에 적정 수준으로 정해지도록 하는 것이 중요합니다. 대사님께서 허락하시면 회의에서 정식으로 이의를 제기하겠습니다."

나는 그의 주장에 전적으로 동의했다. 그러면서도 그가 평생 그 일만으로 전문가가 되었다고 자부하는 고집 센 자문위원들과 다투어서 이길 수 있을지 의문스러웠다. 그러나 그는 며칠간 끈질기게 설전을 벌여서 결국 우리의 분담 비율을 0.69% 수준으로 결정하는 데 성공했다. 아울러 정규예산보다 액수가 더 큰 유엔의 평화유지 활동비(군사비)의 분담도 그중 낮은 비율인 C그룹(일반 후진국 카테고리)에 속하도록 했다. 나는 서울대 상과대학 후배인 그의 기백과 열정에 감탄했는데 그는 그로부터 30년 후에 우리의 유엔 대사가 되었다.

유엔 대사관저

나는 바쁜 일들이 끝나가는 것을 보면서 그동안 교섭을 벌여온 관저 구입 건을 매듭지었다. 현지의 우리 외환은행으로부터 1,500만 불을 차입해서 맨해튼 한복판 72가에 위치한 지상 5층, 지하 2층의 주택 건물을 1,080만 불에 구입하고 잔여는 수리비로 예치했다.

유엔 가입을 계기로 거금을 들여 구입한 국가재산일 뿐 아니라 뉴욕 한복판에 국위를 선양할 수 있는 번듯한 관저를 마련해야겠다는 생각에서 세계적인 건축가인 페이(I. M. Pei) 설계사무소에 대사관저로 개조, 수리하는 설계를 부탁하고 전문가의 도움을 받기로 했다.

신 관저 개조는 그 후 내가 갑자기 본국으로 귀임하는 바람에 더 진척시키지 못했지만 이후 후임인 유종하 대사가 세밀하고 철저하게 공사를 진행해서 훌륭한 관저로 변모시켜 놓았다.

뉴욕 생활

나와 아내는 뉴욕에서의 생활에 익숙해지면서 많은 재미를 느꼈다. 뉴욕은 세계 최대의 금융산업 중심지일 뿐 아니라 그야말로 세계의 첨단을 가는 국제도시로서 문화면에서도 다른 어느 도시와 비견할 수 없는 다양한 기회를 제공했다. 메트로폴리탄박물관(Metropolitan Museum)을 비롯한 각종 박물관과 미술관, 링컨센터(Lincoln Center for Performing Arts) 등의 각종 예술 공연장, 브로드웨이(Broadway)의 수많은 극장, 타임스퀘어(Time Square)의 현란한 밤거리, 5번가(5th Avenue)의 화려한 상점들, 프랑스, 이탈리아, 중국 등 각국 음식을 맛볼 수 있는 그 좋은 식당들….

뉴욕을 가리켜서 '유대인이 소유하는데 일은 아일랜드 사람들이 하고, 낮에는 영국계가 다스리는데 밤에는 이탈리아계가 지배하는 도시'라고 풍자한 말이 있지만, 그 속에 우리 교포들도 많이 끼여 살고 있었다. 그때 벌써 우리 교민의 숫자가 20여만 명에 달했고 엠파이어 스테이트빌딩(Empire State Building) 근처에는 코리아타운이 버젓이 자리 잡고 있었다. 상당수가 70년대 이후에 이주해온 우리 교민은 길모퉁이 식료품 가게나 동네 세탁소를 경영하는 사람들이 눈에 많이 띄었다.

뉴욕 생활에서 잊지 못할 것 중의 하나가 근교의 뉴로셀(New Rochelle)에 있는 와이카길(Wykagyl) 골프장이다. 수많은 골프장 중에서 명성도 있고 거리도 가까워 선배 대사들도 많이 이용한 곳이었는데 그곳에 회원(명예 회원)으로 가입하기가 그리 쉽지 않았다. 먼저 날짜를 잡아 부부 동반으로 골프장을 찾아가서 그 운영위원들을 만나보고 필드에 같이 나가서 실제 라운드를 해본 다음에야 가입이 허락되었다. 가입하는 데는 까다로웠지만, 회원으로 지내는 데는 모두 친절하게 잘해 주어서 나는 주말에 별일 없을 때는 자주 그곳에 들러 친구들과 즐거운 시간을 보내곤 했다. 특히 가을철 단풍이 곱게 물들면 오고가는 길목에서부터 '참으로 아름답구나!' 감탄했던 것이 지금도 눈에 선하다.

본국 귀환

나에게 참으로 많은 추억을 남긴 제46차 유엔 총회가 12월 중순에 일단 휴회하면서 유엔이 동면기에 들어갔다. 그와 동시에 나에게는 하나의 고민거리가 생겼다. 유종하 외무부 차관이 본부 근무 2년을 마치고 해외 근무 나갈 때가 되었는데 나하고 자리를 맞바꾸면 어떻겠는가 하는 타진이 온 것이다.

나는 이미 차관급인 청와대 수석비서관을 3년 지내고 유엔 대사까지 했는데 차관으로 돌아가는 것이 그다지 탐탁지 않았다. 게다가 이제부터 본격적으로 유엔 대사로 활동할 수 있게 되었는데 불과 1년 만에 자리를 뜬다는 것도 마음이 내키지 않았다.

혼자 고민하는 중에 마침 뉴욕에 들러서 오찬을 같이 하게 된 최광수 전 외무부 장관에게 그 문제에 대해서 의견을 물었다. 그는 귀국을 권했다.

"노 대사는 외무부에서는 차관보나 차관 경력이 없으니 앞날을 위해 더 늦기 전에 차관직을 거쳐 두는 편이 좋을 것 같네. 유엔 대사 자리가 좋기는 하지만 너무 그것에 연연하지 않는 것이 좋겠어."

나는 그의 권고를 따르기로 했다. 유 차관에게 서울로 돌아가겠다고 알렸더니 얼마 후 이상옥 장관으로부터 연초 정례 공관장 교체 시에 함께 발령될 것이며, 그 시기는 대체로 2월 말경이 될 것이라는 통보가 왔다.

막상 1년 만에 뉴욕을 떠난다고 생각하니 여러 가지 미련이 남았다. 그때 마침 딸 재령은 뉴욕에서 박사과정을 밟고 있었고 아들 재호도 군 복무를 마치고 우리에게 와서 대학원 공부를 시작하고 있었기에 특히 아내는 뉴욕을 일찍 떠나는 것에 마음 내켜 하지 않았다.

나는 1월 중에 가족을 데리고 버몬트 오카나간(Okanagan) 산속으로 스키 여행을 다녀오고, 아내와 함께 플로리다 올란도(Orlando)와 캘리포니아 팜 스프링스(Palm Springs)로 골프 여행을 하면서 아쉬움을 달랬다.

뉴욕을 떠나기 전 2월 19일 저녁에는 유엔 본부 연회장을 빌려서 고별 리셉션을 개최했다. 부트로스 갈리(B. Bhutros Ghali) 신임 유엔 사무총장, 피커링 미국 대사 등이 다녀간 지 얼마 되지 않아서 박길연 북한 대사가 아무 예고도 없이 연회장에 나타났다. 그때까지만 해도 우리가 주최하는 공식행사에 북한 외교관이 참석한다는 것은 극히 이례적인 일이었다.

"이렇게 와주어서 반갑습니다."

나의 인사말에 그는 웃는 얼굴로 농을 섞어 말했다.

"정말 가시는 게요. 섭섭합네다."

그는 나를 처음 만났을 때, "내가 이곳에 온 지 6년째 되는데 그동안 남쪽의 대사는 다섯 번 바뀌었고 노 선생이 내가 만나는 여섯 번째의 남쪽 대사입니다"라고 하기에 "나는 그렇게 빨리 바뀌지 않을 것이니 우리 한번 잘 사귀어 봅시다" 했는데 나 역시 일찍 떠나게 된 것이다.

박 대사는 나보다 몇 살 연하로 천성이 부드럽고 인간적으로 정이 가는 사람이었다. 그는 내가 떠나고 얼마 후에 외교부 부부장으로 평양으로 들어갔다가 몇 년 후 다시 유엔 대사로 돌아와서 오랫동안 근무했다.

공직, 특히 고위 공직의 경우 한자리에 너무 오래 있어도 좋은 것은 아니지만 우리의 경우와 같이 너무 자주 바뀌는 것은 큰 문제가 아닐 수 없다.

　나는 대표부 일을 정리하고 아이들의 거처를 마련해 준 다음 아내와 함께 우리에게 큰 보람과 추억을 안겨준 유엔과 뉴욕을 떠나서 2월 24일 귀국했다.

　정부는 그해 말 북방외교 추진 유공자들에 대한 일괄 서훈 시에 나에게는 유엔 가입에 대한 공로를 인정해서 황조근정훈장을 수여했다.

북방외교
마무리 단계에서

차관 취임
한·중 수교 문제
수교 실무교섭
대만 특사 방한
국내의 반응
수교 본회담
수교 발표와 대만의 반응
진사 사절단 파견
대만 관계 반성
대처 여사의 충고
로스앤젤레스 흑인 폭동

유럽 출장
지구 정상회의
레이건의 치매 증세
상파울루의 해프닝
아르헨티나 방문
영국의 찰스와 다이애나
옐친과 KAL기 블랙박스
사우디·이집트 방문
1992년 대통령 선거
어머니 작고
신정부 발족과 나의 거취

차관 취임

나는 1992년 2월 27일 자로 제28대 외무부 차관에 임명되었고 다음 날 취임식을 가졌다. 돌이켜보니 국장직을 마치고 외무부 본부를 떠난 지 10년 만에 돌아온 것이었다.

당시 외무부는 치밀하고 부지런한 이상옥 장관 밑에 유능한 간부들이 포진하고 있었는데 모두 나와는 개인적으로 가까운 사이였다. 정무차관보는 고교 동기인 장만순(張萬淳, 여름에 申基鍑 대사로 교체), 경제차관보는 워싱턴에서 같이 근무했던 허승, 정책실장은 이승곤(李承坤, 여름에 權丙鉉 대사로 교체), 기획관리실장은 김경철(金庚哲), 의전장은 장선섭(張瑄燮)이었는데 모두 고등고시 출신의 엘리트였다.

1993년 초의 외무부 간부진
사진 왼쪽부터 최종화(崔鍾華) 총무과장, 권병현 정책실장, 허승 경제차관보, 필자,
이상옥 장관, 공로명 외교안보연구원장, 장선섭 의전장, 김경철 관리실장, 신기복 정무차관보

한·중 수교 문제

　내가 외무부 차관으로 취임한 당시 우리 외교의 최우선 과제는 중국과의 수교 문제였다. 임기 1년을 남겨 놓은 노태우 대통령은 1990년 한·소 수교와 1991년 유엔 가입에 이어 연내에 한·중 수교를 마무리 지음으로써 북방외교의 대단원을 이루려는 열의에 차 있었다. 나는 취임 당일 오후부터 김석우 아주국장과 신정승(辛正承) 동북아2과장으로부터 그간의 중국과의 접촉 상황에 대한 브리핑을 받았다.

오랫동안 닫혀 있던 한·중 관계는 중국이 1978년 덩샤오핑의 지도 하에서 개혁개방을 표방한 이후 양국 간 무역 등 실리 관계가 점증했고, 그에 따라 1991년에는 서울과 북경에 각각 무역대표부가 설치되기에 이르렀다. 우리는 그 몇 년 전부터 기회 있을 때마다 여러 채널을 통해서 한·중 수교를 끈질기게 요구했지만, 중국은 소위 '순치지교'(脣齒之交, 입술이 없으면 이가 시린다)라고 불리던 북한과의 전통적 우호 관계를 고려해서 이에 소극적으로 대처해 왔다. 중국 당국은 우리의 막후 접촉이나 비공식 접근은 적절히 활용하면서도 정부 차원의 '공식 접촉은 불가'하다는 태도를 고수했다.

1991년 남북한의 유엔 동시 가입이 있고 난 뒤 10월 초에 뉴욕의 유엔 본부에서 이상옥 외무부 장관은 첸치천(錢其琛) 중국 외교부장을 만나 양국 간 수교 문제를 거론한 바 있었다. 그로부터 한 달 후 11월에는 첸 부장이 서울에서 개최된 아·태 경제협력(APEC) 각료회의에 참석했는데, 노 대통령은 그를 청와대에서 접견하면서 간곡하게 양국관계에 관해서 언급했다.

"중국과 한국은 좁은 바다를 사이에 둔 이웃으로 예로부터 내왕이 잦았고 한국의 서해안에서는 조용한 날이면 중국의 산동반도 동쪽에서 개 짖는 소리가 들린다고 할 정도로 가깝습니다. … 근세에 와서 양국 간 수십 년 내왕이 중단된 것은 실로 유감스럽고 부자연한 일이며 양국 간 관계 증진뿐 아니라 한반도와 동북아의 번영과 안정 그리고 아시아·태평양 지역의 평화와 발전을 위하여 하루속히 양국 간 수교가 이루어지기를 바랍니다."

다음 날 아침 첸 부장은 이상옥 장관과 조찬을 같이 하면서 우리 측의 조기 수교 요청에 대해서 확답은 피하면서도 "외교관을 비롯한 양측 인원이 계속해서 접촉하고 대화를 유지하도록 합시다"라고 여운(餘韻)을 남겼다.

한·중 수교의 결정적 계기는 내가 본부로 돌아온 지 얼마 되지 않아서 나타났다. 1992년 4월 13일 이상옥 장관은 북경에서 개최된 아·태 경제사회이사회(ESCAP) 연차총회에 참석하는 기회에 첸 부장과 단독 회담을 하면서 수교 문제를 다시 거론했는데, 첸 부장이 솔선해서 말했다.

"양국 간 수교 교섭을 시작하되 창구를 외교당국으로 단일화 합시다. … 교섭 과정에서는 비밀을 유지하는 것이 관건이자 생명입니다."

다음날 이 장관을 접견한 리펑 중국 총리는 '수도거성'(水到渠成, 물이 흐르면 도랑이 생긴다)이라는 말로서 양국 관계에 대한 중국 측의 적극적인 견해를 밝혔다.

이상옥 장관은 이 반가운 소식을 기밀 문건으로 인편에 보내왔고 나는 그것을 즉각 청와대에 보고했다.

수교 실무 교섭

수교를 위한 양국 실무 대표 간의 비밀 교섭이 5월 중순부터 시작되어 6월 하순까지 3차에 걸쳐서 이루어졌다. 우리 측 대표단은 권병현 본부 대기대사를 팀장으로 해서 외무부, 청와대, 안기부의 관계관 6명으로 구성되었고 중국 측은 장루이제(張瑞杰) 대사를 비롯해서 전원 외교부 담당관으로 구성되었다.

회담은 처음 두 번은 북경의 국빈관인 댜오위타이(釣魚臺)에서, 그리고 마지막 회의는 서울의 워커힐(Walker Hill)에서 비밀리에 개최되었다. 북경 회의 시에는 회의 장소가 일체 잡인의 출입이 금지된 특수 구역인 데다가 중국 외교부에서 철저히 통제해서 비밀 유지에 문제가 없었으나 서울에서는 보는 눈이 많아서 보안상 어려움이 있었다. 그렇지만 안기부에서 적절히 대처해서 별문제 없이 진행되었다.

수교 교섭에서 중국 측은 '하나의 중국' 원칙에 따라 우리가 대만 (臺灣)과 단교하고 한국에 있는 대만 정부의 재산을 중국에 이관하라고 요구했다. 우리는 재산권 이전에는 이의가 없지만*, 오랜 대만과의 관계를 감안해서 한·중 수교 이후에도 서울에 대만 정부의 연락 사무소를 두는 등 일정한 수준의 공식 관계를 유지하는 데 대한 중국의 이해를 간곡하게 요청했지만, 중국 측의 완강한 반대로 결국 이를 포기할 수밖에 없었다.

우리는 중국이 북한에 대한 일방적인 지지 입장에서 탈피해서 남북을 대등하게 취급할 것과 '중·조 우호 협력 및 상호원조 조약'의 문제점을 바로잡을 것을 요구했다. 이에 대해서 중국 측은 중·조 조약이 한·중 관계 발전에 지장을 초래하지 않을 것임을 확인하고 한국에 대해서도 여타 국가들과 동등한 대우를 약속했다.

한·중 수교 교섭 과정에서 '중국의 한국전 참전에 대한 사과'를 받아야 한다는 우리 내부의 주장이 있었지만, 이 문제는 양측이 각기 자국의 입장을 분명히 하는 수준에서 처리되었다. 이 문제는 우리로서는 한번은 짚고 넘어가야 할 과제였지만 중국의 입장에서는 당시 국제정세로 보아 국가의 안위와 직결되는 것으로서 사과의 대상이 될 수 없다는 것이었다. 각기 국가의 존엄과 국민의 이해가 상치되는 문

---

* 그 점은 미국이나 일본 등 다른 나라의 경우에도 마찬가지였다.

제에 있어서 서로 자국의 입장만을 내세워 일방적인 주장을 고집한다면 타협을 전제로 한 외교교섭은 불가능한 것임은 물론이다.

또 한 가지 항간의 오해는 한·중 수교에서도 한·소 수교 때와 같이 상당한 규모의 경제협력에 대한 비밀 합의가 있지 않았나 하는 의구심이다. 그러나 중국 측은 처음부터 끝까지 그런 문제는 한번도 제기한 적이 없었고 우리도 물론 그런 것을 거론한 바 없다. 그런 오해는 중국이 비록 잘 살지는 못해도 나름대로 국가적 자존심이 강해서 한국에 대해서 그런 요청을 할 나라가 아님을 모르는 데서 비롯된 것이다.

대만 특사 방한

한·중 간의 수교가 진행되고 있음을 감지한 대만의 자유중국 정부는 1992년 5월 초에 장옌시(蔣彦士) 총통 비서실장을 특사로 서울에 파견했다. 장 특사는 청와대에서 노태우 대통령을 면담하고 "중공은 북한에 대한 영향력 상실을 원하지 않기 때문에 한반도 통일을 방해하려 할 것입니다"라면서 한·중 수교 불가론을 제기했다. 그러면서 대만의 6개년 경제개발계획에 한국 기업의 참여를 대폭 확대하겠다고 말했다. 노 대통령은 이에 대해서 좋은 말로 응수했다.

"우리는 새 친구를 얻기 위해서 옛 친구를 저버리는 일은 하지 않을 것입니다."

장 특사를 수행해 온 장샤오옌(章孝嚴) 외교부 차장은 나를 찾아와서 한·중 수교가 불가한 사유를 여러 가지로 설명하려 했다. 나는 그에게 솔직한 심정에서 하는 말이라고 전제하면서 분명히 이야기해

주었다.

"이 시점에서 한·중 수교의 가부를 논하는 것은 아무런 의미가 없습니다. 국제 정세와 한반도 사정상 한·중 수교는 불가피하고 이미 돌이킬 수 없는 단계에 와 있습니다."

그는 한·중 수교 교섭이 어느 정도 진행되고 있는지를 캐물었고 나는 답했다.

"아직 어떤 결론이 난 단계는 아닙니다. 어느 경우에나 그것이 종결되기 전에 귀국에 미리 알려 줄 것입니다. 우리는 결코 당신들을 놀라게 하지는 않을 것입니다."

장 차장에 대한 나의 약속은 그 후에 그대로 지켜지지 못한 점이 있어서 내심 미안하게 생각한다. 이 사람은 장징궈(蔣經國) 전 총통과 그 여비서 장야뤄(章亞若) 사이에서 나온 서자(庶子)로 장제스(蔣介石)의 손자가 된다. 인물 좋고 똑똑했던 그는 그 후에 대만의 외교부장

장샤오옌 자유중국 외교부 차장과

과 총통 비서실장에까지 올랐다가 여배우와의 스캔들로 공직에서 물러났는데 여성 편력은 부전자전(父傳子傳)이라는 소리를 듣기도 했다.

국내의 반응

한·중 수교에 관한 언론 보도가 이어지자 국내 일각에서도 정부가 너무 졸속으로, 그리고 저자세로 중국과 교섭하는 것이 아닌가 하는 우려와 함께 대만과의 관계를 희생시키려는 데 대한 반발이 표출되었다. 친대만계 인사들은 한·중 수교를 원칙적으로 반대하지는 않지만,

"무엇 때문에 한·중 수교를 이렇게 서두르느냐!"

"대만을 어찌 헌신짝처럼 내팽개칠 수 있느냐!"

"대만과의 단교를 막기 위해서라도 가만히 있지 않겠다!"라는 등 질책성 발언을 계속했다.

민관식(閔寬植), 최병렬, 이상우(李相禹) 같은 이들은 개인적인 차원에서 나에게 직접 유감의 뜻을 표하기도 했다. 그러나 국민 여론과 경제계 그리고 대다수 식자층은 조속한 한·중 수교를 환영하는 쪽이었음은 물론이다.

수교 본회담

실무교섭이 종결됨에 따라 최종적으로 합의 내용을 확정하고 공동성명문 채택을 위한 수석대표 간의 수교 교섭 본회담이 7월 29일

북경에서 개최되었다.

애초 우리 측 수석대표는 청와대의 김종휘 외교안보수석비서관으로 내정되어 있었으나, 중국 측은 쉬둔신(徐敦信) 외교부 부부장을 수석대표로 두고 한국 측에서도 그에 상응하는 외교 당국자가 수석대표가 되기를 바랐다. 공식 외교 행위를 청와대 비서관의 이름으로 한다는 것도 문제가 있어서 회의를 앞두고 열흘 전에 수석대표를 외무부 차관으로 확정했다.

나는 그 회담에서 양측 합의를 확인, 완결하고 수교 일자를 결정하는 외에 노 대통령의 중국 방문에 관해서 중국 측과 협의해서 그 시기를 정하는 임무를 겸하게 되었다. 수교 일자는 우리 내부적으로 8월 24일로 정했는데, 노 대통령의 방중은 그해 대통령 선거가 공식 개시되는 10월 이전에 이루어져야 한다는 제약이 있었다. 이 문제에 대해서는 청와대 비서실과 협의해서 대통령의 유엔 총회 참석에 이어서 9월 27일부터 3일 간으로 내정하고 중국 측의 동의를 받기로 했다.

수교 교섭 마지막 점검을 위해서 매일 오후에 관계관 회의가 열렸는데 장소는 동빙고동 캐피털호텔 뒤쪽에 있는 안기부 소유의 안가를 이용했다. 비밀보안을 위해서 나는 캐피털호텔까지 가서 운전기사를 기다리게 하고 호텔 현관 앞문으로 들어갔다가 바로 뒷문으로 나와 안기부 소속의 승용차로 갈아타고 안가로 갔다. 두어 시간의 회의를 마치면 다시 호텔 뒷문으로 들어와서 호텔 앞마당에서 기다리는 나의 승용차로 갈아타곤 했는데, 운전기사는 상당히 걱정스러운 표정으로 나를 곁눈질했다. 그는 내가 남몰래 여자라도 보고 다니는 것으로 의심하는 눈치였다.

아무도 모르게 북경을 다녀와야 하는데 한 가지 거북한 일이 있었다. 진수지(金樹基) 자유중국 대사가 전부터 주말 골프에 초청하겠다고 해서 한두 번 연기한 끝에 오래전에 잡아 놓은 날짜가 마침 북경 향발 바로 이틀 전이었다. 진 대사는 외교부 차장을 지낸 대만 외교계의 대표 주자로 2년 전에 한국에 부임해서 그동안 한·중 수교 저지를 위해 고군분투하면서 친대만 세력 구축에 진력하고 있었다.

그날은 내 고등학교 동기들인 외무부의 장만순 차관보와 연세대 김달중(金達中) 교수를 함께 초청해서 필드를 돌면서 즐겁게 담소를 나눴다. 내심 미안하고 겸연쩍었지만, 겉으로는 아무 일 없는 듯이 행동할 수밖에 없었다.

나는 7월 28일 아침에 북경으로 가기 위해서 김포를 떠났다. 비서실과 외무부 간부들에게는 조상 묘소 이전 때문에 고향을 다녀온다고 일러 놓고 노타이 차림의 휴가 복장으로 홍콩행 항공기에 탑승했다.

본 회담 대표단은 나와 권병현 차석 대표를 포함해서 모두 8명이었는데 그 중 북경 무역대표부의 김하중(金夏中) 공사를 제외한 7명은 두 팀으로 나뉘어 나와 변종규 청와대 국제안보 비서관과 한영택(韓英澤) 안기부 국제2국장 그리고 통역을 맡은 이영백(李英百) 사무관은 홍콩 경유로, 권 대사와 신정승 연구관 및 이용준(李容濬) 외교안보 수석실 서기관은 도쿄를 경유해서 각기 비슷한 시간에 북경에 도착했다. 아는 사람 눈에 뜨이지 않으려고 항공기도 국적기를 피하고 외국 항공기를 이용했다.

북경 공항에서는 중국 외교부의 요원들이 우리를 비밀 창구로 입국시키고 그 길로 바로 영빈관인 댜오위타이로 데려가서 투숙시켰

한·중 수교 교섭을 마무리 짓고
사진 앞줄 왼쪽부터 장루이제 대사, 쉬둔신 부부장, 필자, 권병현 대사

다. 댜오위타이는 시내 중심부 옛 황제들의 별궁 자리 호수 주변에 십여 채의 독립 건물을 지어서 각기 국빈관으로 사용하고 있었는데 내가 묵은 제12호각의 주 객실은 응접실과 침실을 합해서 60여 평은 되어 보였고 인테리어는 매우 화려했다. 실내 전기 제품은 일본제가 많았다.

우리는 12호각 안에서 자고 먹고 중국 측과 회의를 했는데 회의는 아무 차질 없이 순조롭게 진행되었다. 기왕의 합의 내용을 재점검한 후 공동선언문을 확정하고 나는 쉬 차장과 함께 그에 가서명했다.
이와 겸해서 정식 수교 행사는 8월 24일 북경에서 하기로 하고 노 대통령의 중국 방문은 우리 편의에 따라 9월 27~30일 간 시행하기로 합의했다. 회의를 마치고 우리는 첸치천 외교부장을 예방했고 첸 부장은 그날 저녁 우리를 위해서 성대한 만찬을 베풀었다.

다음 날 아침 우리는 갈 때와 마찬가지로 2개 조로 나뉘어 각기 귀국 길에 올랐다. 나는 북경에서 홍콩으로 가는 중국 민항기에 몸을 누이고 한·중 수교 교섭의 마지막 매듭이 잘 맺어진 것에 안도하고 있었다.

잠시 후 주변을 둘러본 나는 일순 당황하지 않을 수 없었다. 평소 안면이 있는 서울대학교의 정종욱(鄭鍾旭) 교수가 건너편 앞자리에 앉아 있는 것이 아닌가! 그때까지만 해도 중국을 여행하는 한국 사람의 수가 극히 제한되어 있었는데….

나는 신문을 펴들어 얼굴을 가렸다. 한참을 그러고 있다가 용변을 위해서 화장실로 갔다. 화장실에서 무심코 나오다가 좁은 기내 복도에서 화장실로 가고 있는 정 교수와 딱 마주쳤다.

"아이고, 차관님 중국엔 웬일이십니까?"

"네, 휴가를 이용해서 북경 구경하러 왔습니다. 정 교수님은 무슨 일로 오셨어요?"

"저는 서울대학교 김(金鍾云) 총장님과 함께 연변(延邊)을 다녀오는 길입니다."

"아, 그러세요…."

나는 자리에 돌아와서 다시 신문을 펴들었다.

홍콩 공항에서는 귀빈실에 들지 못하고 대합실 한쪽 구석에서 남의 이목을 피하고 있었는데, 동행한 한영택 국장이 안기부 파견관들을 풀어서 수소문했더니 귀빈실에서 서울대 총장을 영접 나온 영사관 직원들과 정 교수 간에 나에 관한 대화가 있었다는 것이다.

"차관이 홍콩에 왔는데 당신들은 영접 안 합니까?"

"여기 오실 리가 없는데요."

"내가 기내에서 만났는데!"

"참, 이상하다…."

귀국 다음 날 나는 정 교수에게 전화해서 양해를 구했다.

"정 교수님, 어제는 반가웠는데 인사도 제대로 못 했습니다. 그런데 중국에서 저를 보았다는 말은 아무에게도 하지 말아 주셨으면 좋겠습니다. 공무원 신분으로 관광 다니는 것을 좋지 않게 생각하는 사람들이 있을 것 같습니다."

"네, 잘 알겠습니다. 걱정하지 마세요."

정 교수는 약속을 잘 지켜주었는데, 그런지 3년 뒤 김영삼 정부 시절에 그는 주중 대사로 임명되기도 했다.

수교 발표와 대만의 반응

한·중 수교에 관한 대만 정부에 대한 사전 통보는 수교 엿새 전인 8월 18일 오후에 이상옥 장관이 진수지 대사를 시내 호텔에서 조용히 만나서 시행했다. 이 장관은 "그동안 한국과 중국 간의 수교 교섭에서 실질적인 진전이 있었습니다. 보다 구체적인 사항은 수일 내에 통보하겠습니다"라고 조심스럽고 외교적인 표현으로 한·중 수교가 임박했음을 비공식적으로 알려 주었다.

그와 동시에 나는 미국과 일본 대사를 시내 호텔로 불러서 한·중 수교 발표가 며칠 내에 있을 것임을 알려 주었다. 그레그 미국 대사는 "놀라운 일이다. 축하한다. 알려 주어서 감사하다"라고 했지만 내가 보기에는 별로 놀라는 기색은 아니었다. 미국은 다른 채널을 통해서 이미 그 진행 상황을 대충 알고 있었고, 일본에게는 정확한 정보가 없었던 것 같은 느낌이었다.

그리고 사흘 뒤인 8월 21일에는 이 장관이 다시 진 대사를 외무부로 불러서 공식 통보했다.

"8월 24일 북경에서 개최되는 한·중 외상 회의에서 한·중 수교가 이루어질 것이며 이 사실은 내일인 8월 22일에 발표될 것입니다."

아울러 우리 정부의 심심한 유감의 뜻을 표하고 앞으로 대만과 '가능한 최상의 비공식 관계'를 가지고자 하는 정부 입장도 전달했다. 나도 미국, 일본, 러시아 대사를 불러서 그 사실을 알려 주었다.

한·중 수교 통보에 접한 대만은 예상했던 대로 즉각적이고 거친 반응을 보였다. 언론은 연일 감정적인 보도를 계속했고 시중에는 한국 상품 불매 운동이 번져갔다. 대만 정부에서도 분노 어린 반응을 노골적으로 나타냈다.

8월 19일 장샤오옌 외교부 차장은 우리의 박노영(朴魯榮) 대사를 초치해서 격렬한 어조로 비난했다.

"한·중 관계에 엄중한 결과를 초래한 데 대해서 '노태우 정부'는 모든 책임을 져야 할 것이다. … 오랜 친구를 저버린 한국의 처사는 받아들일 수도 용서할 수도 없다!"

8월 24일 첸푸 외교부장은 박 대사를 불러서 그날로 한국과의 외교 관계를 단절하고 모든 무역상의 특혜 조치를 취소하며 항공협정도 폐기한다고 통고했다. 이에 따라 서울과 타이베이(臺北)의 양국 대사관에서 국기가 내려지고 대사관은 폐쇄되었다.

박노영 대사는 다음 날 대만을 떠나 귀국했다. 나는 어려운 임무를 마치고 돌아오는 박 대사를 김포공항에서 마중했다. 기자들이 몰려들어서 여러 가지 질문을 던졌지만, 박 대사는 조용하게 말했다.

"정부의 지시에 따라 대사관을 폐쇄하고 귀국했습니다."

박 대사는 육군 대장 출신으로 직전 해 11월에 대만에 부임했는데 약 10개월의 재임 기간을 참으로 난처한 처지에서 어렵게 지냈다. 정부는 외교 기밀이라고 한·중 수교에 관련된 사항을 소상하게 그에게 알려 주지 않았고, 대만 정부는 한국에 대한 불만과 비난을 그에게 쏟으면서 급기야 외교부 당국자들이 개인적인 모욕을 주기까지 했다. 그런 사정이었는데도 그는 나의 위로의 말에 담담하게 답했다.

"정부의 정책에 따른 것이니 나는 조금도 섭섭하게 생각지 않습니다."

나는 공직자로서의 의연한 그의 자세에 감명을 받았다. 그는 얼마 후 로마교황청 주재 대사로 전보되어 외교관 생활을 계속했다.

한·중 수교는 8월 24일 아침 북경에서 양국 외상의 공동성명서 발표로 화려하게 막을 열었고, 노 대통령의 중국 공식 방문도 9월 27일부터 3일 간 성공적으로 이루어져서 우리는 대륙을 향해서 힘찬 발걸음을 내어 디디게 되었다.

진사 사절단 파견

한·중 수교 후 정부는 격앙된 대만 정부를 무마하기 위해서 친대만계 인사로 구성된 고위사절단을 서둘러 파견하기로 했다. 국교가 단절된 상태라서 정부 대표라고 할 수는 없고 편의상 여당인 민자당 사절단으로 해서 보내기로 했는데 난처한 임무라서 선뜻 나서는 사람이 없었다.

중국인들에게 잘 알려진 백범 김구(白凡 金九) 선생의 아들이고 대만 주재 대사를 오래 역임한 김신(金信) 전 공군 참모총장이 거론되어서 내가 전화를 걸었다.

"어려운 부탁입니다만 나라를 위해서 한번 수고해 주십시오."

그는 역정을 내면서 한마디로 거절했다.

"중국과 수교할 때는 우리 같은 사람 말은 들으려고도 않더니 지금 와서 그런 궂은 심부름이나 하라는 말이요!"

결국, 여러 사람의 의견을 모아서 김재순 전 국회의장이 단장으로 지명되어 국회의원 몇 사람과 함께 '민자당 고위사절단'으로 대만을 방문키로 되었다. 김 의장은 사절단에 무게를 실어 주려면 주중 대사를 지내서 대만 지도층과 가깝고 중국인들의 존경을 받는 정일권 전 국무총리를 모시고 가야 한다고 주장하면서 신병 치료 차 하와이에서 정양 중인 정 총리에게 간청해서 사절단의 고문으로 모시게 되었다.

정 총리가 하와이에서 도착하는 날 나는 김 의장과 함께 김포로 가서 그를 영접했다. 정 총리는 그간 암과의 투병으로 많이 쇠약해진 몸으로 귀빈실에 앉아서 마중 나온 사람들과 인사를 나누었다.

"불편하신 데 이렇게 모시게 되어 송구스럽습니다."

그는 웃으면서 답했다.

"나라가 나를 필요로 한다는데 병상에 누워 있을 수만은 없지 않습니까. 그런데 막상 하와이를 떠나려니까 나의 철없는 내자*가 '병자가 어디를 가려고 하느냐'면서 여권을 감추고 내어 주지 않기에 내가 한번 야단을 쳤지. '내가 평생 군인인데 군인은 명령에 살고 명령에 죽는 줄도 모르느냐!' 그랬더니 울면서 여권을 가져와서 이렇게 오게 되었지요."

한국전 초반 3군 총사령관으로, 그 후 국무총리로 활약하던 당시의 그 화사하던 풍모는 다 어디로 가고 앙상한 모습만 남았으면서도 가벼운 마음으로 농을 던지는 것이 우리 마음을 더욱 아프게 했다. 그러면서 나는 '이제 우리 대한민국도 많이 컸구나! 나라에 어려운 일이 있을 때 스스로 도와주는 이런 국가의 원로가 있으니…'라고 생각했다. 정 총리는 그 후 임파선 암이 악화되어 1994년 초 하와이에서 작고했다.

그렇게 구성된 우리의 진사 사절단은 9월 15일부터 3일 간 대만을 방문했는데, 예상했던 대로 불청객으로 푸대접을 받았다. 행정원장이나 외교부장 등을 만났지만 반응은 냉랭하기만 했고 결국 리덩휘(李登輝) 총통은 만나지도 못하고 돌아왔다. 별다른 성과는 거두지 못했지만, 고위사절단은 대만에 대해서 우리 나름의 성의를 표시했다는 효과는 있었다. 어차피 한번은 겪고 지나가야 할 단계였다.

대만과의 관계는 그 후 여러 차례 실무적인 절충을 거쳐서 김영삼 정부가 들어온 1993년 7월에 가서야 비공식 민간 관계 형식으로 양국 간 접촉의 채널이 마련되었지만, 정상적인 교류가 재개되기에는 더욱 많은 세월이 필요했다.

---

* 정 총리는 부인과 사별한 후 젊은 부인과 재혼했다.

대만 관계
반성

우리와 대만의 자유중국 사이에는 유별난 특수 관계가 있었다. 우리가 일제하에서 신음하고 있을 때 장개석 정부는 아무도 돌보지 않는 우리 임시정부를 음양으로 도와주었고, 그 후 오랜 냉전 기간을 거치면서 반공전선을 함께 지켜온 '형제의 나라'(兄弟之邦)였다. 그러나 세상이 바뀌고 우리의 대외관계가 발전하면서 한·중 수교는 불가피한 선택이 되었고 중국과의 수교는 '하나의 중국'을 전제로 하는 것이기 때문에 대만과의 단교는 피할 수 없는 일이었다.

우리가 중국과 수교하면서 어떤 말을 하고 어떤 행동을 했어도 당시 대만의 불만과 비난을 피하기는 어려운 일이었다. 그러나 돌이켜 보면 대만이 그렇게까지 깊은 배신감을 느끼게 해서 그 후 상당한 시일이 지나도록 원만한 관계를 회복하지 못하게 된 데 대해서는 반성의 여지가 전혀 없는 것은 아니다. 문제는 우리가 좀 더 일찍이 대만 측에 사전 통보하고 좀 더 진지하게 장래 문제에 대해서 미리 협의하는 자세를 보이지 못한 데 있었다.

그해 7월 29일 북경 댜오위타이에서 최종 비밀교섭 회의를 하는 자리에서 나는 쉬 부부장에게 북한에 대해서는 언제 어떻게 통보할지를 물었는데 그는 웃으면서 대답한 적이 있었다.

"우리가 적절히 조치하고 있으니 염려하지 않아도 될 것입니다. 그 대신 대만 문제나 잘 처리하십시오."

후에 알려진 일이지만 중국은 이미 7월 중순에 첸치천 외교부장을 특사로 김일성 주석에게 보내서 정중히 양해를 구했다는 것이다.

"조선반도와 국제 형세의 변화에 근거해 중국과 한국이 수교할 시기가 이미 성숙했습니다. … 중국은 예나 다름없이 중·조 친선관계에 힘을 들이고 조선의 사회주의 건설과 자주평화통일을 지지할 것입니다."

물론 우리의 대만에 대한 영향력이 중국이 북한에 대해서 가지고 있는 영향력과는 같지 않아서 어려움은 있지만, 우리도 충분한 시일을 두고 미리 대만 지도층과 친분이 있는 유력인사를 조용히 특사로 파견해서 성의 있고 정중하게 설득했더라면 대만 측의 반발을 어느 정도나마 무마할 수 있지 않았을까 생각된다.

한·중 수교 발표를 앞두고 마지막 단계에서 우리가 가장 많이 신경을 쓴 것은 중국의 재산권 문제였다. 자유중국 정부는 당시 시가로 3천억 원에 달하는 명동의 대사관을 비롯해서 부산 총영사관저 등을 소유하고 있었는데, 만약 한·중 수교 전에 이 부동산을 민간 소유로 바꾸어 버린다든지 하면 우리가 중국 측에 약속한 재산권 이전에 차질이 생기고 복잡한 문제가 발생하게 되는 것이다. 그런 우려 등으로 수교 사실을 끝까지 비밀로 하게 되었고 수교 통보를 마지막 주말을 앞두고 한 것도 혹시 있을지도 모르는 대만의 재산권 이전 등기를 방지하기 위한 것이었다.

그러나 대만이 한·중 수교 직전에 자국의 부동산 등 재산을 미리 처분해 버릴지도 모른다는 우려도 지나고 보니 지나친 기우(杞憂)였다. 중국 화교 사회에서는 국가의 재산을 그런 식으로 처리하는데 강하게 반대하는 형국이었고 결과적으로 대만 정부도 그것에 유별난 집착을 보이지는 않았다. 우리는 미리 겁을 먹고 차분하게 필요한 절차를 밟는 것을 소홀히 했는데, 외교정책을 펴나가는 데 있어서 좀 더 정확한 정보와 보다 폭넓은 사고의 필요성이 절실히 느껴졌다.

대처 여사의 충고

한·중 수교가 있은 지 한 열흘쯤 지나서 라이트(David Wright) 영국 대사는 방한 중인 마가렛 대처 전 수상을 위한 조촐한 만찬을 그 관저에서 베푼 적이 있었다. 식사가 끝난 후 자리를 옮겨 식후주를 들면서 담소하는 중에 대처 여사가 나에게 물었다.

"왜 대만에 대해서 그렇게 섭섭하게 대했습니까?"

그는 한국에 오기 전에 자유중국 초청으로 약 1주일 간 대만을 방문했는데 그때 대만 사람들이 한국에 대해서 비난하는 소리를 많이 들은 모양이었다. 나는 그럴 수밖에 없었던 사유를 나름대로 설명했는데, 한참 내 말을 듣고 있던 대처 여사가 조용히 말했다.

"차관님, 외교에도 '의리'라는 것이 있다는 점을 잊지마세요!"

(Remember, Minister, even in diplomacy there is something called 'loyalty'!)

나는 뒤통수를 힘껏 쥐어박힌 느낌이었다.

로스앤젤레스 흑인 폭동

중국과의 수교에 신경을 집중하고 있는 사이에도 세계 곳곳에서 여러 가지 사건 사고들이 일어나고 있었다. 그중에서도 4월 말 미국의 로스앤젤레스에서 일어난 인종 폭동 사건은 국내외로 큰 파문을 일으켰다.

흑인 피의자를 집단폭행한 백인 경찰관들에게 법원에서 무죄를 선고한 데 격분한 흑인들의 난동이 걷잡을 수 없이 번져서 LA 시내의 흑인 거주 지역 일대가 방화와 약탈로 무법천지가 되었다.

사흘 만에 군부대가 진입해서 겨우 진압되었지만, 그동안에 많은 인명과 재산 피해가 따랐고, 폭동 진원지의 바로 옆에 있는 코리아타운의 우리 교민 상가들이 제일 큰 피해를 입었다.

사태가 발생한 다음 날 나는 그레그 미국 대사를 외무부로 불러서 우리 교민의 신변안전과 보호를 위해 코리아타운에 병력을 신속히 배치하는 등 필요한 조치를 취할 것을 본국 정부에 긴급 건의토록 요청했다. 위급 사태가 진정된 후 외무부는 사태에 대한 일차적인 책임이 있는 미국 정부가 한국 교민들의 피해 보상과 복구를 위해서 충분한 자금을 지원토록 요청했고 미국 정부는 6억 불의 복구비 방출을 발표했다.

국내에서도 졸지에 큰 피해를 당한 우리 동포들을 위한 자발적인 성금이 답지해서 450여만 불이 모였다. 외무부는 이 성금을 적십자사를 통해서 현지로 송금했는데, 이 돈과 미국 내에서 걷힌 성금을 합한 700여만 불의 분배를 놓고 현지 교민사회 일각에서 분란과 소동이 일어나서 관련자들의 마음을 더욱 아프게 했다.

흑백 인종 간의 감정 대립으로 시작된 폭동의 불똥이 우리 교포들에게 비화되어 집중적인 공격 대상이 된 데에는 지리적으로 근접해 있었다는 이유 외에도 평소 우리 교민 업소들에서 주변 흑인들을 업신여긴다는 흑인 측의 피해의식도 작용한 바 있다. 사후에 정부는 그런 사태의 재발을 사전 예방하기 위해서 미국 각지의 우리 교민들과 흑인 지역사회와의 상호 이해 증진과 친목을 위한 사업을 추진했고, 현지 교민사회에서도 이웃과 가까이 지내자는 자발적인 운동이 전개되었다.

하여간 우리나라 사람들이 은연중에 이색인종이나 외국인들을 경원하고 특히 우리보다 좀 못하다고 여겨질 때는 노골적으로 무시하는 경우가 있는데 우리 스스로 경계하고 시정토록 노력해야 할 일이다.

유럽 출장

LA 사태가 어느 정도 수습된 뒤 5월 하순에 나는 모처럼의 해외 출장길에 올랐다. 5월 23일부터 이틀간 포르투갈의 리스본(Lisbon)에서 개최된 독립국연맹(CIS)의 지원을 위한 국제회의에 참석한 것이다. 러시아를 위시해서 소련연방의 해체와 함께 새로 주권을 회복한 신생 독립국들은 정치, 경제, 사회적인 복합적 체제 전환의 와중에서 많은 고난을 겪고 있었다. 이 회의는 그들이 과도기적 어려움을 극복하도록 도와주는 것이 국제사회의 안정과 발전에 긴요하다는 인식에서 시작된 선진국들의 모임이었다.

나는 회의에서 우리 정부의 그간 지원 상황을 설명하고 앞으로도 계속 적극적으로 협조하겠다는 의사를 밝혔다. 과거에 우리나라도 개발 연대를 지나오면서 국제적인 협의체의 도움을 많이 받았는데, 이제 우리도 남을 도와주는 그룹에 속하게 되었구나 하는 느낌을 강하게 받았다.

귀로에는 파리와 본에 들러 프랑스와 독일의 외무차관들과 만나서 정책협의 회의를 하고 양국 관계 발전 방향과 한반도 문제에 대한

포르투갈의 '땅끝'(Cabo da Roca)에서
사진 왼쪽부터 권영민 국장, 조광제 대사, 필자, 김승의(金勝義) 참사관, 남관표 보좌관

협력방안 등에 대해서 논의했다.

나의 유럽 출장에는 청와대 의전 비서실에서 같이 근무한 권영민 구주국장과 차관실의 남관표(南官杓) 보좌관이 동행했고 우리는 비교적 가벼운 마음으로 여정을 마칠 수 있었다.

지구 정상회의

유럽 3국 순방에서 돌아온 지 열흘만인 6월 초에 나는 정원식(鄭元植) 국무총리를 수행해서 브라질의 리우데자네이루(Rio de Janeiro)에서 개최되는 '지구 정상회의'(Earth Summit)에 참석했다.

환경문제에 대한 국제적 관심이 높아지면서 1972년에 스웨덴의 스톡홀름에서 '유엔 인간 환경 회의'가 열렸었는데, 그 20주년에 즈음해서 환경과 개발을 조화시킬 수 있는 '지속 가능한 개발'(sustainable development)을 논의하기 위한 유엔 환경 개발 회의가 1992년 6월 3일부터 2주일 간 개최된 것이다.

이 회의에는 국가원수나 행정수반이 이끄는 178개국의 대표단이 참석했고 공식회의 외에도 전 세계 환경 관련 시민단체들의 회의와 각종 행사가 병행해서 열렸다. 우리는 정원식 총리가 대통령을 대리해서 참석했고 나는 권이혁(權彛赫) 환경처 장관과 함께 대표단의 일원으로 배석했다. 실무는 권인혁 환경문제 전담 대사와 정래권(鄭來權) 환경과장이 열심히 도와주었다.

회의는 지구온난화 방지 등 여러 가지 의제를 놓고 열띤 토론을 벌였다. 그 결과 '환경과 개발에 관한 리우 선언'과 환경문제 해결을 위해 실천해야 할 '행동계획'(Agenda 21)을 발표하고, 지구온난화 방지를 위한 '기후변화협약'과 동식물 자원 보존을 위한 '생물다양성협약'을 채택했다.

정원식 총리는 한반도 비무장지대에 대한 남북한 공동의 생태계 조사와 동북아 환경협력기구의 설치를 제의하는 기조연설을 했다. 그리고 회의 마지막 날에는 다른 150여 개국 대표와 함께 회의에서 채택된 두 개의 환경협약에 정부를 대표해서 서명했다.

지구 정상회의는 그때까지 개최된 국제회의 중에서 가장 규모가 큰 회의였고 이를 주최한 브라질 정부는 각국 수뇌의 경호와 의전에 많은 신경을 쓰면서 부산을 떨었다. 회의에는 부시, 미테랑, 카스트로(Fidel Castro) 등 세계적인 인물들이 대거 참석했다. 정 총리는 회의장과 휴게실에서 그들과 교류하는 기회를 가졌고 캐나다의 멀루니(Brian Mulrooney) 수상과 중남미의 몇 나라 대통령들과는 개별 회담을 하는 등 바쁘게 지냈다.

그리고 주말에는 세계 3대 미항 중의 하나라는 리우의 이름다운 풍광을 둘러보기도 했다.

레이건의 치매 증세

우리는 리우로 가는 길에 한 달 전 흑인 폭동으로 큰 난리를 겪은 미국의 로스앤젤레스에 잠시 들려서 우리 교민의 피해 지역을 살펴보고 피해 교민을 위로했다. 그때까지도 방화와 약탈의 흔적이 많이 남아 있었지만, 교민사회는 차츰 평정을 되찾아가고 있었다.

그러고나서 레이건 전 미국 대통령을 시내의 그의 사무실로 찾아가서 경의를 표했다. 여든이 넘은 레이건 대통령은 전과 다름없는 건강한 모습으로 우리를 영접하고 담소를 나누었다. 대담 중에 정 총리가 남북 총리 회담과 관련해서 북한의 폐쇄적인 태도에 대해 언급하자 그가 느닷없이 말했다.

"나도 북한에 가 보았지만, 그들은 많은 문제를 가지고 있습니다."

정 총리는 '이것이 무슨 소리냐?' 하는 표정으로 옆에 앉아 있는 나를 흘깃 쳐다보았고 나도 어리둥절한 표정을 감출 수밖에 없었다. 면담을 마치고 나오면서 우리는 한번도 북한을 방문한 적이 없는 그

레이건 전 미국 대통령과(가운데는 정원식 국무총리)

가 '참 이상한 소리도 한다'면서 의아해했는데, 그런지 한 2년쯤 지나니까 그가 알츠하이머(노인성 치매)를 앓고 있다는 보도가 나왔다.
"아, 그때부터 이미 증상이 나타나기 시작한 것이었구나."

상파울루의 해프닝

로스앤젤레스를 떠나 리우로 가는 도중에 브라질의 최대 도시이며 우리 교민들이 많이 모여 사는 상파울루(Sao Paulo)를 경유했는데 그곳에서 한 가지 해프닝이 벌어졌다.
비행기가 공항에 도착해서 한참을 기다렸는데도 기내 영접을 하기로 되어 있는 우리 총영사 일행이 나타나지 않았다. 승무원들이 귀빈인 한국 총리 일행이 내릴 때까지 다른 승객들의 하강을 막고 있었기 때문에 우리는 더 시간을 지체할 수 없어서 일단 비행기에서 내려서 일반 승객들과 함께 터미널로 가는 셔틀버스를 탈 수밖에 없었다.

버스가 막 떠나려고 하는데 대사와 총영사가 허겁지겁 달려와서 버스에 함께 탔다. 안내되어 들어간 공항 귀빈실은 매우 협소했고 총리 부부와 우리가 나누어 앉을 자리도 마련되어 있지 않았다. 그때까지 애써 감정을 감추고 있던 정 총리도 표정이 달라졌고 총리 일행의 여행을 책임진 나로서도 심사가 편할 수 없었다.

호텔에 도착해서 나는 대사와 총영사를 불러 크게 질책했다.

"자주 있는 일도 아니고 모처럼 본국에서 귀빈이 찾아왔는데 그 정도도 미리 대비하지 못합니까? 도대체 무엇들을 하고 있었습니까!"

그들의 설명을 들어보니, 공항에서 브라질 의전관과 함께 대기하고 있었는데 도착 예정 시간이 다 되어서 출영하려고 일어서니까 그 의전관이 아직 시간이 있으니 기다리라고 제지했고, 얼마 후 항공기 계류 장소가 갑자기 바뀌었다고 해서 멀리까지 돌아오려니 시간이 지체되었고, 귀빈실도 미리 준비한 곳이 아닌 다른 장소로 안내되었다는 것이었다. 모든 일을 편하게만 하려는 습성에 젖은 브라질 측의 말에 의존하다가 일을 그르친 것인데 업무 태만이 아니라고 할 수 없었.

정 총리는 "불쾌하기는 하지만 공식행사에 잡음이 이는 것을 원치 않으니 없었던 일로 처리합시다"라고 했지만 수행했던 총리실 출입 기자들이 다음날 국내 신문에 '총리 영접 소홀' 등으로 가십 기사를 쓰게 되었고 청와대에서는 이를 공직기강 확립 차원에서 문제 삼았기 때문에 결국 총영사가 본국으로 소환되었다.

열대지방의 후진국들에서는 모든 일을 급하지 않게 생각하고 수월하고 편하게만 지내려는 경향이 있다. 흔히 중남미에서는 그것을 '마냐나'(manana, 내일 봅시다)라 하고, 중동에서는 '인샬라'(Ins'allah, 하느님 뜻대로)라는 말이 있고, 아프리카나 카리브 사람들은 '걱정하지 마라. 문제없다'(Don't worry. No problem!)는 말을 자주 한다. 반대로 우리는 너무 조급하게 서둘러서 일을 그르치기도 하는데 어느 쪽이나 다 문제가 있기는 마찬가지다.

아르헨티나 방문

정원식 총리는 리우 회의를 마친 후 이웃 나라 아르헨티나를 공식 방문했다. 우리는 메넴(Carlos Menem) 대통령을 예방하고 대통령궁에서 오찬을 같이 했는데 그는 소문대로 화사하고 카리스마가 강한 인물이었다. 오찬 내내 마라도나 등 축구선수, 소피아 로렌 등 여배우들을 화제에 올리면서 거침없는 농담과 유머로 대화를 이끌어 갔는데, 그가 왜 수많은 스캔들과 논란의 대상이 되는지를 쉽게 알 수 있었다.

사흘 동안 아르헨티나를 방문하면서 우리 교민들이 열심히 사는 모습도 둘러보았다. 부에노스아이레스의 아름다운 시가지와 풍성한 숯불 스테이크 요리, 그리고 정열적인 탱고 춤이 인상적이었다

방문 기간 중 이 나라가 그 훌륭한 자연조건의 이점을 제대로 살리지 못하고 경제적인 낙후로 어려움을 겪고 있는 모습이 안쓰러웠다. 흔히들 '중남미병'이라고 부르지만, 놀기 좋아하고 나태한 국민성과 부패 무능한 정부의 인기영합적인 정책들이 악순환을 계속해서 만

메넴 아르헨티나 대통령과

들어 낸 결과였다. 특히 아르헨티나는 중남미 여러 나라 중에서도 여건이 좋아서 20세기 초반에는 세계 10대 부국 중의 하나로 치부되었던 것을 생각하면 정치적 불안과 잘못된 정부 정책이 얼마나 큰 폐해를 끼치는지 우리도 타산지석(他山之石)으로 삼아야 할 것이다.

영국의 찰스와 다이애나

내가 외무차관으로 있는 동안에 한국을 방문한 여러 귀빈 중에서 세간의 큰 관심을 끈 사람은 1992년 11월 초에 공식 방한한 영국의 찰스 왕세자와 다이애나 세자빈('Charles & Diana')이었다. 그들의 방한은 공식적인 업무면 보다는 두 사람 간의 소문난 사랑싸움 때문에 국내외의 비상한 관심을 끌었다. 두 사람은 3박 4일 방문 기간 내내 숙소에서는 각기 별실을 썼고 공식행사에서도 서먹하고 무뚝뚝한 표정으로 서로 외면하고 지냈다.

그들의 로맨스는 한때 전 세계의 이목을 집중시켰고 1981년 여름 성 바오로 대성당(St. Paul's Cathedral)에서 거행된 동화같이 아름다운 그들의 결혼식은 모든 젊은이의 동경의 대상이었지만, 10년 만에 사랑이 미움으로 변해서 완전히 남남이 된 것이다.

찰스와 다이애나는 결국 귀국 직후 공식적으로 별거에 들어갔고 그 후 완전히 갈라서게 되었기 때문에 한국 방문이 그들이 함께 치른 마지막 공식행사가 된 셈이다.

옐친과 KAL기 블랙박스

찰스와 다이애나가 다녀가고 보름 후에는 러시아의 옐친 대통령이 2박 3일 일정으로 방한했다. 그는 수행원, 경호원, 언론인, 경제인 등 300명에 가까운 대규모 인원을 대동하고 와서 정상회담, 국회 연설, 한·러 기본관계 조약 서명, 공동성명 발표 등 여러 가지 활동을 전개했는데, 세간의 큰 관심을 끌고 얼마간의 후유증까지 유발한 것은 'KAL기 블랙박스' 사건이었다.

옐친은 1983년 9월 한밤중의 시베리아 상공에서 소련 전투기의 공격으로 격추되어 많은 희생자를 낸 KAL 007기의 잔해에서 찾은 블랙박스를 '한국에 대한 우의와 유감의 표시'로 노태우 대통령에게 직접 전달해서 뉴스거리를 만들었다.

그런데 다음 날 전문가들이 그것을 열어 보니까 조종실 음성기록의 복사 테이프만 들어 있고 핵심인 비행 정보기록 장치는 빠져 있는, 그야말로 빈껍데기임이 드러났다. 이 보도에 접한 많은 사람들이 러 측의 무례함과 무성의에 불쾌감과 실망을 표했다. 돌이켜 보면 옐친은 자세한 내막은 몰랐을 것이고 실무진의 업무 태만이나 상하 간의 의사소통이 잘 안 된 탓이 아니었나 생각된다. 하여간 옐친은 공연한 일로 상대방의 감정을 자극하는 외교적 실수를 범한 것이다.

사우디·이집트 방문

나는 12월 초 잠시 말미를 내어 사우디아라비아와 이집트를 각 3일씩 방문했다. 사우디에서는 국왕의 아우인 파이잘 외상*을 만나서 원유의 원활한 공급과 우리 기업의 진출 확대를 요청했다. 이집트에서는 주미 공사와 유엔 대사를 같이 지내면서 알게 된 암레 뭇사 외상을 만나서 한국과 될 수 있는 대로 이른 시일 내에 외교 관계를 수립하도록 촉구했다.

이 여행에는 중동국의 임대택(林大澤) 심의관과 차관실의 김창범(金昌範) 비서관이 동행했다. 우리는 공식 일정의 사이사이에 사우디의 사막과 카이로의 피라미드, 룩소(Luxor)의 고대 문화 유적들을 둘러보았다. 나로서는 중동지역 방문이 처음이라서 특히 인상 깊었다.

---

* Prince Saud al Faisal, 1975~2015 40년 간 외상 역임.

사우디아라비아 방문
사진 왼쪽부터 파이잘 외상, 필자, 라중배(羅重培) 대사, 임대택 심의관

1992년 대통령 선거

1992년 12월 18일 시행된 대통령 선거에서 치열한 접전 끝에 여권의 김영삼 후보가 당선되고 야당의 김대중 후보는 대선 패배에 책임을 지고 정계 은퇴를 선언한 후 영국으로 출국했다.

현대그룹의 정주영 회장은 당치도 않은 노욕(老慾)으로 대선전에 뛰어들었다가 평생 이룩한 명성에 오점을 남겼다.

어머니 작고

1993년이 되면서 새로운 정부의 발족을 준비하는 바쁜 걸음들이 오가는 중에 오래 병석에 계시던 우리 어머니가 세상을 떠나셨다.

음력 설날을 며칠 앞두고 행여 추운 겨울 날씨에 자식들이 고생할까 염려해서였는지 유난히 따뜻한 날을 골라 어머니는 우리와 유명을 달리하셨다. 20년 전 아버지를 여의고 이제 어머니까지 떠나시니 우리 4남매는 생명을 준 두 분을 모두 잃고 줄 끊어진 연(鳶)이 되었다.

신정부 발족과 나의 거취

그해 1월 말에는 그간 외무부를 측면 지원해 준 외교정책자문위원회 회의가 열렸다. 고려대학교 한승주(韓昇洲) 교수의 사회로 앞으로 우리 외교정책의 방향에 대한 논의가 진행되는 중에 김덕(金悳) 한국외국어대학 교수가 "요즈음 신문 지상에는 입각 예상 학자들의 이름이 많이 거론되고 있는데 이곳에 모인 이들 중에는 그 이름이 오른 사람이 아무도 없으니 모두 백면서생으로 헛소리만 하고 있는 것 아닙니까?"라고 농을 던져서 여러 사람이 웃은 적이 있었다. 그런데 정작 2월 25일 발표된 신정부 각료 명단에는 한 교수가 외교통상부 장관으로, 김 교수는 국가안전기획부(옛 중앙정보부) 부장으로 올라 있었다.

2월 25일에는 여의도 국회의사당 광장에서 김영삼 대통령의 취임식이 있었다. 나는 그 행사에 참석하면서 5년 전 단상에서 긴장한 가운데 취임식 진행을 지켜보던 기억이 되살아났다.

다음날 외무부에서는 신임 한승주 장관의 취임식이 있었고 나는 그가 자리를 잡는 것을 이것저것 도왔다. 그는 나의 중·고등학교 1년 후배였고 평소 외무부와 어느 정도 관계를 맺고 있었기 때문에 생소하지는 않았다. 또한 겸손하고 소탈한 성품이어서 같이 일하기에는 편하게 느껴졌다.

나는 그 다음 날 청와대로 가서 김영삼 대통령이 취임식 경축 특사로 온 미국의 애커만(Gary Ackerman) 하원 아·태 소위 위원장을 접견하는 자리에 배석한 후 그다음 주에 있을 독일 콜 수상의 방한에 대해서 보고하는 것으로 나의 외무차관으로서의 대외활동을 마감했다.

나의 거취에 대해서 한승주 장관은 내가 당분간 그대로 남아서 도와주기를 원했다. 그러나 신정부의 방침이 차관도 전원 교체를 원칙으로 한다고 해서 나는 한 장관에게 미국, 중국이나 영국이라면 아무 데나 대사로 나가겠다고 했다. 한 장관은 다음날 김영삼 대통령에게 주요 공관장 교체에 관해서 보고했는데, 김 대통령은 미국에는 한승수(韓昇洙) 의원, 중국에는 황병태(黃秉泰) 의원을 지명했고 따라서 나는 영국으로 낙착되었다. 나는 평소에 친지들 간에 '영국 신사'라는 별명을 듣기도 했는데 2년 전에도 한번 갈 뻔했던 영국으로 결국 가게 된 셈이니 영국과는 묘한 인연이 있는 모양이었다.

곧이어 외무부 차관과 기타 공관장 인사가 뒤따랐는데 한 장관은 내부 사정을 잘 알지 못함으로 가능한 대로 부내의 다수 의견을 존중하겠다는 의향이었다. 나는 경력과 적성을 고려한 공관장 교체 인사안을 만들어 주었고 한 장관은 얼마 후에 대체로 그에 따라 공관장 이동을 단행했다. 차관 후임에는 홍순영(洪淳瑛) 주러시아 대사를 추천해서 그대로 반영되었다.

영국으로 부임하기까지 남은 시간에 나는 아내와 함께 잠시 일본을 방문했다. 한일 양국의 외무부 사이에는 외무차관을 지낸 후에는 상대방 국가를 친선 방문하는 관례가 있었기 때문에 그에 따른 것이었다.

우리는 일본 외무성 한국 담당관의 안내로 4월 19일부터 사흘 동안 오사카, 교토(京都)와 나라(奈良)를 둘러보았다. 도요토미(豊臣秀吉)의 오사카성(大阪城)은 그 규모와 견고함이 놀라웠고 교토와 나라의 정교하고 깔끔한 옛 사찰과 정원들이 인상적이었다.

도쿄로 돌아와서는 오와다 히사시(小和田恒) 외무성 사무차관 부부가 조용한 요릿집(전직 대사의 딸이 경영)에서 정성스럽게 마련한 전통 일본식 만찬에 참석했다. 오와다 차관은 자타가 공인하는 일본 외무성 최고의 엘리트로 첫 인상부터 예리하고 명석하게 느껴졌다. 그때가 마침 그의 딸 마사코(雅子)가 일본 왕세자(皇太子)와 결혼식을 올리기 직전이었는데, 나의 축하 인사에 그는 즐거운 비명으로 답했다.

"축하해 주시어 감사합니다만 저희는 요즈음 정신이 없습니다. 황실 규범이 까다로워서 그에 맞추어 모든 준비를 하려니까 머리가 돌 지경이고 복장 등 구색을 갖추는데도 엄청난 돈이 들어서 허리가 휘어집니다."

일본에서 돌아온 후에는 마침 방한 중인 허드(Douglas Hurd) 영국 외상을 잠시 만나서 인사하고 4월 24일부터 이틀 동안 개최된 한영 포럼(Korea-U. K. Forum for the Future)의 창립 회의에도 참석했다. 양국 간

우의와 협력을 증진하는 방안을 모색하기 위해서 전직 외교관과 학계, 업계 관련자 등 민간인을 대표로 해서 창립된 이 회의는 매년 양국에서 번갈아 가며 개최되었다. 우리 측 초대 회장은 주영국 대사를 지낸 강영훈 전 국무총리가 맡았다.

나는 모든 준비를 끝내고 아내와 함께 4월 29일 서울을 출발, 다음 날 저녁에 런던에 도착해서 3년 간의 주영국 대사 생활을 시작했다.

대영제국의 후예들과

연합 왕국 United Kingdom
한승주 외무부 장관의 방문
케임브리지의 김대중 씨
신임장 제정
영국 왕실
영국 의회
한영 관계
김영삼 대통령의 방문
2002 월드컵대회 유치
주요 외교교섭
국내 인사의 방문

우리 기업의 진출
문화 예술계의 활동
해가 지지 않는 나라?
한국전 참전 용사들
런던의 사교 행사와 명사들
영국 생활
유럽 여행
영국의 한인 사회
대사관 인원
대사관 청사와 관저
본국 귀환

연합 왕국
United Kingdom

런던의 히스로(Heathrow)공항에는 영국 정부의 의전관과 대사관 간부들이 나와서 환영해 주었고 우리는 그 길로 교외 윔블던에 있는 관저로 들어갔다.

다음날 시내 켄싱턴공원(Kensington Garden) 건너편에 있는 대사관으로 출근해서 직원들과 인사를 나누고 한인회와 경제인회 간부들을 위한 다과회와 언론사 특파원들을 위한 오찬을 가졌다. 오후에는 외무부 의전장(Deputy Marshall of the Diplomatic Corps)을 찾아가서 도착 신고 했는데, 신임장 제정은 왕실 행사 관계로 두 달 뒤에나 가능할 것이라고 하면서 그 전에라도 아무 제약 없이 정상적으로 업무를 개시해도 된다고 했다.

영국은 전통과 관행이 존중되는 사회였다. 나는 그에 따라 제일 먼저 정부 내 의전 서열상 최고위자인 국무경 마카이 경(Lord Chancellor Lord McKay of Ashfern)을 예방했다. 영국의 국무경은 다른 나라의 경우 상원의장과 대법원장의 기능을 합친 자리인데, 연만한 막카이 경은 격식 없이 부드럽게 대해 주면서 양국 관계 증진을 위한 나의 노력에 성공이 있기를 바란다고 격려해 주었다.

다음으로는 외교단에 대한 예방이 이어졌다. 우선 외교단장인 엘살바도르 대사를 찾아가서 인사했는데, 일흔에 가까운 노인이 10년 넘게 주영국 대사로 있다고 했다. 아무런 의욕도 없어 보이고, 관저로 쓰는 상가 지역 건물 2층의 조그마한 아파트도 초라해 보였다.

그에 반해서 미국 대사관은 시내 중심부의 그로브너광장(Grosvenor Square)에 있는 웅장한 건물이고 관저는 리전트공원(Regent Park) 속에 자리 잡은 왕궁 같은 저택이어서 참으로 대조적이었다. 미국의 주영국 대사 자리는 독립 전 식민지 대표였던 프랭클린(Benjamin Franklin) 이래 미국 외교관으로서는 가장 영예로운 자리로 여겨져 왔다. 대체로 대통령의 정치적 후원자가 임명되는 것이 관례였다.

그러나 당시 미국 대사는 직업외교관 출신인 사이츠(Raymond G. H. Seitz)였는데, 그는 키신저(Henry Kissinger) 이후 역대 국무장관의 보좌관을 지내고 영국에는 세 번째로 근무하는 미국 외교가의 기린아로 50대 초반의 한창 나이였고 대단히 명석한 사람이었다.

런던의 프랑스 대사관은 14세기 이후 600년 간 존속되어 온 가장 유서 깊은 외교공관 중의 하나였다. 대사 집무실이 있는 2층으로 올라가는 계단 옆 벽면에는 역대 대사들의 초상화가 쭉 걸려 있었다. 프랑스 대사는 나폴레옹 시대 유럽 외교가를 주름잡던 탈레랑(Charles-Maurice de Talleyrand)과 19세기 초반 대표적 문호이자 안심 스테이크에 그 이름을 남긴 샤토브리앙(Francois-Rene de Chateaubriand) 등이 자기 전임

자라고 자랑했다.

　런던에는 세계 거의 모든 나라의 대사관들이 나와 있었다. 영국 측에서는 영연방(Commonwealth) 52개국의 대사는 고등판무관(High Commissioner)이라고 부르면서 여타 국가의 대사들과 구분하고 의전행사 등에서 그들을 우선 대우했다.

　나는 많은 외교단 중 아시아 지역의 대사들과 자주 어울렸는데 우리는 매월 한 차례씩 오찬 모임을 하고 정보를 교환하고 업무협조도 하면서 우의를 다졌다. 특히 일본의 기타무라(北村汎) 대사와 중국의 마(馬硫眞) 대사와 가까이 지냈다.

　영국 외무부는 그 기구가 대단히 복잡했다. 각료인 장관(Secretary of State) 밑에 국회의원인 부장관(Minister of State)과 정무차관(Parliamentary Under-Secretary)이 4~5명 있어서 각기 일부 업무를 분담해서 정치적인 차원에서 장관을 보좌했고 실무는 사무차관(Permanent Under-Secretary and Head of Foreign Service)이 지휘하는 체제였다. 허드 장관은 정계의 원로급에 속하는 사람이었고, 담당 부장관은 굿라드(Alastair Goodlad) 의원, 사무차관은 길모어 경(Sir David Gilmore)이었다. 다음 해에는 서울에서 가까이 지내던 라이트 대사가 담당 부차관(Deputy Under-Secretary)으로 영전되어 와서 여러 가지로 의지가 되었다.

　영국에서는 공후백자남(公侯伯子男)의 작위를 가진 귀족(Lords) 외에 국가사회 유공자로 국왕이 특별히 기사(騎士, knight) 지위를 부여한 사람들이 있다. 이는 상당히 영예스러운 것으로 그 이름에는 꼭 경(卿, Sir) 자를 붙이는 것이 오랜 전통이다. 각계 인사를 골라 매년 국경일에 서훈이 발표되는데, 전통적으로 중장에 진급하는 군 장성과 두 번째로 대사에 임명되는 외교관에게는 경이라는 호칭이 거의 자동적으로 부여되었다.

한승주 외무부 장관의 방문

내가 부임한 후 제일 먼저 영국을 방문한 정부 각료는 한승주 외무부 장관이었다. 그는 6월 중순 2박 3일 방문 기간 중 첫날은 허드 외상과의 회담, 대처 여사 예방과 언론기관 회견 등의 일정을 가졌다.

허드 외상과 회담이 진행되는 도중에 메이저(John Major) 수상이 예고 없이 부인과 함께 회의장에 나타나서 "만찬 약속이 있어서 가는 길에 들렸습니다"라면서 한 장관과 인사를 나누고 잠시 환담 기회를 가졌다.

당초 우리가 외무부 장관의 수상 면담을 요청한 데 대해서 영국 측에서는 수상의 당일 일정상 도저히 불가능하다는 이유로 난색을 표명했는데, 꼭 시간이 없어서라기보다는 별 문제도 없이 각국 각료급을 만나는 것을 피하려는 방침에서 나온 것으로 보였다. 나는 한 장관이 수상을 만나서 만족해하는 모습을 보면서 생각했다.

'영국 외무부가 수상과의 개별 면담 형식은 피하면서도 그럴싸한 방식으로 우리 측 체면을 세워주는구나!'

다음날은 한 장관을 안내해서 런던에서 자동차로 2시간 거리에 있는 옥스퍼드대학으로 가서 그 총장과 한국학 관련 학자들을 만나서 오찬을 함께 했다.

오찬 후에는 옥스퍼드 근교에 있는 블레넘궁(Blenheim Palace)을 둘러보았다. 여느 왕궁 못지않은 규모와 호화로움을 갖춘 이 저택은 18세기 초 영국의 전쟁 영웅 말보로 공작(John Churchill, The 1st Duke of Marlborough)을 위해서 앤 여왕(Queen Anne)이 하사한 궁으로, 말보로 공의 후손이며 2차세계대전의 영웅인 윈스턴 처칠(Sir Winston Churchill)의 생가(生家)이기도 하다.

부근 조용한 시골 교회 뒷마당의 묘지에는 윈스턴 처칠의 가족묘가 있었다. 그의 묘에도 다른 사람들과 마찬가지로 평범하게 조그마한 묘비 하나가 세워져 있는 것이 인상적이었다.

케임브리지의 김대중 씨

나는 런던에 도착한 직후 케임브리지대학에 유하고 있는 김대중 씨에게 우선 전화로 인사하고 시간이 되는 대로 찾아뵙기로 했다. 김 씨는 전년 12월 대선 패배 직후 정계 은퇴를 선언하고 그해 1월부터 런던에서 자동차로 두 시간 거리에 있는 케임브리지대학에 와서 쉬고 있었다.

말로는 은퇴했다지만 그는 여전히 부지런하게 이곳저곳 방문해서 사람들을 만나고 다녔고 한국에서도 야권 인사들이 마치 '성지 순례'라도 하듯이 그를 찾아 케임브리지를 번질나게 다녀갔다.

그러던 중 6월 중순에 그 비서로부터 연락이 왔다. 곧 귀국하게 되는데 그 전에 케임브리지에서 여러 가지로 도와준 사람들을 위해서 고별 만찬을 주최한다고 하면서 대사 부부도 참석했으면 좋겠다는 뜻을 전해 왔기에 우리는 제만사 하고 기꺼이 참석했다.

그는 건강한 모습으로 고별사를 했는데, 선거 패배로 지친 몸과 마음을 추스를 수 있도록 도와준 데 대해서 감사한다고 하면서 유머를 섞어서 말했다.

"한국 사람들이 나 때문에 케임브리지(Cambridge)를 킴브리지(Kimbridge)라고 부릅니다."

그는 7월 초에 귀국했는데 떠나기 며칠 전에는 런던으로 와서 호텔 방으로 나를 불러 둘이서 조찬을 하면서 두 시간 가까이 대화를 나누었다. 대체로 그가 이야기하고 나는 듣는 쪽이었는데, 그는 많은 독서와 사색을 통해서 다방면으로 박식할 뿐 아니라 그 지식을 나름대로 체계화해서 그 주장이 논리적인 것이 인상적이었다. 국제관계에 대해서도 상당히 광범하게 알고 있었고 대체로 정확한 판단을 하고 있었다.

그는 귀국하면 정치와는 절연하고 통일 문제에만 전념할 것이라고 하면서 특히 통일에 관련된 여러 가지 견해를 상당히 열의를 띠고 설명했다. 나는 그의 말에 전반적으로 수긍하면서도 한두 가지는 좀 지나치다고 생각되는 부분이 있었다.

정부가 북한에 대한 고정관념에 사로잡혀서 통일을 위한 적극적인 노력을 하고 있지 않다는 그의 주장에 대해서 나는 조심스럽게 반론을 제기했다.

"1972년 이후 우여곡절은 있었지만, 북한에 대해서 꾸준한 접근 노력이 있었습니다. 그 결과 1991년에는 남북 기본합의서도 체결되었고 북한에 대한 국민 의식도 많이 순화되었습니다. 그러나 아직도 극우와 극좌에 치우쳐 있는 세력들이 남아 있어서 그들이 정부의 운신의 폭을 좁히고 있습니다."

그는 그러면 그럴수록 정부가 확신을 가지고 국민을 설득하고 앞장서 나가야 한다고 강조했고, 나는 정부의 어려움에 대하여 부연했다.

"남북 화해가 지지부진한 데에는 우리 측에도 문제가 없는 것은 아니지만 본질적인 장애는 북한 쪽에 있습니다. 북한은 남북 화해가 그들 체제 유지를 위협하게 될 것으로 생각하고 진정한 대화와 협력은 기피하면서 기회 있을 때마다 국내 여론을 분열시키고 한미 관계를 이간하려고 획책하기 때문에 정부로서는 어려움이 많습니다."

그는 북한이 우리를 믿을 수 있도록 최대한의 성의를 가지고 대해야 한다고 하면서 '백 번 찍어 안 넘어가는 나무 없다'는 속담을 인용했다.

나는 그가 말로는 정치로부터 떠났다고 하지만 가슴 속에는 권력을 향한 야망이 살아 꿈틀거리고 있음을 쉽게 느낄 수 있었다. 그리고 그의 통일에 대한 신념이 확고하다는 것과 자신의 지식과 판단에 대한 자부심이 강해서 정책 토론은 즐기면서도 자기 생각과 다른 의견은 좀처럼 수용하지 않는다는 것도 확인할 수 있었다.

그의 통일관은 그가 집권한 후 '햇볕정책'으로 반영되었는데, 남북 정상회담의 성사나 남북 교류의 진전 등 외형상 성과에도 불구하고 북한의 개혁, 개방에는 아무런 영향을 주지 못했고, 대북정책 추진 과정에서 지나친 유화책으로 북한의 잘못된 행동들을 유발하고 일방적이고 편향된 주장으로 국론분열을 불러왔다는 비판을 받기도 했다.

신임장 제정

나는 7월 13일 엘리자베스 2세 여왕(Queen Elizabeth II)에게 신임장을 제정했다. 그 이틀 전에 왕실 의전장(Marshall of the Diplomatic Corps)은 나를 불러 자세한 절차를 설명해 주면서 간단한 예행 연습까지 시켰다.

신임장을 제정하는 날 정각 11시에 왕실 전용의 황금 마차 세 대가 우리 대사관으로 왔다. 나는 의전장과 함께 그중 가장 화려한 금마차에 타고 나머지 두 대에는 공사, 무관 등 수행원 4명이 나누어 탄 후, 2마일 정도 떨어져 있는 버킹엄궁으로 향했다. 나의 아내는 비공식 동반자라고 마차는 타지 못하고 대사 전용차를 타고 우리 뒤를 따라왔는데 우리는 모두 화이트 타이(White-tie) 정장을 했고 아내는 한복으로 치장을 했다.

왕궁에 도착해서 화려하고 절도 있는 근위병 의장대 사열을 마치고 2층의 대접견실로 올라가서 여왕을 알현하고 신임장을 제정했다. 신임장을 받은 여왕은 나와 간단히 의례적인 인사를 나눈 후 수행원 한 사람씩 접견 악수를 나누었다. 끝으로 우리 내외와 따로 약 10분 간 환담하는 시간을 가졌다. 그 기회에 나는 우리 국민과 정부는 영국과의 전통적 우호 관계를 대단히 소중하게 생각하고 있고 많은 사람이 여왕의 방한을 고대하고 있다는 점을 강조했다.

우리는 왕실 의전에 따라 접견실에 들어가면서 문 앞에서 허리를 굽혀 절하고 여왕 앞에 다가가서 다시 절하고 접견 후에는 뒷걸음쳐 물러 나오면서 다시 두 번 절하는 의식을 거쳤다. 행사는 엄숙하고 장중하게 거행되었지만 여왕은 아주 부드럽고 친절하게 대해 주었다. 여왕으로서는 재위 40년 동안 그런 행사를 줄잡아서 천 번은 넘게 치렀을 것이므로 아주 능숙하고 여유 있게 보였다.

행사를 치르고 돌아올 때는 마침 점심 휴식 시간이라 많은 시민과 관광객들이 연도에서 황금마차 행렬을 구경하면서 사진을 찍고 손뼉을 치기도 했다. 그러고 보니 우리가 영국의 관광 수입에 일조를 한 셈이었다.

대사관으로 가는 길목에 있는 호텔(Hyde Park Hotel)에서 의전장과 의전관들, 대사관 직원과 한인회, 진출업체 대표, 영한협회 인사들을 모아서 간단한 자축연(vin d'honneur)을 베풀었다. 초창기 영국 유학생 출신으로 한영협회 회장인 김상만(金相萬) 동아일보 사장도 마침 런던 방문 중이어서 그 연회에 참석했다.

영국에서의 신임장 제정 행사는 어디에서도 볼 수 없는(일본 등 일

황금 마차 타고 왕궁으로

부 왕국들이 모방하고 있지만) 아름다운 전통 의식으로 오래 기억에 남는 것이었다.

영국 왕실

영국은 오랜 전통을 가진 왕국으로 왕실 관련 주요 행사들이 많다. 그 중에도 특출한 것은 국경일인 6월의 여왕 생신 경축 행사들이다.

시내의 별궁 광장에서 거행되는 근위대 열병식(Trooping the Colour)은 휘황찬란한 전통 군 복장을 한 기마부대들의 위엄 있고 절도 있는 분열 행사였다. 여왕은 금은보화로 장식한 화려한 복식으로 왕족을 대동하고 무개마차(無蓋馬車)를 타고 나와서(젊었을 때는 백마를 탔다) 근위대를 사열했다. 각계 초청 인사들은 남자는 모닝코트(morning coat), 여자는 긴 야회복(full-length evening dress)을 입고 주변 사열대를 꽉 메웠고, 연도에는 수십만 명의 시민이 운집해서 여왕과 나라의 영광을 찬양하는 모습이 볼만했다.

그 행사와 같은 시기에 여왕은 버킹엄궁을 개방해서 국내외 전역에서 선발 초청된 수천 명의 백성을 위해 이틀 동안의 정원 파티를 개최한다. 이 행사에 선발 초청된 사람들은 그야말로 필생의 영광으로 생각하고 가장 화려한 복장으로 차려입는다. 여왕은 왕족들을 대동하고 넓은 정원에 모인 수많은 초청객들을 돌아가면서 만나서 인사를 나눈다. 외교단은 별도로 천막을 배정해서 쉬게 하고 여왕은 그곳에 들러 각국 대사 부부들을 빠짐없이 만나 인사를 교환한다.

그리고 매년 11월 말에는 버킹엄 궁전에서 여왕의 외교단 접견

행사가 거행된다. 각국 대사와 간부급 직원들은 야회복(White-tie with decorations)으로 차려입고 부인 동반으로 참석하고 여왕은 순번에 따라 정렬한 각국 외교관들을 차례로 돌아가면서 접견한다.

150여 개국의 외교관들을 빼지 않고 만나서 인사를 나누는 것이 연만한 여왕에게는 적지 않은 고역으로 보였지만 평생 그런 의식에 익숙해서인지 항상 얼굴에는 조용한 미소를 머금고 그때그때 적절한 화두로 대화를 이끌어 가는 것이 인상적이었다.

여왕의 뒤에는 부군 필립 공(The Prince Philip, Duke of Edinburgh)이 따르는데, 그는 여왕을 곁에서 도와주지는 않고 의도적으로 여왕과 어느 정도 거리를 두고 따라오면서 각국 대사들에게 싱거운 농을 던지기를 즐겼다.

그는 우리가 서 있는 곳으로 와서는 나에게 물었다.

"부인은 이렇게 예쁜 옷을 입었는데 당신은 왜 그 시꺼먼 양복을 입고 있습니까? 한국 남자는 전통 복장이 없습니까?"

나는 대답했다.

"남자도 한복이 있지만 행동하는 데 불편해서 자주 입지 않습니다."

그는 화이트 타이에 각반까지 친 자기 복장을 가리키면서 말했다.

"이것은 뭐 편해서 입는 줄 아십니까!"

나는 웃음으로 답을 대신하면서 '재미있는 분이구나' 생각했는데 다음 해에도 그는 똑같은 말을 했다.

버킹엄 궁전의 리셉션은 저녁 9시에 시작해서 여왕과의 만남이 끝나면 궁정 여러 곳을 둘러보고 별실에 마련된 술과 음식을 들면서 함께 초청된 각계 인사들과 교류하는 시간이 이어졌다. 정부 각료, 여야 정치인, 사회 저명인사들과 자연스럽게 어울리는 계기가 되었다.

그리고 자정이 되면 중앙 홀에서 궁정 악대의 연주에 맞춰 화려한 무도회가 열렸다. 무도회는 주로 서양 특히 남미 쪽 외교관들의 활동 무대가 되고 동양 외교관들은 그들이 춤추고 즐기는 모습을 보는 것으로 만족했다.

여왕 관련 행사로서 빼놓을 수 없는 것은 매년 11월 초의 의회 개원식이다. 그날 여왕은 수십 개의 큰 다이아몬드와 갖은 보석으로 장식된 왕관을 쓴 화려한 전통 복장으로 부군과 함께 기마 근위대의 호위를 받으면서 황금 마차를 타고 의회로 온다. 그리고 역시 전통 복식으로 성장한 왕족과 귀족들이 모인 상원 본회의장에 입장해서 정면에 높이 올려놓은 왕좌에 착석한다.

그러면 수상을 비롯한 정부 각료와 야당 지도부는 건너편 하원에서 대기하다가 왕실 전령의 안내를 받아 상원 본회의장 입구에 와서 멀리서 여왕을 향해서 절하고 그곳에 선 채로 개원식을 참관한다.

여왕은 정부에서 작성해 준 개원사를 낭독하는데, 그 연설은 항상 "귀족 여러분, 짐과 부군은 앞으로…"(My Lords, Prince Philip and I shall …)라는 말로 시작된다. 즉 왕이 왕족과 귀족들에게 시정 방침을 시달하는 자리에 평민 대표들도 말석이지만 참여시킨다는 형식인 것이다.

겉모양으로만 보면 부질없고 번거로운 형식으로 생각될지 몰라도 실은 그러한 전통 의식을 통해서 정부의 통치 행위에 권위를 부여하고 모두가 정해진 격식에 따름으로써 질서를 유지한다는 점에서 형식과 실질의 교묘한 접합, 절충이 이루어지는 것이다. 영국은 또한 그러한 방식으로 권위(왕실)와 권력(정부)을 명확히 구분하고 상호 존중토록 해서 균형을 유지하고 있다. 영국의 그러한 제도와 관행을 보면서 '우리의 정치도 여러 가지 면에서 개선되어야 할 점이 많구나' 생각했다.

엘리자베스 여왕과 필립 공

영국 의회

나는 6월 초에 하원의 부스로이드(Betty Boothroyd) 의장을 예방했다. 이 분은 영국의 오랜 의회 역사상 최초의 여성 의장으로 의장 권위의 상징으로 여겨지던 가발 착용을 거부한 개혁파로도 알려져 있었다.

의장의 친절한 배려로 의회(Parliament) 내부를 둘러보았는데 의사당이 있는 웨스트민스터궁(Palaces of Westminster)의 부속 사원(Abbey) 건물은 중세의 것이지만 의사당 건물 자체는 19세기 중엽에 고딕 복고식으로 다시 지은 것이었다.

의회 건물의 한쪽은 상원(House of Lords)이고 다른 쪽은 하원(House of Commons)인데, 하원 본 회의장에 들어가 보면 예상외로 협소한데 놀라게 된다. 의장석을 향해서 좌측에는 여당, 우측에는 야당이 3미터 정도의 간격을 두고 서로 마주 보고 앉도록 좌석이 배치되어 있었다. 여러 줄로 벤치를 배설했을 뿐 별도로 책상이나 명패 같은 것은 없다. 자리도 충분치 못해서 의원들이 많이 참석하는 날에는 (영국 하원 의원은 650명) 벤치에 촘촘히 끼어 앉고 그래도 자리가 없는 의원은 벤치 옆이나 복도 주변에 둘러선 채 의사를 진행한다. 중앙 앞쪽의 벤치(front bench)에는 당수와 원내총무 등 간부들이, 뒤쪽 벤치(back bench)에는 초선의원들이 자리 잡게 되어 있다.

웨스트민스터 의사당도 2차세계대전 당시 독일 공군의 폭격으로 많이 파괴되어서 전후에 복구된 것이다. 그때 일부에서는 그 기회에 의사당을 넓히자는 주장도 있었지만, 처칠 수상이 "의사당은 국정을 논의하는 자리이지 소리쳐 웅변하는 장소가 아니다"라고 반대해서 이전대로 복원했다고 한다.

의회는 성탄절, 부활절과 여름휴가 기간을 제외하면 연중무휴로 열리는데 매일 오후에는 질의 시간(question time)이라고 해서 미리 정해진 주제를 놓고 관계 각료를 상대로 국정 현안에 대한 일문일답식의 토론이 진행된다. 특히 매주 수요일 오후에는 30분 간 수상에 대한 국정 질의가 있는데 이때 여야 지도자 간의 논쟁은 내용도 내용이지만 유머와 위트가 담긴 언변들이 들을 만하다.

의사 진행에 있어서 의장의 권위는 절대적이다. 장내가 소란해지면 의장이 "질서 지키시오!"(Order! Order!) 하는 말 한마디에 모든 의원들이 자리에 앉아 입을 다물어야 한다. 만약 발언권 없이 말을 계속하는 경우에는 국회 경위가 즉각 퇴장시켜 버린다. 의장은 엄정 중립으로 투표권도 없고 정치 활동을 하지 않는 대신 그의 선거구에서는 다른 정당이 후보자를 공천하지 않는 것이 관례로 되어 있기 때문에 한번 의장에 당선되면 거의 종신직이 된다.

한영 관계

영국은 서양 국가로서는 미국에 이어 두 번째로 1883년에 조선과 우호통상항해조약을 맺어 국교를 개설했고 그로부터 65년 후 대한민국이 수립되자 미국 다음 두 번째로 국가 승인을 하고 외교 관계를 복원했다. 한국전쟁 때에는 또다시 미국 다음 두 번째로 많은 군대를 보내서 우리를 지켜준 전통적 우방이다.

영국은 정치 외교 면에서 항상 우리를 지지해 주었을 뿐 아니라 경제면에서도 상호 밀접한 관계를 가지고 있었다. 영국은 유럽 국가 중에서도 가장 개방적인 시장을 가지고 있어서 우리의 수출에도 걸림돌이 없었다. 투자 면에서도 영국의 선진 금융기관이 한국에 많이 진출해 있고 삼성, 현대, 대우 등 한국의 대기업들이 영국에서 생산시설을 가동하고 있었다.

문화면에서도 영국은 한국에 잘 알려진 나라인 만큼 양국 간 교류가 많고 특히 영어의 모국으로 언어 연수생이 많이 와 있었다. 매년 우리나라 관광객들이 계속 늘어서 런던의 명소에 가 보면 항상 우리 단체 관광객들이 몰려다녔고 배낭여행 온 젊은이들도 많이 눈에 띄었다. 날씨 좋은 여름 한철에는 대사관 직원뿐 아니라 런던의 거의 모든 교민들의 집에 한국에서 온 일가친척이나 친지 등 손님이 그칠 때가 없을 지경이었다.

런던을 방문한 나의 동기들
사진 왼쪽부터 아들 재호 내외와 아내, 매부 이병규(李丙圭), 형수 강신경(姜信慶),
형 홍희(鴻熹), 여동생 정자(貞子), 누나 혜경(慧卿), 자형 김경제(金慶濟)

김영삼 대통령의
방문

주영국 대사 재임 중 가장 중요한 행사는 1995년 봄 우리 대통령의 영국 공식방문이었다. 김영삼 대통령 부부는 유럽 순방의 일환으로 공로명 외무부 장관 등 수행원을 대동하고 3월 8일부터 2박 3일 일정으로 런던을 방문했다.

첫날에는 버킹엄궁에서 여왕 부부가 주최하는 오찬회에 참석하고 오후에는 수상 관저에서 메이저 수상과 한영 정상회담을 가졌다. 저녁에는 시내 호텔에서 교민들을 위한 리셉션을 주최한 후 영빈관(Lancaster House)에서 국무경이 주최하는 만찬에 참석했다.

다음날 오전에는 야당(Her Majesty's Loyal Opposition)의 블레어(Tony Blair) 노동당 당수를 클래릿지호텔(The Claridge's) 숙소에서 접견한 후 웨스트민스터사원에 가서 한국전 참전비에 헌화하고 그 자리에서 참전용사 대표들을 만나보았다. 이어서 영국경제단체연합회(Confederation of British Industries, 우리 전경련 FKI의 모태)가 주최한 한영 재계 회의에 참석해서 연설한 후 런던 시장이 시장 공관에서 주최한 공식 환영 오찬회에 참석했고 저녁에는 수상 관저에서 개최된 만찬회에 참석하는 것으로 공식 일정을 모두 마쳤다. 그 다음날 김 대통령 일행은 후진국 원조를 위한 유엔 정상회의에 참석하기 위해서 덴마크의 코펜하겐으로 떠났다.

영국과의 관계가 원만했기 때문에 대통령 방문 기간 중 별달리 신경 쓸 문제는 없었다. 주로 양국 간 우호친선을 다지는 계기가 되었다. 영국 정부에서도 한국의 대규모 산업투자를 기대하는 처지에서 성의를 가지고 접대했다. 첫날 버킹엄궁에서 오찬을 마치고 별실로 나와서 다과를 들면서 환담하는 자리에서 엘리자베스 여왕은 유달리 유쾌한 표정으로 대통령뿐 아니라 우리 측 수행원들에게까지 접근해서 오랫동안 대화를 이어 갔다. 그 모습을 보면서 '정부 측으로부터 각별한 호의를 표시해 달라는 건의를 받았구나' 하는 생각이 들었다.

　　김영삼 대통령의 행차에는 많은 사람이 동원되었지만, 경호와 의전은 종전보다 많이 간소화되고 수월해진 점이 눈에 뜨였다. 김 대통령도 소박, 활달하고 솔직하면서 친화적이어서 행사 진행에 별 어려움이 없었다. 김 대통령은 런던에 유하는 동안 매일 아침식사는 숙소에서 공식 수행원들과 함께했는데, 편안한 자세로 여러 가지 말을 많이 했다. 국제 문제나 외교 관계에 대해서는 별로 관심이 없어 보였고 주로 국내 정치 문제에 대해서 언급했다. 나는 그의 말을 들으면서 그가 '40년 정치 투쟁 역정에서 자신의 견해를 일방적으로 강하게 주장하는 습성이 굳어졌고 상대방의 말을 경청하거나 조용히 자신을 반추해 보는 기회는 별로 없었구나' 하는 느낌이 들었다.

2002 월드컵대회 유치

　　나의 주영국 대사 시절 주요한 국가적 과제 중의 하나가 2002년 월드컵축구대회의 유치 문제였다. 일본이 이미 오래전부터 본격적으로 유치 활동을 펼치고 있는 상황에서 우리는 뒤늦게 유치에 뛰어들었다. 이를 위해서 구평회(具平會) 유치위원장과 정몽준(鄭夢準) 축구협회장이 여러 차례 다녀갔다. 영국의 국제축구연맹(FIFA) 위원인 윌

(David Will)이 스코틀랜드의 고향에 칩거하고 있었기 때문에 정 회장의 현대그룹은 에든버러에 지사까지 설치하면서 그와의 접촉을 시도했다.

1995년 2월 초 나는 런던으로부터 자동차로 4시간 거리에 있는 지방 도시 스토크(Stoke-on-Trent)로 가서 영국의 전설적인 축구선수 스탠리 매튜스(Sir Stanley Matthews)의 80회 생일 축하 파티에 참석했다. 이 사람은 '드리블의 마술사'라는 별명을 가지고 30년 넘게 선수 생활을 한 영국 축구계의 살아있는 전설로 운동선수로서는 처음으로 기사(knight) 칭호를 받기도 했다. 그의 생일 파티에는 좀처럼 대외활동을 하지 않는 FIFA의 윌 위원도 참석한다기에 일부러 먼 길에 나선 것이다.

시립 공회당에서 열린 파티에는 많은 지방 유지와 축구계 인사들이 모여 있었다. 나는 윌 위원을 찾아가서 우리의 월드컵 유치상황을 설명하고 긴히 청을 넣었다.

"다음 달 한국 대통령이 영국을 공식 방문하는데 그 기회에 꼭 귀하를 만나보기를 원하니 시간을 내어 런던으로 와주시면 대단히 감사하겠습니다."

나의 요청에 대해서 그는 마지못해 답했다.

"모처럼 부탁이니 가서 뵙도록 하겠습니다."

김 대통령은 런던 방문 둘째 날 오후에 시간을 내어 그를 숙소에서 접견하고 간곡하게 협조를 요청했고, 윌 위원도 우리의 열성적인 노력에 상당히 감명을 받은 표정이었다.

우리가 관민 혼연일체(渾然一體)가 되어 노력한 끝에 1996년 6월에 FIFA는 만장일치로 2002년 월드컵대회를 한국과 일본이 반분해서 공동 주최하도록 결정했다. 우리는 2002년 6월 그 대회를 성공적으로 개최했을 뿐 아니라 아무도 예상치 못한 '세계 축구 4강' 신화(神話)로 전 국민을 열광케 하고 세계를 놀라게 하는 쾌거를 이루었다.

주요 외교교섭

런던에는 국제해사기구(WMO)가 있다. 우리는 조선, 해운에 큰 국가적 이해관계가 걸려 있어서 전부터 그 활동에 적극적으로 참여하고 있었다. 이 기구도 2년마다 이사국을 개선하는데 우리는 과거에도 이사국으로 활동한 적이 있어서 그 선거에서는 반드시 이겨야 한다는 부담이 있었다.

나는 김종태 해무관의 도움을 받아서 평소 그 간부들과 자주 접촉을 유지했고 1993년에는 캐나다 출신의 오닐(William O' Neil) 사무총장을 방한 초청해서 대접토록 했다. 그리고 매년 가을에 개최되는 연차총회 때에는 빠짐없이 한국 대사 초청의 리셉션도 베풀었다. 한진, 현대 등 주요 해운업체들도 대사관과 힘을 합쳐서 노력했고 그 결과 우리는 1993년과 1995년 연속해서 이사국으로 진출할 수 있었다.

1994년 여름에는 김철수(金喆壽) 상공부 장관이 세계무역기구(WTO) 사무총장 진출을 위해서 두 번씩이나 영국을 방문했다. 나는 그와 함께 영국 외무부와 통산부의 장관들을 만나서 교섭했다.

외무부에서는 "잘 알겠습니다. 예의 검토하겠습니다"라고 분명한 태도를 유보한 외교적인 반응을 보인 반면, 통산부의 니덤(Richard Needham) 무역장관은 자신이 한영포럼 창설을 적극 추진한 친한 인사임을 전제하면서 직설적으로 반문했다.

"WTO는 자유무역을 표방하는 기구인데 한국인이 그 책임자로서 적당하다고 보십니까? 한국이 진정한 자유무역 국가라고 생각하십니까?"

면전에서 무안을 당한 김 장관은 그래도 얼굴 붉히지 않고 차분하게 한국이 자유무역을 지향하고 있고 꾸준히 시장개방을 추진하고 있음을 설명했다. 면담을 끝내고 나오면서 나는 고교 1년 후배인 김 장관에게 말해주었다.

"듣기는 거북했겠지만, 그것이 영국 정부의 솔직한 반응입니다."

하여간 정부의 노력과 본인의 출중한 인품과 자격이 인정되어서 그는 다음 해에 WTO의 사무차장으로 선출되었으니 반의 성공은 거둔 셈이었다.

1995년 9월에는 북한 핵 문제 해결을 위해서 미국이 북한과 합의한 경수로 건설사업(KEDO)에 대한 유럽연합(EU)의 참여를 요청하기 위해서 협상 책임자였던 미국의 갈루치(Robert Gallucci) 대사가 런던으로 왔다.

나는 본부 지시에 따라 일본 대사와 함께 그가 영국 정부 관계 장관들을 면담하는 자리에 같이 갔는데 말이 '합동 대처'(Joint demarche)지 실제로는 들러리에 불과해서 쑥스러웠다. 갈루치 대사는 젊은 나이에 건방지고 경솔했고 남의 일같이 대수롭지 않게 행동하는 것이 못마땅했다. 그래도 나는 직접 당사국 입장이었지만 일본 대사는 그렇지도 않아서 그와 동행하라는 자국 정부 지시를 원망했다.

국내 인사의
방문

　대사관 업무 중 가장 많은 시간을 차지하는 것이 국내 인사들을 위해서 그 방문을 주선하고 영접, 안내하는 일이다. 그래서 외교관들이 스스로를 '아마추어 호텔/여행 안내원'이라고 자조(自嘲)하기도 한다. 내가 영국에 있는 동안에도 많은 국내 인사들이 다녀갔다. 정부 각료, 여야 정치인, 각종 연수, 시찰단 등이 빈번히 들이닥쳐서 대사관을 바쁘게 만들었다.

　1993년에는 국회의 정치개혁특위 의원단이 영국의 의회와 정당, 선거제도를 둘러보러 왔는데 시찰은 주마간산으로 끝내고 여야 견해차이 때문에 자기들 간의 언쟁으로 많은 시간을 보냈다.

　그해에는 국회 통일외무위원회의 국정감사반도 다녀갔다. 대사관에 대한 감사는 별다른 지적 없이 쉽게 끝났지만, 국회의 재외공관 현지 감사라는 것은 그야말로 동서고금에 없는 제도로서, 아무 실익 없이 번거롭기만 한 것이다. 이런 것은 국회의 운영개선 차원에서 하루빨리 폐지되어야 할 것 중의 하나이다.

　1994년 6월에는 김수환(金壽煥) 추기경이 로마에서 개최된 추기경 회의를 마치고 귀국하는 길에 런던에 들렀다. 나는 한인 성당의 주임신부와 함께 공항으로 가서 그를 마중했다. 김 추기경은 단신 가방 하나를 들고 비행기에서 내려서 교외 윔블던에 있는 조그마한 수녀원으로 갔다.

　"런던에 올 때마다 이 수녀원 신세를 집니다" 하면서 좁은 복도를 돌아 부엌 뒷방으로 들어갔는데, 두 평 정도나 될 만한 방에 작은

김수환 추기경을 모시고

책상과 간이침대가 놓여 있었다. 몹시 불편할 듯해서 근처 호텔로 옮기자고 했더니 추기경은 웃으면서 사양했다.

"중은 절에 가야 마음이 편한 법입니다."

다음 날 저녁에는 천주교인들과 함께 관저에서 추기경을 모시고 만찬을 대접했고 주말에는 교민들을 위해서 공원에서 야외 미사를 집전하는 것을 도왔다.

나는 전에 그가 노태우 대통령 초청으로 두어 차례 청와대를 방문했을 때 한국 천주교회의 수장으로서 상당히 정치적인 면모가 있는 것을 보았는데, 이번에는 소탈하고 경건한 그의 성직자로서의 진면목에 깊은 인상을 받았다.

우리 기업의
진출

1990년대 중반에는 세계화 추세에 발맞추어 우리 기업들의 해외 진출이 매우 활발했다. 삼성, 현대, 대우, LG 등이 가전제품을 현지에서 조립 생산하는 공장들을 건설했고 한라그룹의 정인영(鄭仁永) 회장은 휠체어에 의지하는 불편한 몸으로도 열성적으로 현지 활동을 했다.

1994년 12월에는 뉴캐슬(New Castle) 지역의 윈야드(Wynyard)에 수십 억 불 투자 예정인 삼성의 종합 전자 단지 기공식이 열렸는데 내각의 제2인자인 헤젤타인(Michael Heseltine) 통산부 장관이 참석해서 치사를 했다.

"우리 세대의 영국 사람들은 한국이란 이름을 1950년 여름 어디에선가 전쟁이 났다고 해서 처음 듣게 되었는데, 40년 만에 그 한국이 이곳에 이렇게 큰 산업단지를 만든다는 사실은 그야말로 기적 같은 일이 아닐 수 없습니다."

다음 해 10월에는 그 단지의 준공식이 열렸다. 이번에는 엘리자베스 여왕이 친히 그 부군과 함께 참석해서 전시장을 둘러보고 치사를 했다. 그것은 극히 이례적인 일로서 영국이 얼마나 그 사업을 중요시하는지를 증언하는 것이었다. 나는 우리의 여러 진출업체 대표들과 함께 행사에 참석했는데 매우 자랑스럽고 기쁜 일이었다.

그러나 행사를 진행하는 삼성의 실무자들이 이건희 회장을 '모시는데' 너무 신경을 쓴 나머지 간혹 여왕 일행과 영국 유지들에 대한 예우를 소홀히 하는 것이 눈에 띄어서 사후에 삼성 지사장을 불러 주의를 주었다.

우리 사회 일각에서는 상사를 위한다는 뜻에서 앞뒤 생각 없이 한 행동이 결과적으로 그 상사에게 누를 끼치게 되는 경우가 종종 있는데, 더욱 세련된 감각과 언행이 요망된다고 하겠다.

이렇게 일취월장하던 우리 기업들의 투자 계획은 내가 영국을 떠난 2년 후 'IMF 외환위기'를 맞아서 많은 부분이 취소, 폐기되어 허장성세로 끝났고 영국 측의 실망도 컸다. 돌이켜 보면 그 당시 우리 기업의 해외 진출 중에는 상당 부분 실력보다 의욕이 앞선 무모한 면이 없지 않았다.

삼성전자 윈야드 단지 준공식
사진 왼쪽부터 엘리자베스 여왕, 김광호(金光鎬) 삼성전자 부회장,
필자, 이건희 삼성 회장 부부

문화 예술계의
활동

경제계뿐 아니라 문화 예술 면에서도 우리나라 사람들의 활약이 괄목할만했다. 정경화(鄭京和)와 장영주(Sarah Chang)가 자주 연주회를 열었는데 사라 장은 8살 되던 해 서울에서 처음 공연을 할 때부터 알던 터여서 공연 때마다 가보고 관저에 불러 한식을 대접하기도 했다.

러시아에서 활약하던 유종(兪鐘, Victorin Yu, 兪鎭午 박사의 막내아들)도 런던필하모니아오케스트라의 지휘자로 활동했다. 그의 입지를 살려주기 위해서 대우의 이동원(李東源) 지사장에게 재정적으로 후원해 주도록 부탁하고 나의 관저에서 기거하게 하기도 했다.

1994년 여름에는 명창 안숙선(安淑善)이 런던에서 신나는 판소리 한판을 벌였고 가을에는 임권택(林權澤) 감독이 영화 〈서편제〉와 함께 소개되었다.

한국의 위상이 높아지면서 한국학 연구도 관심을 끌었다. 런던, 셰필드(Sheffield), 옥스퍼드, 뉴캐슬, 더럼(Durham) 대학 등에는 한국학을 전공한 학자들이 있어서 한국학 강좌를 개설하고 한국어와 한국에 대해서 가르쳤다. 특히 런던대학교 동양·아프리카 학과(SOAS)의 도이츨러(Martina Deuchler) 교수는 매년 여름 우리나라를 방문하고 규장각에 파묻혀서 조선 시대의 유교 문화 연구에 몰두했다. 정부에서는 그의 한국학 연구를 치하해서 문화훈장을 보내왔고 나는 그 훈장을 전수하면서 간단한 다과회를 열어 축하해 주었다.

세계 최대 박물관 중의 하나인 대영박물관(British Museum)에는 중국관, 일본관은 있었지만, 한국관은 따로 설치되어 있지 않았다. 외무부 산하의 국제교류재단에서는 한국관 개설을 위해서 100만 파운드를 기증했고 그 결과 1997년에 대영박물관 내에 한국 문화유산만을 따로 전시하는 한국관이 문을 열게 되었다.

런던 제2의 박물관인 빅토리아알버트박물관(Victoria & Albert Museum)에도 삼성그룹의 협찬으로 조그마한 한국 전시관이 개설되어 있었다. 그리고 케임브리지대학 부설 핏츠윌리엄박물관(Fitzwilliam Museum)에는 사학자 곰퍼츠(Geoffrey Gompertz)가 수집한 한국 도자기 전시실이 있었다. 곰퍼츠는 고려청자에 매료되어 해방 직후 한국 전역을 뒤지고 다니면서 골동품을 수집했는데, 하루는 어느 시골 여관에서 고양이 밥그릇으로 쓰는 진품 고려자기를 발견했다고 한다. 그는 여관 주인이 눈치채지 못하도록 "고양이가 예쁜데 저에게 파시지요?" 했고, 고양이를 산 뒤에 고양이 밥그릇은 공으로 얻었다는 이야기도 전해오고 있었다.

해가 지지 않는 나라?

영국은 과거 전 세계에 식민지가 널려 있어서 '해가 지지 않는 나라'라고 불리던 대제국을 경영했고 산업혁명과 의회민주주의를 선도해서 근대 세계사에 큰 발자취를 남긴 나라로서 그 찬란한 전통이 아직도 많이 남아 있고 '세계 제일'이라는 의식이 국민 뇌리에 살아 있었다.

영국은 근대사회의 여러 가지 문물제도를 창시했기 때문에 예컨대 영국 우표는 'The Post'라고만 하지 아무런 국명 표시가 없다. 대표적인 신문도 'The Times'라고 부르고 심지어 유명한 골프 대회인 '영국 오픈'도 British Open이라 하지 않고 'The Open'이라고 부르기를 고집한다.

1995년 여름 '영국 오픈' 골프 대회는 골프의 발상지라고 하는 스코틀랜드의 센트 앤드루스(St. Andrews)에 있는 로열 앤드 에인션트 골프 클럽(Royal & Ancient Golf Club)의 올드 코스(Old Course)에서 개최되었는데 우리 내외는 그 한 달 전쯤 뉴욕에 사는 친구 김병수(Andrew Kim) 사장 부부와 함께 그곳에 골프를 하러 간 적이 있다.

에든버러공항에서 센트 앤드루스까지는 리무진을 빌려 탔는데 도중에 내가 무심코 운전기사에게 물었다.

"브리티시 오픈이 언제 시작되지요?"

제복 입고 한껏 폼을 잡던 스코틀랜드 운전기사가 정색하면서 되물었다.

"무슨 '오픈' 말씀이신지요?" (What 'open', Sir?)

"브리티시 오픈 골프 대회 말입니다."

"아! '오픈' 대회 말씀이시군요!" (O! You mean 'The Open', Sir!)

천연덕스러운 그의 말이 우리들의 실소를 자아냈다.

한국전 참전 용사들

한국전쟁 때 영국은 여단 규모의 병력을 파견해서 참전했고, 참전 용사회는 매년 6.25가 되면 런던과 각 지역에서 기념행사를 했다.

참전 용사들을 위한 파티에서

런던에서는 그날 아침에 성 바오로 대성당에 있는 한국전 참전 기념비에 참배 헌화하는 행사를 엄숙히 거행한다.

나는 해마다 대사관 무관과 함께 그 행사에 동참하고 이어서 시내 호텔을 잡아서 참전 용사들을 위한 리셉션을 베풀었다. 영국 전역에서 6, 70대의 노병들이 200명 가까이 모였고 이슬 맺힌 눈으로 옛 전우들과의 해후를 즐기는 모습에 가슴 훈훈한 감회를 느끼곤 했다.

나는 1994년 3월말 글로스터 시에서 거행된 글로스터셔 연대(Gloucestershire Regiment) 창립 300주년 기념행사를 잊을 수 없다.

영국의 오랜 군사 전통 가운데서도 가장 자랑스러운 부대의 하나인 '영광의 글로스터'(The Glorious Glosters)는 유럽 각지는 물론 신대륙, 아프리카, 러시아, 인도 등지에서 혁혁한 전공을 세웠다.

한국전 당시에는 그 제1대대가 1951년 4월 말 임진강변에서 중공군 3개 사단 병력의 서울에로의 진격을 4일 동안 사력을 다해서 저지하다가 622명 부대원 중 대부분이 전사하거나 포로가 되었다. 고작 63명만이 포위망을 뚫고 나왔다고 한다.

부대의 연대기(Regimental colour)에는 300년 간 참전했던 주요 격전지가 수놓아져 있었는데 30여 개의 지명 끝쯤에 IMJIN이라는 글자도 뚜렷이 보였다.

세월이 지나고 군 편제가 바뀌면서 이 역사 깊은 부대(1개 대대로 편성되어 있었음)도 다른 유사 부대와 통폐합키로 되었기 때문에 300주년 기념식은 해단식을 겸한 행사였다. 연대 사령관인 글로스터 공작(Duke of Gloucester, 여왕의 4촌 동생) 부부와 현역 장병, 전역한 노병들이 시내 대성당에 모여서 기념 미사를 드리고 부대 연병장에서 사열식을 가졌다.

씩씩하게 생긴 대대장이 부대 앞에 나와 서서 경례하면서 "전하, 부대가 마지막 행진을 하겠습니다!"(Your Royal Highness! May I have your permission to march the troops for the last time!)라고 소리칠 때 단상의 공작 부부와 그 뒤에 늘어섰던 많은 사람들의 눈시울이 붉어졌다.

우리 내외는 관계국 대표로 초청되었는데 외국인으로 참석한 사람은 우리뿐이었다. 우리는 영국군의 임진강 설마리(坡州市 積城面 雪馬里) 'Gloster Hill' 전투를 생각해서 참석했다가 참으로 감동적인 장면을 목격하게 된 것이다. 대대 병력이 사열대를 지나 연병장 끝에서 구슬픈 군악대 연주에 맞추어 사라져갈 때 노병들이 손수건을 꺼내서 눈물을 닦던 모습이 지금도 눈에 선하다.

런던의 사교 행사와 명사들

영국에서는 날씨 좋은 여름 한 철에 많은 행사가 개최된다. 6월 중순이 되면 런던 근교의 아스코트(Ascot)에서 왕실 경마대회가 열렸다. 엘리자베스 여왕은 특히 말과 경마를 좋아해서 매년 많은 왕족을 거느리고 직접 임석했고 각계에서 초청된 명사들은 남자는 모닝코트와 실크해트 복장으로, 여자들은 화려한 의상에 큰 모자들을 쓰고 참석했다. 런던 상류사회 여성 사이에는 아스코트 경마에서 '누가 제일 요란한(outrageous) 모자를 쓰고 나타나느냐?'가 큰 관심거리이기도 했다.

아스코트 경마대회에
참석하기 위하여

그리고 비슷한 시기에 윔블던에서는 세계적으로 유명한 테니스 시합이 열린다. 우리 내외는 매년 로열복스에 초청되는 행운을 얻었다. 각 단체와 기업들은 경기장 한쪽에 설치된 텐트를 빌려 주요 고객이나 후원자들을 초청해서 샴페인과 다과를 제공하면서 경기를 관람토록 접대하는 것이 관행이었다. 그들에게는 경기도 경기지만 하루 오후 여유 있고 즐거운 시간을 갖는 것이 더욱 중요한 것으로 보였다. 대사관저가 경기장에서 멀지 않기 때문에 우리는 많은 젊은이가 선착순으로 배포되는 입장권을 타기 위해서 매표소 앞거리에서 모포를 둘러쓰고 밤을 지새우는 모습을 자주 볼 수 있었다.

런던 외교가에서는 매년 6월 초에 개최되는 〈들라루〉(De La Rue plc) 사의 만찬회를 기다리는 사람이 많았다. 이 회사는 1830년대부터 카드 인쇄업을 시작해서 전 세계 150여개 국의 화폐나 각종 증서 인쇄를 맡아 해온 국제적인 기업으로 성장했는데, 회사의 고객인 각국의 런던 주재 대사들을 주빈으로 하고 각계 인사들을 초청해서 성대한 만찬회를 개최하는 것이 오랜 관행이었다. 이 만찬에는 특별 초청된 연사들이 재미있는 유머를 많이 하기로 소문이 나서 참석한 사람들이 그 재치 있는 말들을 받아 적기도 했다.

그 회사의 회장은 리메릭 백작(Earl of Limerick)이었는데 한번은 그의 초청으로 회사 귀빈 식당에서 오찬을 함께 한 적이 있었다. 오찬에 동석한 간부 중에는 1962년 한국의 화폐개혁 때 신권 인쇄 일을 직접 담당했던 사람도 있었다. 그는 한국의 유 대령(최고회의 柳原植 재정위원)이 회사를 찾아와서 기밀 유지를 누누이 당부하면서 혹시 모르니 똑같은 화폐를 비상용(back-up)으로 준비해 달라고 해서 그럴 필요는 없다고 설득하느라고 애를 먹었다는 이야기를 했다. 한국의 신권은 한국이 지정한 날짜에 부산항에 도착해 아무 이상 없이 인도했다고 하면서 리메릭 백작은 이런 말을 했다.

"우리 회사는 지금까지 수백 번 그런 일을 맡아 해 왔는데 한 번도 실수한 적이 없습니다. 우리 회사에는 그와 관련해서 VIP syndrome이라는 말이 있습니다. 이때 VIP는 'Very Important Project'를 말하는데, 중요한 일이라고 과도한 신경을 쓰다 보면 어디에선가 불의의 사고가 일어난다는 의미입니다. 그래서 우리는 '아무리 중요한 일도 다른 어떤 일보다 더 중요하지는 않다'는 말을 명심하고 있습니다. 즉 일이 중요하면 중요할수록 평소와 똑같은 마음가짐으로 대처하면 실수를 줄일 수 있다는 뜻입니다."

그 리메릭 백작이 출근 시간에 우리 대사관 근처 지하철 출구에서 손가방을 들고 걸어 나오는 것을 본 적이 있다. 물론 런던의 도로 사정이 나빠서 승용차보다 지하철을 이용하는 것이 편리할 수도 있지만, 명문대가의 후예로 정부 고위직을 거쳐 세계적 기업의 회장을 맡고 있고 그 부인은 영국 적십자 총재를 하는 귀족이 일반 근로자와 학생들 틈에 끼어서 지하철로 출근하는 모습을 보니 절로 옷깃을 여미게 되는 기분이었다.

영국의 명사 중 한국과 특수한 인연을 가진 사람으로는 연합신문그룹(Associated Newspapers)의 회장인 로더미어 자작(Viscount Rothermere)이 있다. 언론 그룹 회장으로 영향력이 크고 영국의 20대 거부이기도 한 이 사람은 1993년 겨울 일흔이 다 된 나이에 젊은 재일교포 여성(이정선, Maiko Lee)과 결혼했다. 파리 교외에서 열린 그의 결혼식에는 주영 및 주일 대사를 지낸 오재희 씨 부부가 신부 부모를 대신해서 참석했고 며칠 후 런던 시내 클래릿지호텔에서는 성대한 피로연이 개최되었다. 한국 대사관과 한국 교민에 대해서 애정 어린 관심을 보이던 로더미어 자작은 그 후 몇 년 뒤에 작고했고 유해 중 일부는 유언에 따라 아내의 고향인 전북 무주(茂朱)에 안장되었다.

영국 생활

영국에서 근무하는 동안 나는 가능한 한 많은 곳을 방문하고 많은 것에 참여하려고 노력했다. 매년 가을 지방 주요 도시에서 개최되는 보수당(CP)과 노동당(LP)의 전당대회와 경제단체연합회(CBI) 연차총회는 빠짐없이 참관했다. 그런 전국적인 회합은 그것이 정치인 모임이냐 기업인 모임이냐를 불문하고 자기들만의 닫힌 모임이 아니고 전 국민을 상대로 한 열린 모임을 하면서 축제 분위기에서 단합을 다지고 세를 과시하는 계기로 삼고 있는 것이 인상적이었다.

영국 생활 3년 동안에 잉글랜드는 물론 스코틀랜드, 웨일스와 아일랜드의 여러 곳을 가 보았다. 기원 3천 년 전에 원시인들이 세웠다는 에임스버리의 거석 유적(Stonehenge at Amesbury)과 바트의 로마 공중목욕탕(Roman baths at Bath), 헨리 8세의 유령이 나온다는 리즈성(Leed's Castle)과 에이븐 강가의 조용한 셰익스피어의 고향 스트래퍼드(Stratford-upon-Avon), 브론테(Emily Bronte)의 황량한 '폭풍의 언덕'을 지나면 펼쳐지는 워즈워스(William Wordsworth)의 아름다운 고향 호수 지역(Lake District), 김대중 씨가 제일 아름답다고 하던 스코틀랜드의 로먼드 호수(Loch Lomond)와 괴물 네씨가 나온다는 네스 호수(Loch Ness), 한밤중에 황량한 들판을 돌고 돌아 어렵게 도달한 스코틀랜드 산악 한복판의 토민튤(Tomintoul) 마을과 발린다록크성(Ballindalloch Castle), 빠른 물

살 속에서 연어 낚시를 시도하던 스페이강(River Spey) ⋯. 기억 속에 오래 간직하고 싶은 고장들이다.

18세기 영국의 문호 사무엘 존슨(Samuel Johnson)은 "런던에 싫증난 사람은 인생에 싫증난 사람이다"라고 했다지만, 런던에는 그야말로 각종 문화시설이 완비되어 있었다. 대영박물관과 자연사박물관(Natural History Museum), 국립미술관(National Gallery), 테이트미술관(Tate Gallery), 왕립오페라(Royal Opera), 바비칸(The Barbican) 등 수많은 문화 예술의 전당이 있고 영국의 연극과 뮤지컬은 세계적인 명성을 떨치고 있었다.

우리 내외는 기회가 있을 때는 빼놓지 않고 각종 문화행사에 열심히 참석했다. 로열알버트홀(Royal Albert Hall)의 BBC프롬나드콘서트(BBC Promenade Concert), 리전트파크의 여름밤 야외 셰익스피어 연극, 남해안 글라이드본(Glyndebourne)의 오페라 페스티벌(Opera Festival)의 낭만은 잊지 못할 추억들이다.

영국은 골프의 발상지이고 전국 각처에 좋은 골프장이 산재해 있었다. 외국 대사들에게는 약간의 연회비(年會費)만 받고 회원 대우를 해주는 곳이 많이 있었기 때문에 전임자들 때부터 근교 명문 골프장과 관저 근처의 골프장들을 자주 이용할 수 있었다. 나는 특히 윔블던의 쿰힐 골프장(Coombe Hill G. C.)과 영국의 5대 명문 중의 하나인 서닝데일 골프장(Sunningdale G. C.)에 자주 갔다. 서닝데일 근처의 스윈리 포레스트 골프장(Swinley Forest G. C.)도 애용했는데, 이곳은 회원 수가 100명도 되지 않는 매우 배타적이고 조용한 클럽으로 짓궂은 런던 골퍼들 사이에는 이런 농담도 있었다.

골프 발상지 센트 앤드루스 올드 코스에서

"서닝데일에 초청되는 것이 버킹엄궁에 초대받은 것이라면 스윈리 포레스트에 초청되는 것은 여왕의 침실에 초대받은 것이다."

세계적으로 이름난 영국의 스카치위스키(Scotch Whiskey)는 스코틀랜드의 산간 지방에서 생산되는데, 그곳의 기후, 토양과 수질이 위스키 양조와 숙성에 적합하다고 한다. 여러 차례 각지의 양조장을 가 보았는데 한번은 매우 깊은 산속의 조그마한 양조장을 방문했다. 40년 간 그곳에서 일했다는 양조장 지배인이 자기가 생산한 몰트위스키를 자랑하면서 시음해 보라고 해서 나는 그에게 물었다.

"위스키는 어떻게 마시는 것이 정도입니까?"

"각자 취향대로 마시면 되는 것이지만, 저는 위스키를 그대로 마시거나 약간의 생수를 섞어서 마시기도 합니다. 그러나 위스키를 얼음에 식히면 맛과 향이 변하기 때문에 좋지 않고 특히 소다(소프트 드링크)를 섞어 마시는 것은 위스키를 모독하는 죄악입니다."

내가 다시 평소의 의문을 제기했다.

"위스키가 그 숙성 연수에 따라 값이 크게 차이가 나는데, 정말로 그만큼 가치가 다른 것입니까?"

"물론 숙성이 되면 될수록 맛이 부드럽고 향이 깊어지기는 합니다만 그 차이는 별로 크지 않고 제가 보기에는 7년 정도면 충분히 숙성된 겁니다."

우리나라 술꾼들도 그의 의견을 참고하는 것이 좋을 것 같다.

유럽 여행

매년 가을에는 유럽연합(EU) 주재 공관장 회의가 열렸다. 각 공관이 돌아가며 회의를 주최했는데, 1993년에는 파리에서, 1994년에는 마드리드에서, 그리고 1995년에는 제네바에서 열렸다. 회의가 끝나면 나는 아내와 함께 주변을 둘러보며 여행을 즐겼다.

또 1년에 한 번씩 있는 일주일의 휴가도 즐거운 여행의 기회가 되었다. 우리는 첫해 겨울에는 모로코로 가서 허리훈(許利勳) 대사의 관저에서 쉬면서 험프리 보가트와 잉그리드 버그만의 추억이 얽혀 있는 카사블랑카(Casablanca)를 구경하고 마라케시(Marakech)에서는 전통 승마 놀이와 배꼽춤을 보면서 양고기 요리를 즐겼다. 다음 해 여름에는 브뤼셀에 주재하고 있는 장만순 대사 부부와 함께 프라하, 부다페스트, 비엔나와 잘츠부르크를 여행했다. 그리고 마지막 여름에는 노

르웨이로 가서 권영민 대사의 친절한 안내로 오슬로와 베르겐의 피오르드(fjord)를 구경했다.

1995년 11월 말에는 모처럼 시간을 내어 아내와 함께 이집트와 이스라엘 방문길에 나섰다. 카이로에 도착해서 피라미드를 구경하고 저녁에 정태익(鄭泰翼) 대사의 관저로 돌아왔더니 런던으로부터 연락이 왔다. 북한에서 파견되어 런던외환시장 중개인으로 일하던 최세웅(崔世雄)이 그 가족과 함께 탈북해서 영국 측에서 보호 중이라는 것이었다. 아내는 계획대로 여행을 계속토록 하고 나는 그 길로 다시 런던으로 돌아왔다.

최 씨 일가는 며칠 후 영국 측의 협조로 무사히 한국에 입국했고, 최 씨는 서울에서 벤처 사업을 하다가 외환위기 이후에는 '진달래각'이라는 식당을 경영하고 무용가인 그 부인도 계속 활동했다. 그때 중단된 이후 나는 아직도 성지 순례를 하지 못하고 있다.

영국의 한인 사회

런던에는 무역진흥공사(KOTRA), 관광공사 등의 공공기관 및 신문방송의 특파원이 주재했다. KBS의 정용석(鄭龍錫), 홍성규(洪性奎), MBC의 정병운(鄭炳云), 최우철(崔又喆) 특파원들과는 자주 어울리면서 가까이 지냈다.

런던이 세계의 금융, 보험, 해운의 중심지이기 때문에 우리나라의 많은 대기업과 금융기관이 지사나 상사를 설치했다. 종합상사는 물론 은행, 증권, 보험, 해운 회사들의 지사가 50여 개에 달했고 내가 있는 동안에도 그 숫자는 계속 늘어가고 있었다. 그들은 재영경제인 협회를 구성해서 상호 경쟁하면서도 서로 가까이 지냈고 대사관에서는 각 주재관이 연결고리가 되어 그들과의 협조체제를 유지하면서 분기마다 무역과 투자 진흥을 위한 관민 경제협의 회의를 개최했다.

영국에는 우리나라 교민이 그리 많지 않았다. 오래 전에 이주해서 가족과 함께 영주하는 사람들은 전국에 걸쳐 천여 명에 불과했고, 상사 주재원이나 학생, 일시 방문자들이 대부분이었는데 그 숫자는 약 6천 명 정도였다. 대부분이 런던에 집중되어 있었고 대사관저에서 가까운 뉴몰든* 지역에는 한인 상점들이 몰려 있어서 조그마한 코리아타운을 형성하고 있었다. 교민 대부분이 일시 체류자들이라서 자녀 국어 교육이 문제였고, 그에 대해 주요 도시마다 유지들이 뜻을 모아 주말 한글학교를 개설하고 있었다. 런던에는 템스강을 기준으로 남북으로 나누어 두 군데에 학교가 있었고 학생 수도 제법 되었지만, 현지 초등학교 일부 교실을 주말에만 빌려 쓰는 형편이어서 제대로 된 교사를 마련해서 마음 놓고 배우고 가르치는 것이 소원이었다.

대사관 인원

대사관에는 외무부와 관계부처에서 파견된 정규 외교관 20여 명이 있었다. 공관 차석은 박양천(朴楊千), 황규정(黃圭政), 최승호 공사로 이어졌고, 최영철(崔英喆), 신국호(申國昊), 류시야(柳時也), 이순천(李

---

* New Molden, 우리 교민들이 '新末洞'이라 불렀다.

順天), 이한곤(李漢坤) 참사관과 김창규(金昶圭), 이기철(李基哲), 한동만(韓東萬), 이정규(李汀圭), 박흥경(朴興暻) 서기관, 홍영종(洪永鐘) 행정관, 안경순(安景淳), 채원암(蔡元岩), 이경훈(李炅勳) 외신관이 각기 정무, 경제, 영사, 총무와 통신 업무를 맡았다. 그 외에 안기부에서는 박왕규(朴王圭), 김선태(金善泰), 최조영(崔朝永) 공사가 교대로 파견되어 왔고, 공보관은 박경진(朴京鎭), 박성수(朴星洙)로 이어졌고, 무관은 김성중(金聖中) 해군 대령에 이어 주장길(朱章吉) 대령이 왔는데 그들은 모두 보좌관 한두 명씩을 데리고 근무했다. 관계부처 주재관은 김종창(金鐘昶), 배영식(裵英植) 재무관, 김수동(金守東), 유영상(劉永祥) 상무관, 김종태(金鐘兌) 해무관, 채승용(蔡丞容) 세무관, 강인수(姜寅秀) 교육관 등이 나와 함께 근무했다.

국경일 경축연을 마치고 대사관 간부들과
사진 앞줄 왼쪽부터 최영철 참사관, 김성중 대령, 박양천 공사, 필자, 김선태 공사, 박경진 공보관, 강인수 교육관

재외공관의 인적 구성이 잡다함으로 간혹 업무협조나 인화 관계에 문제가 야기되는 경우가 있다. 다행히 주영국 대사관은 종전부터 다른 공관에 비해서 그런 문제가 훨씬 적었고 나도 그에 대해서는 특히 관심을 가지고 두루 살폈다. 외무부 직원이든 타 부처 주재관이든 구분치 않고 각자에게 고른 신경을 쓰려고 노력했고, 모두 스스로 책임과 권한을 가지고 의욕적으로 일할 수 있도록 불필요한 간섭이나 통제는 최소화하는 방침을 고수했다. 하여간 내가 있는 동안에는 대소를 막론하고 별다른 사고나 잡음 없이 모두가 즐거운 마음으로 일하고 화목하게 지낼 수 있었음을 고맙고 자랑스럽게 생각한다.

대사관에는 본국에서 파견된 정규 외교관 외에 그 업무를 보조하기 위해서 공관장의 책임 하에 예산이 허용하는 범위 내에서 현지에서 고용한 내외국인 직원(現地雇傭員)들이 있다. 사실상 잡다한 실무는 모두 그들의 손에서 처리되는데 주영국 대사관의 경우 행정 및 영사 보조원, 비서, 타자수, 운전사, 관저 요리사 등을 모두 합쳐도 고용원의 숫자가 15명 정도에 불과했다.

선진국들의 경우에는 정규 외교관보다 실무 보조원의 수가 최소한 2~3배가 되는 것이 보통인데 우리의 경우에는 오히려 그 반대여서 대사관의 인력 구조가 몸통은 크고 팔, 다리는 허약한 기형으로 되어 있는 셈이다. 이러한 비정상적인 상황은 우리나라의 다른 재외공관도 별로 다를 바 없는데, 외교활동 강화를 위해서 시급히 시정되어야 할 우선 과제 중의 하나이다.

대사관 청사와
관저

　주영국 대사관은 설치된 지가 40년이 넘었는데도 그동안 우리 나라의 형편도 어렵고 현지 사정도 여의치 않아서 대사관 청사와 관저가 그 위치, 규모나 모양새가 달라진 나라 위상을 제대로 반영하지 못하고 있었다.

　대사관 청사는 노후, 협소한 것은 물론이고 당초 주거용으로 건축된 건물이어서 구조도 사무실로는 몹시 불편했다. 1970년대 초 대사관 인원이 20여 명이었을 때 그에 맞추어 구입한 것으로 일부 주재관은 지하실과 다락방에까지 들어가서 근무하는 형편이었다.

　심지어 바로 옆에 붙은 아프리카의 후진국 잠비아 대사관도 우리 청사보다 훨씬 크고 번듯한 건물이어서 남 보기에도 부끄러웠다. 따라서 대사관 청사를 시내 중심부에 있는 적당한 업무용 건물로 옮기는 것이 급선무였다.

　대사관저 위치도 교외에 멀리 떨어져 있어서 출퇴근에 시간이 오래 걸리는 것은 차치하더라도 만찬 등 사교 행사에 손님을 초청하면 오고 가는 데 큰 불편을 끼쳤다. 런던의 그 많은 대사관저 중에서 그렇게 멀리 떨어져 있는 곳은 별로 없었기 때문에 청사 문제와 함께 관저 이전 또한 시급한 과제였다.

　전임 오재희, 이홍구 대사도 여러 모로 노력했지만, 신축 건물이 별로 없는 런던 부동산 시장의 특성상 적당한 건물 물색이 어려울 뿐 아니라 가격 또한 대단히 고가여서 외무부에서 배정해 줄 수 있는 예산으로는 적당한 건물을 사는 데 어려움이 많아 계속 현안으로 남아 있었다.

나는 부임 직후부터 영국인 친지들과 부동산업자들을 동원해서 대사관 이전 후보 건물 물색에 적극적으로 나섰다.

대사관 청사는 백방으로 수소문하고 답사한 결과 1994년 말에 시내 중심부 웨스트민스터궁 근처에 적절한 크기의 건물을 구입했고, 그것을 대사관 용도에 맞도록 외형과 내부 구조를 개조 수리하게 되었다. 그리고 새로운 청사에 입주하면 구 청사는 수리 복원해서 관저로 쓰기로 했다.

신청사 개조 설계는 워싱턴 시절부터 잘 알고 지내던 이원철(李元哲) 씨에게 의뢰했다. 그는 미국의 재외공관 건물들의 개보수를 여러 차례 담당해서 그 방면에는 상당한 식견이 있었다. 그의 협조를 얻어 건설업자를 선정해서 계약을 체결하고 1995년 봄부터 공사에 들어갔다. 이 일을 하는데 황소같이 씩씩한 이한곤 참사관이 열심히 뛰면서 도와주었다.

그런데 시공업자가 공사 중간에 공사 기간 연장과 공사비 인상을 요구하면서 공사 진행을 지연시켜서 당초 그해 연말까지 끝마치기로 한 공사가 내가 런던을 떠나기로 한 다음 해 3월에 들어와서도 완공되지 못하고 있었다. 나는 런던을 떠나기 며칠 전까지 그들과 입씨름을 하게 되었고 결국 공사비 일부 인상과 공사 기간 연장에 합의해 주고 새로이 계약을 체결했다. 그 후 업자가 그것도 제대로 이행하지 않아서 나의 후임자인 최동진(崔東鎭) 대사가 애를 많이 쓰게 되었다. 결국, 당초 계획보다 6개월 이상 지체되어 공사가 끝났고 대사관은 1996년 여름에 입주했는데, 처음부터 경비 절감과 공사 기간 단축에 치우쳐서 상대적으로 신용도가 떨어지는 업체를 선정한 것이 실책이었다.

본국 귀환

1996년 봄에 주영국 대사 근무 만 3년이 되는 나는 당연히 정례 공관장 이동 인사의 대상이 되는데, 이미 차관을 지냈고 주유엔 대사, 주영국 대사를 역임했기에 당장 마땅한 자리가 없으니 무보직 상태로 본부로 돌아가게 될 것이 분명했다.

나는 아내와 함께 1995년 연말과 1996년 연초 두 차례 프랑스 알프스 지역으로 스키 여행을 가서 발디제(Val d'Isere)와 쿠르셔발(Courcheval)의 눈 덮인 산속에서 시원한 바람을 쐬면서 아쉬움을 달랬다.

예상대로 나는 1996년 1월 초에 본부 귀임으로 발령되었고, 바로 잔무 정리에 들어갔다. 외무성과 아시아 대사들이 공식 송별 만찬을 베풀었고 한인회, 경제인회, 동문회 등의 송별회가 이어졌다. 나는 2월 중순에 고별 리셉션을 열고 그동안 정들었던 여러 사람에게 작별을 고하고 아내와 함께 3월 9일 저녁에 런던을 출발해서 그 다음 날 서울에 도착했다.

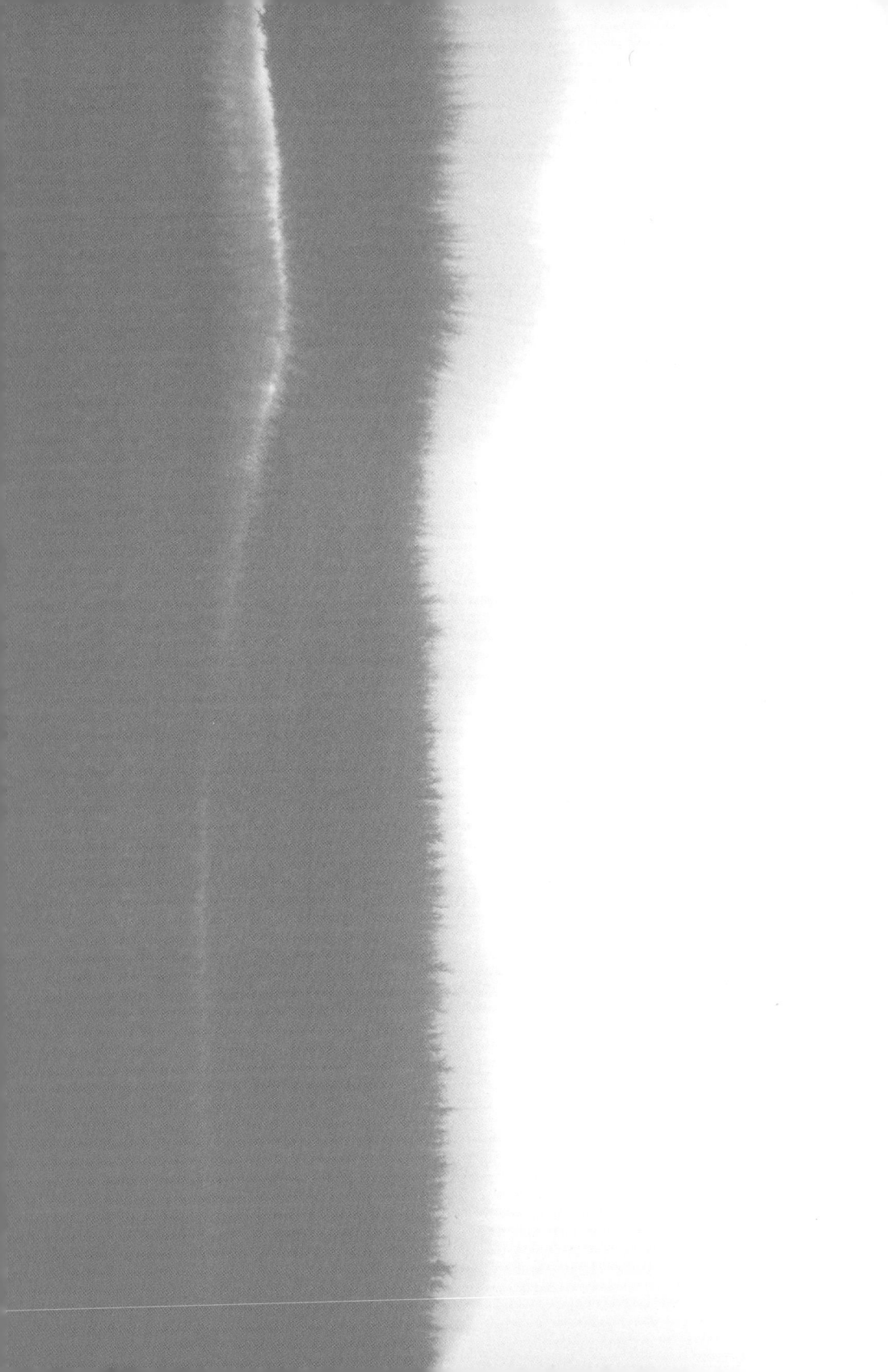

외교관 생활 마감

외교관 생활 마감
퇴직 후 생활

외교관 생활
마감

나는 서울로 돌아와서 본부 대기 대사로 외교안보연구원에서 조용한 시간을 보냈다. 귀국 직후 공로명 외무부 장관은 외무부 산하의 대외원조 전담 기관인 국제협력단(KOICA) 총재직을 제의했지만 나는 외교관 생활을 마감할 마음이 내키지 않아서 좋은 말로 사양했다.

그해 9월에는 2주일 동안 멀리 카리브 바다의 작은 섬나라들을 순방해서 우리나라의 유엔 경제사회이사회 이사국 입후보를 지지해 줄 것을 교섭했고*, 11월에는 세종연구소의 정원식 이사장, 최호중 이사와 학자 몇 사람과 함께 미국 캘리포니아의 팜 스프링스에서 열린 한미 안보협력에 관한 세미나에 참석한 것 외에는 특기할 만한 일

---

* 그 해 유엔 총회에서 우리는 이사국으로 선출되었다.

이 없었다.

다음 해인 1997년 봄에는 대만이 원자력 발전 과정에서 생성된 저준위(低準位) 방사성 폐기물을 돈을 주는 조건으로 북한에 옮겨 저장하려는 계획이 알려 지면서 이를 저지하기 위한 외교가 진행되었다. 나는 그 일환으로 5월에 말레이시아, 인도네시아와 싱가포르를 방문해서 관계 장관들을 만나 북한의 곤궁한 사정을 이용하려는 대만의 부당한 처사를 설명하고 그 저지를 위한 우리의 노력을 지지해 줄 것을 요청했다.

이어서 6월 초에는 캐나다의 토론토에서 개최된 아·태 경제협력(APEC)의 환경 장관 회의에 참석해서 이 문제를 정식으로 제기하고 대만이 그러한 조처를 하지 말 것을 권고하는 결의안을 통과시켰다. 우리의 집요한 반대에 봉착한 대만은 그 후 국제여론을 고려해서 원자로 폐기물을 북한에 옮겨 저장하려는 계획을 포기했다.

그해 9월에는 캐나다 로키산맥 속의 휴양지 밴프(Banff)에서 개최된 한국-캐나다 포럼 회의에 한승주 전 외무부 장관과 함께 참석했고 11월에는 중동의 카타르(Qatar)에서 개최된 중동국가연합(MENA) 회의에 옵서버로 참관했다. 이어서 12월에는 덴마크의 코펜하겐에서 개최된 유럽안보협력회의(CSCE)에 옵서버로 참석했는데 그 회의에 가 있는 중에 국내에서는 대통령 선거가 실시되었다.

그 선거에서 김대중 야당 후보가 박빙의 차이로 이회창(李會昌) 여당 후보를 누르고 당선되었다. 나는 중·고등학교선배이자 형의 친구인 이 후보가 당선되리라고 믿고 기대하고 있었는데 애석하게 낙선해서 공사 간에 실망이 매우 컸다.

1998년 2월 25일 대통령 취임식에 이어 3월 초에는 신정부가 구성되었는데 외무부 장관에는 그간 의원 외교에 힘써 온 박정수 의원이 임명되었다. 신임 박 장관은 취임사에서 외교진용의 신진대사를 강조하면서 두 번 이상 주요 공관장을 역임한 사람은 후진을 위해서 용퇴해 달라고 했는데 그 말이 바로 나를 두고 하는 말로 느껴졌다. 나는 이미 차관급 직위에 오른 지 10년이 넘었으니 '이제 물러날 때가 되었구나!' 생각했다.

　3월부터 나는 외무부 퇴직 후의 일을 준비하기 시작했다. 우선 강영훈 이사장께 부탁드려 세종연구소에 연구실을 하나 마련하고, 퇴직 고위 공무원을 지방대학의 객원교수로 활용하는 정부 계획에 따라 가을 학기부터 3년 간 충남 서산에 있는 한서대학교(韓瑞大學校)의 국제관계학과 교수로 가기로 했다.

　그러는 중에 5월 말 나는 중국 정부의 초청으로 아내와 함께 10일 간 중국을 유람하게 되었다. 6년 전 한·중 수교 교섭 시 수석대표였다는 것을 들어 장칭엔(張庭延) 주한 중국 대사가 주선한 것이었다.

　우리는 북경과 시안(西安), 구이린(桂林)을 여유 있게 둘러보았는데, 한·중 수교 교섭 때 중국 측 차석 대표였던 장루이제 대사가 끝까지 수행하면서 자상하게 안내해 주었다. 서안의 진시황 병마용(秦始皇兵馬俑)은 참으로 백문이 불여일견(百聞不如一見)이요, 계림 이강(彝江)의 구천구백봉(九千九百峰)은 계림산천갑천하(桂林山川甲天下)라는 선인들의 말이 과장이 아님을 일러주었다.

　그해 8월 초에 박정수 외무부 장관이 러시아와의 외교 분쟁으로 전격 경질되고 그 후임으로 고시 후배인 홍순영 대사가 장관에 임명되는 것을 보고 나는 퇴직을 서둘렀다. 나의 사표는 8월 31일 자로 수리되었고 며칠 후 퇴임식을 갖고 외교관 생활을 마감했다.

1960년 봄 22살의 나이에 외무부에 들어가서 38년을 보내고 환갑이 되어 물러 나오게 되었는데 그간 외교관 생활은 나의 인생의 전부였고 어린 시절 꿈의 결실이기도 했다.

강산이 네 번 변하고 정권이 여덟 번 바뀌는 동안 나는 그 일에 청춘을 불사르고 나름대로 최선을 다하려고 노력하면서 여러 동료들과 희로애락을 같이 해왔다.

그동안 직업외교관으로서 나랏일에 봉사한다는 일념으로 살아왔는데, 공직에서 물러나면서 되돌아보니 내가 이바지한 것보다는 훨씬 많은 혜택을 나라와 정부로부터 받았구나 하는 생각이 들었다.

퇴직 후 생활

내가 외무부를 퇴임하기 얼마 전에 유종하 전 외무부 장관으로부터 전화를 받았다. 새로이 전경련(全國經濟人聯合會) 회장이 된 김우중 대우 회장이 전경련의 국제관계 업무를 도와줄 전직 외교관을 찾기에 나를 천거했더니 좋아하더라는 것이었다.

나는 고등학교 선배인 김 회장과 평소 비교적 가까이 지낸 사이였기에 흔쾌히 그의 제의를 수락해서 전경련의 상임고문이 되었고 그로부터 5년 간 새로운 경험을 하게 되었다.

많은 경제계 인사들과 교류했고 신현확(申鉉碻), 남덕우(南悳祐) 전

총리를 좌장으로 한 원로자문단의 일원으로 우리 경제계의 당면 문제들에 대한 논의에도 동참했다. 또한, 헨리 키신저, 리콴유 등 세계적인 명사 10여 명을 초빙해서 국제자문단(International Advisory Council)을 조직하고 그 회의를 매년 개최했다.

퇴직 후 잠시 국회의 제도운영개선 위원으로 영국의 의회 제도를 소개했고, 조선일보의 〈글로벌 에티켓〉 운동 자문위원장으로 '겸손하고 교양 있고 예의 바른 세계인' 운동에 동참하기도 했다.

퇴직 외교관들의 모임인 외교협회와 신희석(申熙錫) 박사가 운영하는 아·태정책연구원의 이사로 그 활동에 참여하고 2000년부터 2년 간은 2010 세계박람회 유치위원으로 카리브와 지중해 등지의 여러 나라를 방문하기도 했다.

또한, 2001년부터 4년 간 ASEM 산하의 '아시아유럽재단'(Asia Europe Foundation)의 한국 대표(Governor)로 양 대륙 국가 간 인적, 문화적, 지적 교류를 촉진하는 사업에도 참여했다.

전경련 상임고문으로 근무하면서 일주일에 한 번씩은 대학에 나가서 젊은이들에게 국제관계의 실상에 대해서 강의하고 이런저런 활동에 참여하면서 나는 새로운 생활에 젖어 들기 시작했다.

나와 아내는 영국으로부터 돌아온 직후 경기도 이천 송곡리(松谷里)에 친구 몇 사람과 함께 작은 시골집을 짓고 봄, 여름, 가을에는 자주 그곳에 내려가서 꽃과 채소를 가꾸는 전원생활에도 재미를 붙였다. 그리고 따뜻한 철에는 골프, 겨울에는 스키로 생활의 활력을 가다듬었다.

미술을 공부한 딸과 영문학을 전공한 아들, 두 사람 모두 미국에서 박사 학위를 취득한 후 귀국해서 자기들 삶을 충실하게 일구어 가고 있고 우리 내외에게 손녀들이 귀엽게 자라는 것을 지켜보는 즐거움을 선사해 주었다.

일생 살아오는 과정에서 여러 번 고비가 있었지만, 그때마다 큰 고통 없이 그것을 극복하고 평탄한 삶을 살게 해준 것은 모두 하느님의 뜻이었음이 분명하고 그 보살핌 속에서 일생의 고락을 함께해온 아내와 기쁨과 보람을 한껏 안겨준 아들과 딸에게 감사할 따름이다.

우리 가족 (2002년)
사진 뒤편 왼쪽부터 아들 재호, 며느리 최미나(崔美那) 딸 재령, 사위 박진회(朴進會)

著者
略歴

| 1938 | 慶南 陜川 出生
| 1951 | 京畿中學校 入學
| 1956 | 京畿高等學校 二年 修了
서울大學校 商科大學 入學
| 1959 | 第11回 高等考試 合格
| 1960 | 서울大學校 商科大學 卒業
外務部 入部
| 1961 | 外務部 依願 免職
空軍 幹部候補生 入隊
| 1962 | 空軍士官學校 敎官
| 1966 | 空軍 將校 予編
外務部 復職
| 1967 | 제네바 練修
外務部 次官 祕書官
| 1968 | 外務部 法務官
| 1969 | 駐캐나다 大使館 一等書記官 兼 領事
| 1972 | 外務部 長官 祕書官
| 1973 | 外務部 條約課長
| 1975 | 駐스웨덴 大使館 參事官
| 1978 | 外務部 美洲局 審議官
| 1980 | 外務部 條約局長
| 1982 | 駐美大使館 公使
| 1985 | 駐나이지리아 大使
| 1988 | 大統領 儀典首席祕書官
| 1991 | 駐유엔 大使
| 1992 | 外務部 次官
| 1993 | 駐英 大使
| 1996 | 外務部 本部大使
| 1998 | 外務部 隱退
韓瑞大學校 招聘敎授 (2001 退任)
全國經濟人聯合會 常任顧問 (2003 退任)
| 2001 | 아시아유럽財団 韓國代表 (2005 退任)

어느 외교관의 이야기

盧昌熹 回顧錄

개정판 1쇄 발행일 | 2025년 7월 15일

지은이 | 노창희
디자인 | 조희정
발　행 | (주)엔북

주　소 | 우)07631 서울시 강서구 마곡중앙로 56 마곡사이언스타워2 804호
전　화 | 02-334-6721~2
팩　스 | 02-6910-0410
이메일 | textdriver@empas.com

신고 제 300-2003-161
ISBN 978-89-89683-72-8 03340

값 17,000원